中等职业学校汽车检测与维修专业教学用书

汽车机械常识

主　编　毛洪艳
副主编　戴　鑫　张　宇
参　编　杨春青　解晓博　修　斌　朱　亮　孙英伟
主　审　张茂国

机械工业出版社

本教材包括机械原理与机械零件、液压与气压传动、汽车常用材料三部分内容，共14章，主要介绍了平面连杆机构、凸轮机构、带传动和链传动、齿轮传动和蜗杆传动、联接、轴及轴上零件、液压传动基础知识、液压元件、液压回路、气动基础知识及气压元件、气压回路及应用、金属材料的性能、钢铁材料、非铁金属及非金属材料在汽车上的运用。每章节配有相应的思考题，以提高学生对知识的理解和应用能力。

本教材可作为中等职业学校汽车检测与维修专业的基础课教材，也可作为相关专业的培训用书。

图书在版编目（CIP）数据

汽车机械常识/毛洪艳主编．—北京：机械工业出版社，2011.8（2025.7 重印）

中等职业学校汽车检测与维修专业教学用书．

ISBN 978-7-111-35343-0

Ⅰ.①汽… Ⅱ.①毛… Ⅲ.①汽车－机械学－中等专业学校－教材 Ⅳ.①U463

中国版本图书馆 CIP 数据核字（2011）第 138835 号

机械工业出版社（北京市百万庄大街 22 号 邮政编码 100037）
策划编辑：朱 华 责任编辑：侯宪国
版式设计：霍永明 责任校对：樊钟英
封面设计：路恩中 责任印制：张 博
北京建宏印刷有限公司印刷
2025 年 7 月第 1 版第 4 次印刷
184mm×260mm · 10.5 印张 · 254 千字
标准书号：ISBN 978-7-111-35343-0
定价：35.00 元

电话服务	网络服务
客服电话：010-88361066	机 工 官 网：www.cmpbook.com
010-88379833	机 工 官 博：weibo.com/cmp1952
010-68326294	金 书 网：www.golden-book.com
封底无防伪标均为盗版	机工教育服务网：www.cmpedu.com

中等职业学校汽车检测与维修专业教学用书

编委会名单

前　言

当今科学技术迅猛发展，大量新知识、新技术不断涌现，并被迅速推广和应用。企业对中职人才的规格、水平等已提出了更新、更高的要求。长期以来，我国的中等职业教育教材过多强调专业知识的体系结构，过分看重专业知识，没有突出对学生职业岗位能力的培养，而目前中职学生年龄普遍偏小、文化基础较差，使教学难度加大，不易取得良好的培养效果，与企业的实际需要没有很好地接轨。

本教材针对中职学生的特点，以就业为导向，从职业活动的过程要求出发，保证教材的科学价值和实用价值，而非单一的知识系统化。本教材编写时力求贴近专业实际需求，体现专业特点，强调专业岗位的实用性，侧重专业技能的培养和训练，并根据汽车类专业所需的最基本、最主要的经典内容，在传统教材的基础上进行改革创新，使教材的版面更加生动活泼，便于中职学生更好地理解和接受。

中职学校汽车检测与维修专业的学生一般在汽车相关行业就业，无论是在汽车检测、汽车维修、汽车销售还是在汽车制造的工作过程中，都要对与汽车有关的常识性知识有简单的了解。鉴于此，本教材分为三部分，其中机械原理与机械零件部分以机械传动的基本知识为主，讲解了汽车常用的连杆机构、轴类、齿轮等的基本概念和基本工作原理；液压与气压传动部分对汽车常用的液压和气压传动的基本知识进行了简单介绍；汽车常用材料部分对金属材料和非金属材料的基本知识进行了介绍。本教材以部分汽车零部件为例，简洁明了，图文并茂，通俗易懂，简单地说就是用什么学什么，激发学生的学习兴趣，提高学生的学习效率，为专业课的学习打下良好的基础。

本教材由毛洪艳任主编，戴鑫、张宇任副主编，参加编写的有杨春青、解晓博、修斌、朱亮、孙英伟。本教材由张茂国主审。

由于编者水平有限，书中难免有不妥之处，敬请广大读者批评指正。

编　者

目　录

前言

第一部分　机械原理与机械零件

第一章　平面连杆机构 …… 3
第一节　机构的组成及运动简图 …… 3
第二节　平面连杆机构的类型 …… 7
第二章　凸轮机构 …… 12
第一节　凸轮机构的应用和分类 …… 12
第二节　从动件的运动规律 …… 15
第三章　带传动和链传动 …… 18
第一节　带传动 …… 18
第二节　链传动 …… 24
第四章　齿轮传动和蜗杆传动 …… 29
第一节　标准直齿圆柱齿轮传动 …… 29
第二节　标准斜齿圆柱齿轮传动和标准直齿锥齿轮传动简介 …… 34
第三节　蜗杆传动 …… 38
第四节　轮系 …… 42
第五章　联接 …… 46
第一节　螺纹联接 …… 46
第二节　键、花键和销联接 …… 54
第六章　轴及轴上零件 …… 59
第一节　轴 …… 59
第二节　轴承 …… 63
第三节　联轴器与离合器 …… 72

第二部分　液压与气压传动

第七章　液压传动基础知识 …… 81
第一节　液压传动系统的组成及工作原理 …… 81
第二节　液压传动的特点及应用 …… 84
第八章　液压元件 …… 86
第一节　液压动力元件 …… 86
第二节　液压执行元件 …… 88
第三节　液压控制阀 …… 90
第四节　辅助元件 …… 92
第九章　液压回路 …… 98
第一节　压力控制回路 …… 98
第二节　速度控制回路 …… 100
第三节　方向控制回路 …… 101
第十章　气动基础知识及气压元件 …… 104
第一节　气动基础知识 …… 104
第二节　气源装置 …… 106
第三节　气动执行元件 …… 109
第四节　气压控制阀 …… 111
第十一章　气压回路及应用 …… 115
第一节　气动基本回路 …… 115
第二节　常用回路 …… 118

第三部分　汽车常用材料

第十二章　金属材料的性能 …… 123
第一节　金属材料的物理性能 …… 123
第二节　金属材料的力学性能 …… 124
第三节　金属材料的工艺性能 …… 128
第十三章　钢铁材料 …… 130
第一节　铁碳合金 …… 130
第二节　碳素钢 …… 133
第三节　合金钢 …… 134

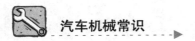

第四节　铸铁 …………………………… 135
第五节　钢的热处理 ……………………… 141
第十四章　非铁金属及非金属材料在汽车上的运用 …………… 146
第一节　铝及铝合金 ……………………… 146
第二节　铜及铜合金 ……………………… 148
第三节　非金属材料 ……………………… 153
参考文献 ………………………………… 159

第一部分

机械原理与机械零件

人们的生活离不开机械，机械在现代化建设中起着重要的作用。机械通常有两类：一类是可以使物体运动速度加快的机械，被称为加速机械，如自行车、汽车、飞机等；另一类是使人们能够对物体施加更大的力的机械，被称为加力机械，如螺钉旋具、扳手、机床和挖掘机等。

在学习了本部分之后，就能够了解常用的机械设备是怎么工作的，从而达到控制和驾驭机械设备的目的。

1. 本部分的特点

1）具有工程特色的，讲解极为重要的技术基础知识。

2）联系工程实际紧密，讨论共性问题。

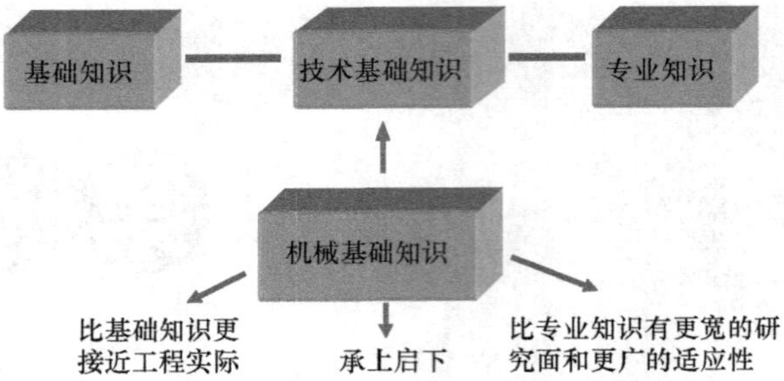

2. 本部分的主要内容

（1）常用的传动　带传动、螺旋传动、链传动、齿轮传动、蜗杆传动和轮系传动。

（2）常用机构　平面连杆机构、凸轮机构及其他常用机构。

（3）轴系零件　轴、轴承、联轴器、离合器和制动器。

第一章

平面连杆机构

第一节　机构的组成及运动简图

知识目标：

1. 机器和机构、零件和构件。
2. 运动副及其分类。
3. 机构的运动简图。

技能目标：

1. 了解机器和机构、零件和构件的区别与联系。
2. 了解运动副及其分类。
3. 能正确地画出机构的运动简图。

人们在日常生活和生产活动中已经见过或用过不少机器，如洗衣机、电动机、拖拉机、汽车发动机等。尽管机器种类繁多，构造、性能和用途各异，但是它们之间却存在着一些共同的特征。

一、机器和机构

1. 机器

（1）任何机器都是人为的实物组合体　如图1-1所示的单缸内燃机，它是由曲轴、连杆、活塞、气缸、机体等实物组成的。

（2）组成机器的各部分实物之间具有确定的相对运动　如图1-1所示，活塞在气缸中的往复运动，可变为曲轴相对于两端轴承的连续转动。

（3）所有机器都能做有效的机械功或可进行能量的转换　例如，汽车发动机把燃烧燃料产生的热能转

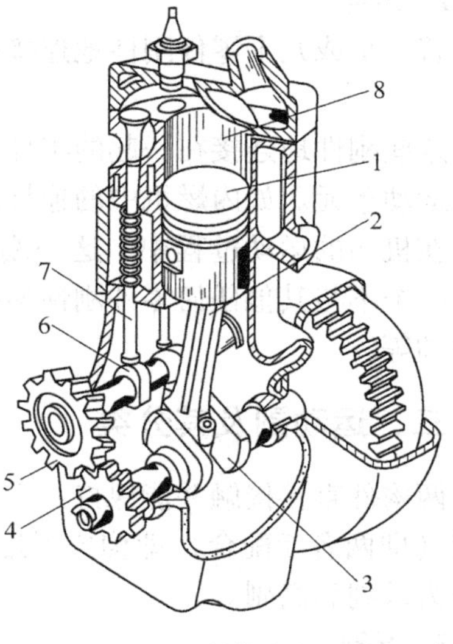

图1-1　单体内燃机

1—活塞　2—连杆　3—曲轴　4、5—齿轮　6—凸轮　7—阀杆　8—气缸

换成机械能，最终通过传动系将动力传给汽车轮系，驱动汽车行驶，完成机械能的转换。又如发电机是把其他形式的能转换为电能，而电动机是把电能转换成机械能。

综上所述，可得到机器的概念：机器是人为的实物组合体，它的各部分之间具有确定的相对运动，并能做有效的机械功或进行能量的转换，代替或减轻人类的劳动。

2. 机构

机构就是具有确定相对运动的实物组合体，它的主要功能在于传递或转换运动形式，但它不能做机械功，也不能转换能量。如图 1-1 所示内燃机中的活塞、连杆、曲轴及机体组合成一个机构，通常称为活塞连杆机构，它能将活塞的往复运动转换为曲轴的转动。

3. 机器和机构的区别与联系

由上述可见，机构只是具备了机器的前两个特征，因此，机构不能做机械功和进行能量转换，其主要功能在于传递或转换运动形式，而机器的主要功能在于为了某一生产目的而利用、转换能量或做机械功。如上述内燃机中的活塞连杆机构，就是进行运动形式的转换，而整个内燃机则为机器，因为它能把燃料的化学能转换成机械能。

在本课程中，我们并不研究机器的能量转换问题。因此，若抛开机器的第三个特征，机器与机构就没有什么区别了。所以，以后无论谈到机器还是机构，都只用“机构”这一词，有时也用“机械”这一词，机械是机器和机构的总称。

二、零件和构件

1. 零件

零件是指机械中每一个单独加工的单元体，或者说零件是一个制造单元。

2. 构件

若一个或几个零件刚性地连接在一起，作为一个整体而运动，则这一个整体就成为一个构件。

这些刚性地连接在一起的零件之间不能产生任何相对运动。从运动的观点来看，构件是一个运动单元。如内燃机中的连杆就是由连杆体、连杆盖、螺栓和螺母等刚性地连接在一起的，在机构的运动过程中，这一刚性连接体就是一个构件，就是一个独立的运动单元。注意，一个不与其他任何零件刚性连接的单独的零件，也可以说是一个简单的构件，如内燃机的曲轴等。

三、运动副及其分类

两构件直接接触并能保持一定形式的相对运动的连接称为运动副。例如，活塞与气缸的连接（即两者相配合）即构成了运动副。由于运动副中两构件间的接触形式不同，运动副又分为低副和高副。

1. 低副

两构件间以面接触的运动副称为低副。低副又分为以下三种：

（1）转动副　若运动副只允许两构件在接触处有相对转动，即将该运动副称为转动副，也称为铰链。图 1-2 所示即为转动副，其中，1、2 分别为构成运动副的两个构件。

(2) 移动副　若运动副只允许两构件沿接触面某一方向相对移动，则将该运动副称为移动副。图 1-3 所示的两构件即构成移动副，其中，1、2 分别为构成运动副的两个构件。

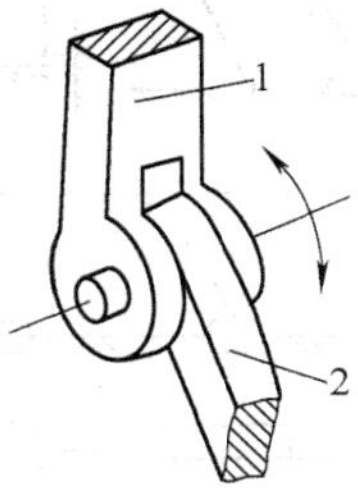

图 1-2　转动副

1—构件一　2—构件二

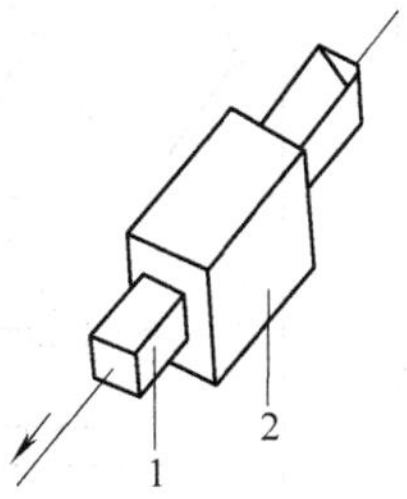

图 1-3　移动副

1—构件一　2—构件二

(3) 螺旋副　两构件在接触处只允许做螺旋运动的运动副称为螺旋副。图 1-4 所示为由螺杆与螺母组成的螺旋副。

2. 高副

两构件通过点或线接触组成的运动副称为高副。图 1-5 所示的凸轮与冲动杆、两齿轮等的连接都是高副。

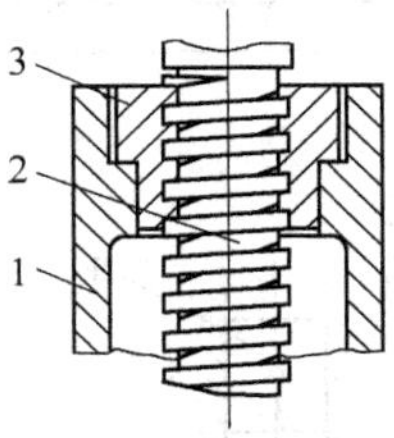

图 1-4　螺旋副

1—底座　2—螺杆　3—螺母

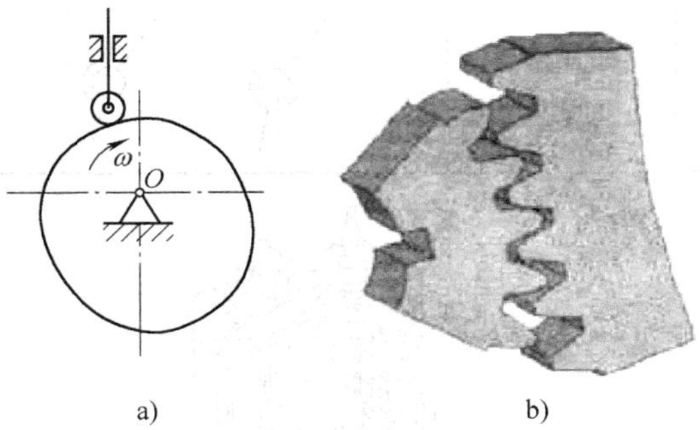

图 1-5　高副

a) 凸轮接触　b) 齿轮接触

四、机构的运动简图

分析已有机械或设计新机械时，为了便于研究机械的运动，工程上常用规定的符号和线条，绘出能够表达各构件相对运动关系的图形，这种图形称为机构运动简图。

在运动简图中常将运动副和构件用简单的符号和线条来表示。常用的运动副及构件的代表符号见表 1-1。

图 1-6a 所示为一单缸内燃机，图 1-6b 就是该单缸内燃机的机构运动简图。

表 1-1　常用的运动副及构件的代表符号

运动副名称		运动副符号	
		两运动构件构成的运动副	两构件之一为固定时的运动副
平面运动副	转动副	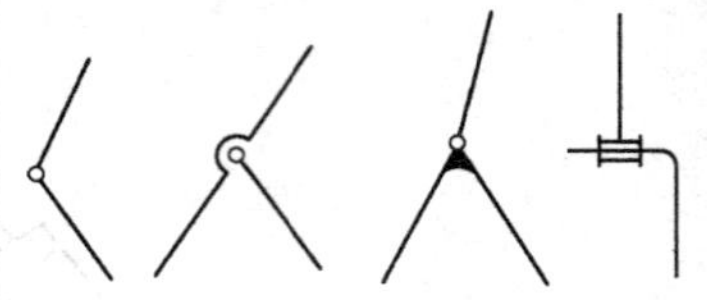	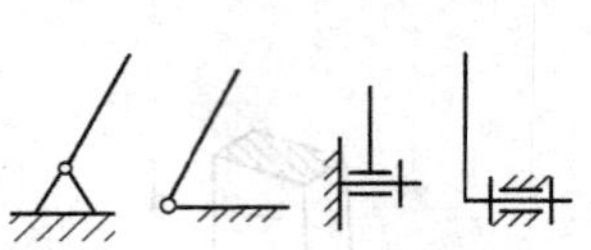
	移动副	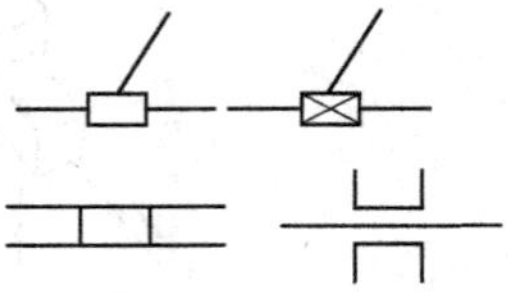	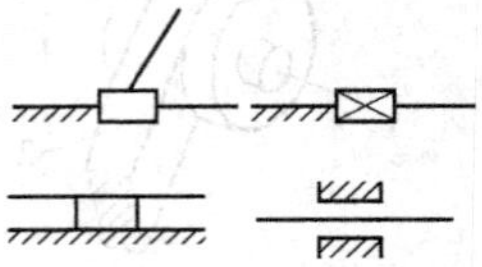
	平面高副		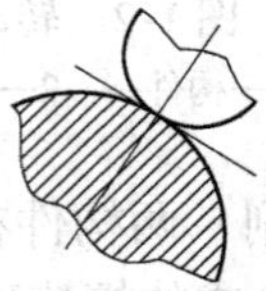
空间运动副	螺旋副	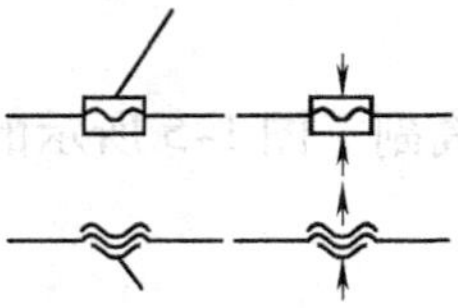	
	球面副及球销副	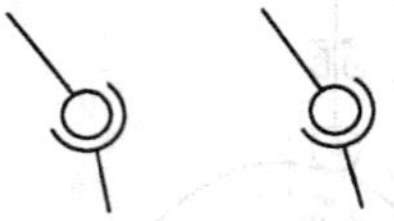	

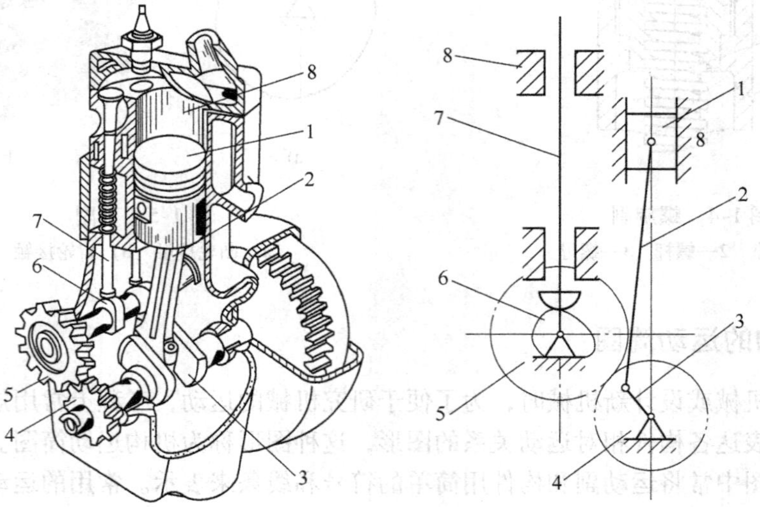

图 1-6　单缸内燃机

1—活塞　2—连杆　3—曲轴　4、5—正时齿轮　6—凸轮　7—阀杆　8—缸体

第二节　平面连杆机构的类型

知识目标：

1. 平面连杆机构的特点。
2. 平面连杆机构的类型。

技能目标：

1. 了解平面连杆机构的特点。
2. 了解平面连杆机构的类型。

一、平面连杆机构的特点

平面连杆机构是由一些刚性构件用转动副或移动副相互连接而组成的，在同一平面或相互平行的平面内运动的机构。平面连杆机构中的运动副都是低副，因为平面连杆机构是低副机构。平面连杆机构能够实现某些较为复杂的平面运动，在生产和生活中广泛用于动力的传递或改变运动形式，如图 1-7 和图 1-8 所示。平面连杆机构构件的形状多种多样，不一定为杆状，但从运动原理来看，均可用等效的杆状构件代替。最常用的平面连杆机构是具有四个构件（包括机架）的低副机构，称为四杆机构。

港口起重机吊运货物是利用平面连杆机构中的双摇杆机构实现的

图 1-7　港口起重机

构件间以四个转动副相连的平面四杆机构，称为平面铰链四杆机构，简称为铰链四杆机构。铰链四杆机构是四杆机构的基本形式，也是其他多杆机构的基础。

工程上最常用的四杆机构如图 1-9 所示。

二、平面连杆机构的类型

如图 1-10 所示，在铰链四杆机构中，固定不动的杆件 4 称为机架，不与机架直接相连

铲土机为了保证铲斗平行移动，防止泥土流出，采用了平面连杆机构

图 1-8　铲土机

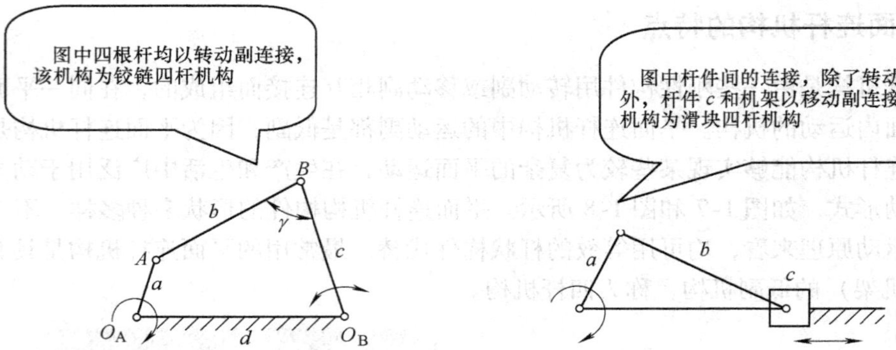
图中四根杆均以转动副连接，该机构为铰链四杆机构
B
b
γ
A
c
a
O_A
d
O_B
图中杆件间的连接，除了转动副以外，杆件 c 和机架以移动副连接，该机构为滑块四杆机构
a
b
c

a)　　b)

图 1-9　工程上最常用的四杆机构

a）铰链四杆机构　b）滑块四杆机构

的杆件 2 称为连杆，与机架相连的杆件 1、3 称为连架杆。

在图 1-10 中，如果连架杆能做整周旋转，则称为曲柄；如果连架杆仅能在某一角度（小于 180°）范围内摇摆，则称为摇杆。

铰链四杆机构按两连架杆的运动形式不同，分为曲柄摇杆机构、双曲柄机构和双摇杆机构三种基本类型。

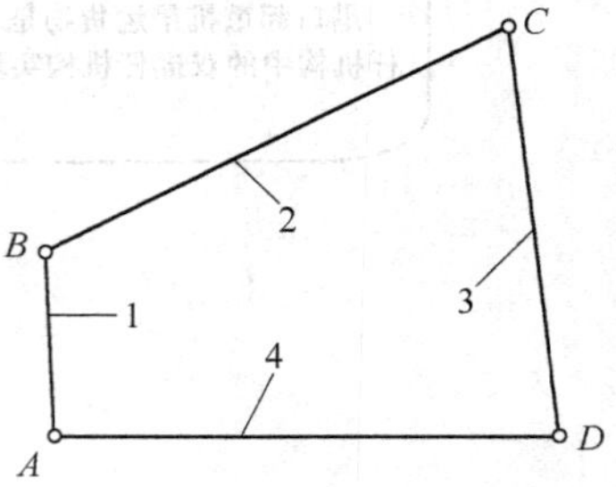

图 1-10　铰链四杆机构

1. 曲柄摇杆机构

在铰链四杆机构的两连架杆中，一个为曲柄，另一个为摇杆时，即成为曲柄摇杆机构。曲柄摇杆机构可以实现定轴转动与定轴摆动之间的运动及动力传递。

曲柄摇杆机构一般多以曲柄为主动件且做等速转动，摇杆为从动件做往复摆动，如图 1-11 所示的搅拌机构。

曲柄摇杆机构也有以摇杆为主动件而以曲柄为从动件做回转运动的情况，如图 1-12 所示的缝纫机踏板机构。

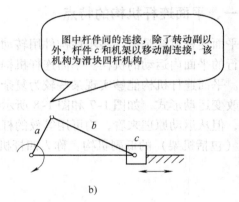

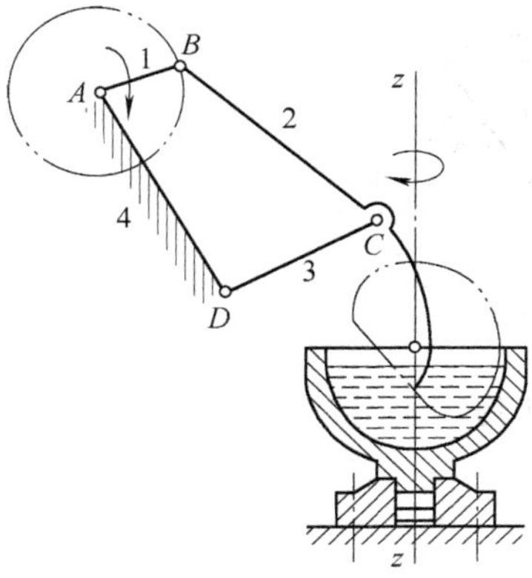

图 1-11　搅拌机构

1—曲柄　2—连杆　3—摇杆　4—机架

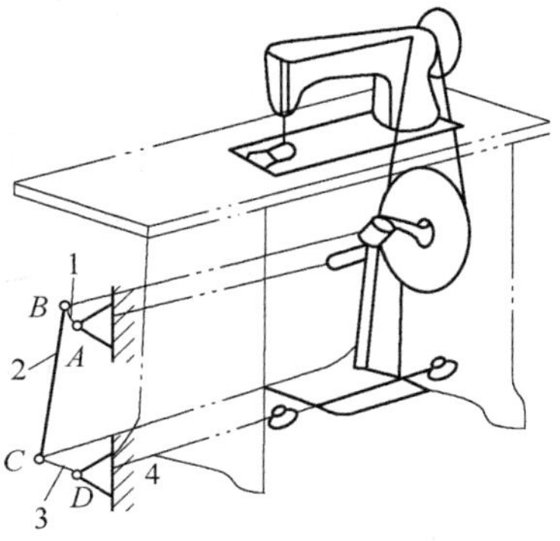

图 1-12　缝纫机踏板机构

1—曲柄　2—连杆　3—摇杆　4—机架

2. 双曲柄机构

在铰接四杆机构中，若两连架杆均为曲柄，则成为双曲柄机构。双曲柄机构可以实现定轴转动与定轴转动之间的运动及动力传递。

在双曲柄机构中，若两曲柄的长度不等见图 1-13，就必然有主动曲柄 *AB* 等速回转一周，从动曲柄 *CD* 变速回转一周。如图 1-14 所示的惯性筛就是利用从动曲柄 *CD* 的变速转动，使筛子具有适当的加速度，从而利用被筛物料的惯性达到分筛的目的。

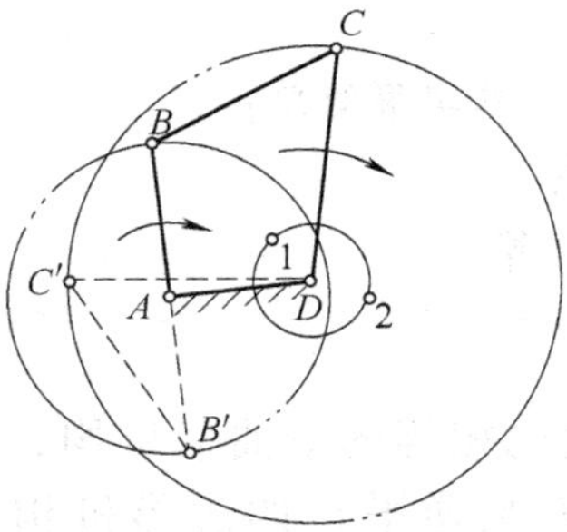

图 1-13　双曲柄机构

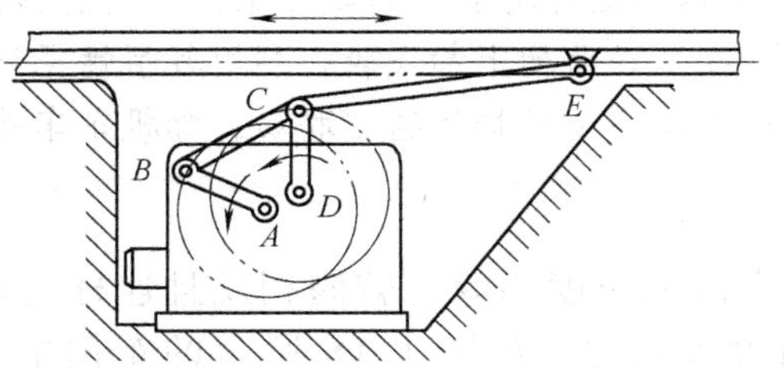

图 1-14　惯性筛

在双曲柄机构中，若其连杆与机架的长度相等，且两曲柄的转向、长度也相等（见图 1-15），则称之为正平行四边形机构。这种机构的运动特点是两曲柄的角速度始终保持相等，且连杆始终做平动，故应用也很广泛。如图 1-16 所示的摄影车的升降机构，其升降高度的变化采用两组正平行四边形机构来实现，且利用连杆 7 始终做平动这一特点，可使与连杆固连成一体的座椅始终保持水平位置，以保证摄影者安全可靠地工作。如图 1-17 所示的天平机构，能始终保持天平盘 1、2 处于水平位置。此外还有机车车轮的联动机构、火力发电厂风机的风门调节机构等都是正平行四边形机构。

在正平行四边形机构中，当主动曲柄转动一周时，将出现两次与从动曲柄、连杆及机架共线的位置，此时，可能出现从动曲柄与主动曲柄转向相同或相反的运动不确定现象。

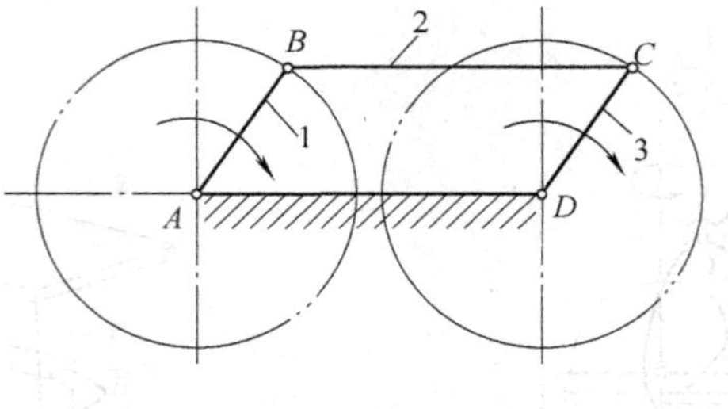

图 1-15　正平行四边形机构

1、3—曲柄　2—连杆

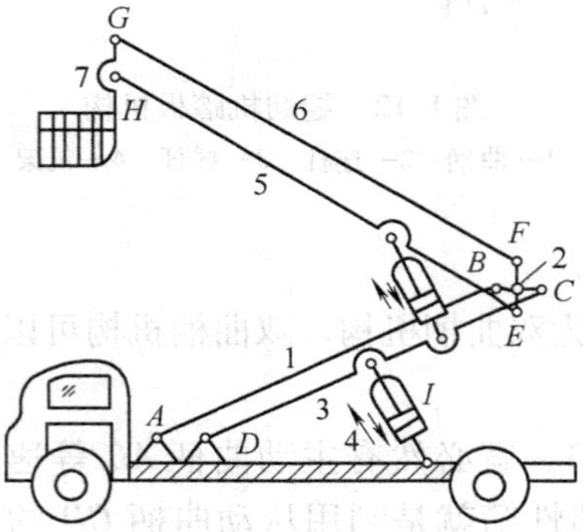

图 1-16　摄影车的升降机构

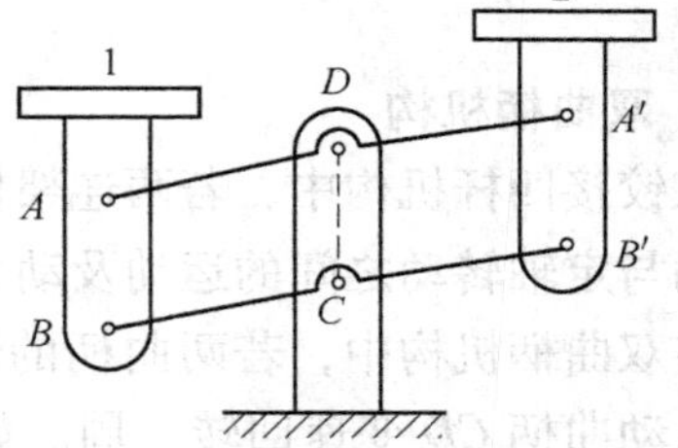

图 1-17　天平机构

为了消除这种运动不确定现象，我们能够做些什么呢？其实很简单：

1）在从动曲柄上加飞轮，利用其惯性保证其确定运动。

2）采用多个机构的错位联动，如机车车轮的联动机构等。

两个曲柄长度相等、转向相反且连杆与机架的长度也相等的双曲柄机构，称为逆平行四边形机构。如图 1-18 所示的车门的启闭机构就是逆平行四边形机构的应用实例。

3. 双摇杆机构

若铰接四杆机构的两连架杆均为摇杆，就成为双摇杆机构。如图 1-19 所示鹤式起重机的变幅机构，当摇杆 CD 摆动时，连杆 BC 上悬挂重物的 M 点做近似水平直线运动，从而可避免重物移动时因不必要的升降而发生事故或消耗过多能量。

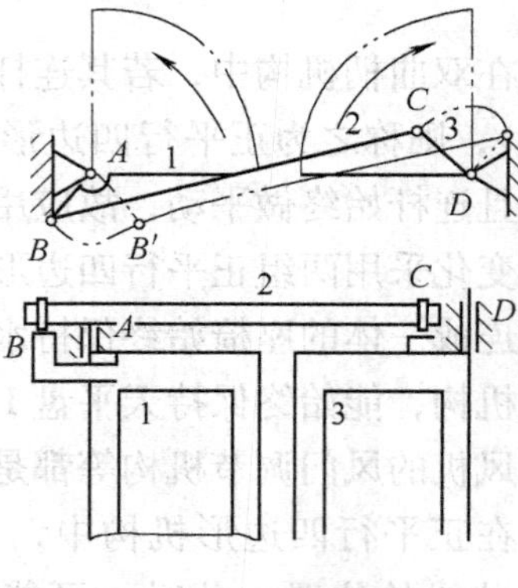

图 1-18　车门启闭机构

1、3—曲柄　2—连杆

在双摇杆机构中，若两摇杆长度相等，则称为等腰梯形机构。如图 1-20 所示的风扇摆动机构即为等腰梯形结构，电动机安装在摇杆 4 上，铰链 A 处有一个与连杆 1 固连成一体的蜗轮，电动机转动时，其轴上的蜗杆带动蜗轮，迫使连杆 1 绕 A 点做整周回转，从而带动连架杆 2 和

4 做往复摆动，实现风扇摆动的目的。

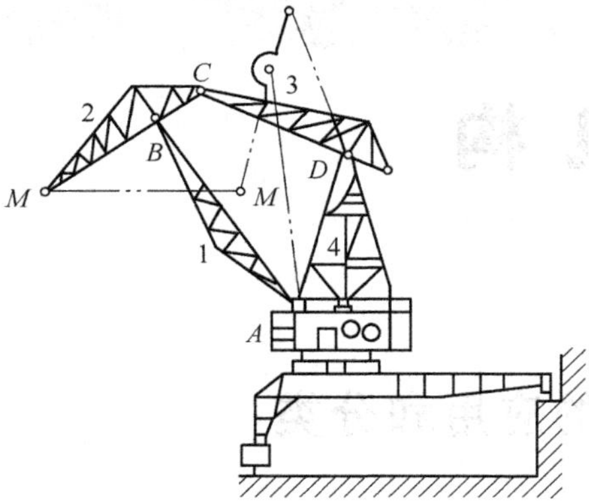

图 1-19　鹤式起重机的变幅机构

1、3—摇杆　2—连杆　4—机架

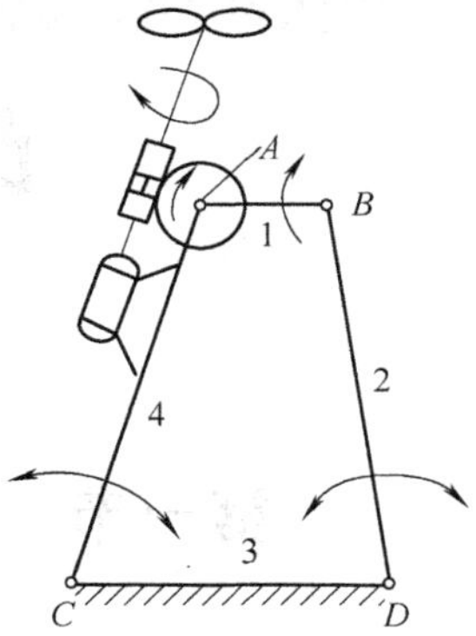

图 1-20　风扇摆动机构

1—连杆　2、4—摇杆　3—机架

思考：

你能举例说明生活中的机器与机构吗?

第二章

凸轮机构

第一节　凸轮机构的应用和分类

知识目标：

1. 凸轮机构的组成及特点。
2. 凸轮机构的分类。

技能目标：

1. 了解凸轮机构的组成及特点。
2. 了解凸轮机构的分类。

一、凸轮机构的组成及特点

凸轮机构是一种常见的高副机构。它的结构简单紧凑，能够实现各种复杂的运动要求，广泛应用于各种机械和自控装置中。

凸轮机构主要由凸轮、从动件和机架组成。其中，主动件凸轮是一个具有一定形状的曲线轮廓或凹槽的构件（见图 2-1）。当凸轮运动时，通过其轮廓或凹槽与从动件接触，使从动件实现预期的运动规律。

凸轮机构的优点是只要正确设计出凸轮轮廓曲线，就可使从动件实现预定的运动规律，而且结构简单，工作可靠；其缺点是凸轮与从动件之间为点接触或线接触，单位面积受压力较大，容易磨损。故凸轮机构多用于传力不大的控制机构和调节机构中。

图 2-2 所示为内燃机配气机构。当凸轮 1 等速回转时，它的轮廓驱使气阀推杆 2 做往复移动，使气阀按预定的运动规律开启和关闭，保证发动机在工作中定时将可燃混合气充入气缸，并及时将燃烧后的废气排出气缸。

图 2-3 所示为自动车床进给机构。当具有曲线凹槽的圆柱凸轮 1 等速回转时，其曲线凹槽的侧面迫使从动件 2 按一定规律往复摆动，从动件另一端的扇形齿轮与刀架下的齿条相啮合，使刀架实现进刀运动和退刀运动。

如图 2-4 所示为靠模车削机构。工件回转时，刀架向左运动，并且在凸轮（靠模板）的推动下做横向运动，从而切削出与靠模板曲线一致的工件。

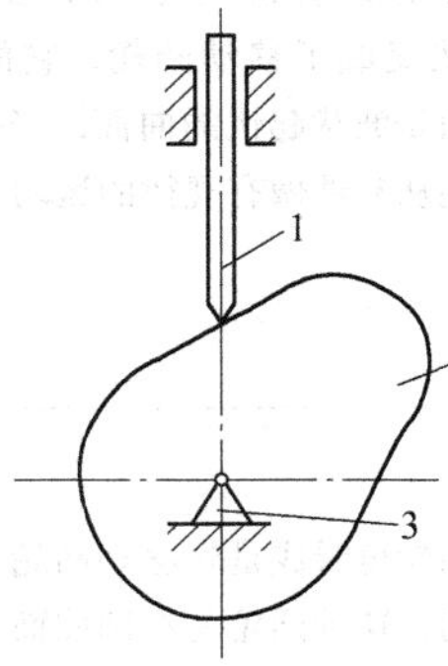

图 2-1 凸轮机构示意图

1—从动件 2—凸轮 3—机架

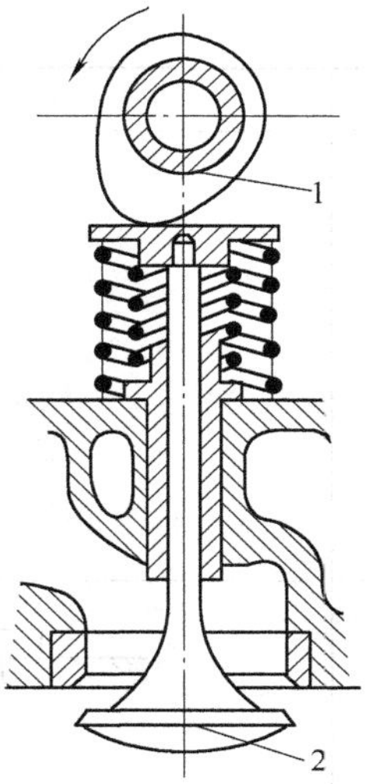

图 2-2 内燃机配气机构

1—凸轮 2—气阀推杆

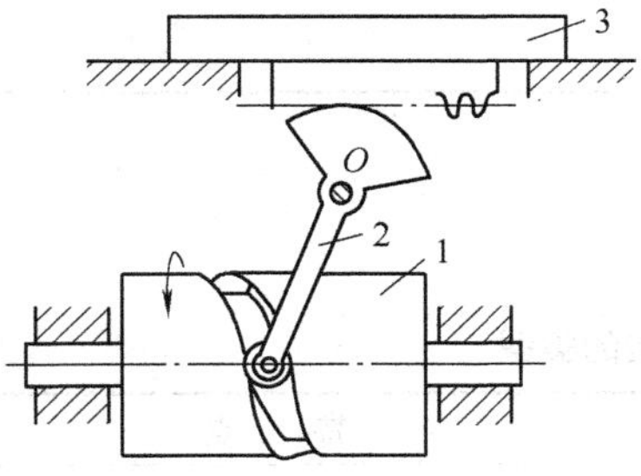

图 2-3 自动车床进给机构

1—圆柱凸轮 2—从动件 3—刀架

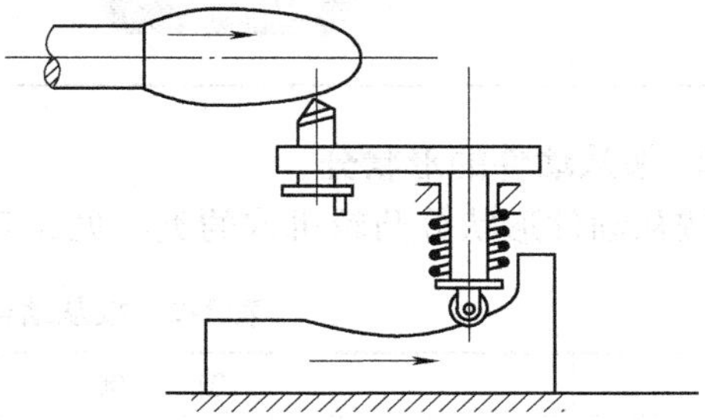

图 2-4 靠模车削机构

二、凸轮机构的分类

你可能不知道吧，根据不同的分类方法，凸轮机构的类型是很多的。

1. 按凸轮的形状分

按凸轮形状分凸轮机构的类型见表 2-1。

表 2-1 按凸轮形状分凸轮机构的类型

类　型	图　例	特　点
盘形凸轮		盘形凸轮是一个绕固定轴转动并具有变化半径的盘形零件，它是凸轮最基本的形式。凸轮转动时，推动推杆在垂直于凸轮轴线的平面内运动

（续）

类　　型	图　　例	特　　点
移动凸轮		当盘形凸轮的回转中心趋于无穷远时，盘形凸轮就变成了移动凸轮，它的底面是平面，顶面是波状起伏的曲面，当它左右移动时，推动从动件做有规律的运动（直动或摆动）
圆柱凸轮	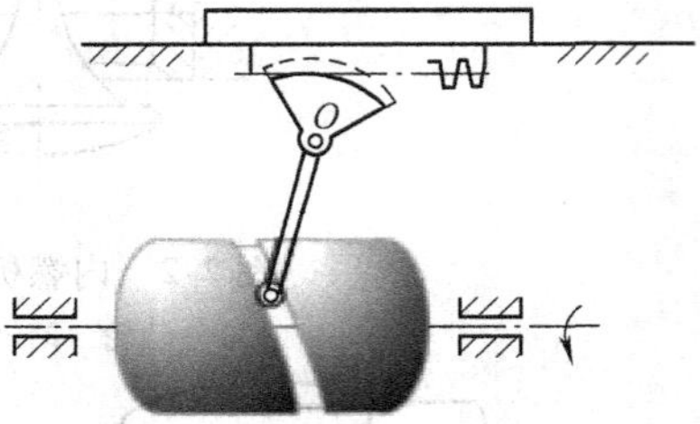	圆柱凸轮可看成是将移动凸轮卷成圆柱体而得到的。这种凸轮是在圆柱面上开有曲线凹槽或在圆柱端面上作出曲线轮廓，当其转动时，推杆在平行其轴线或包括其轴线的平面内运动。圆柱凸轮属于空间凸轮机构

2. 按从动件的形状分

按从动件形状分凸轮机构的类型见表2-2。

表2-2　按从动件形状分凸轮机构的类型

类　　型	图　　例	特　　点
尖顶从动件	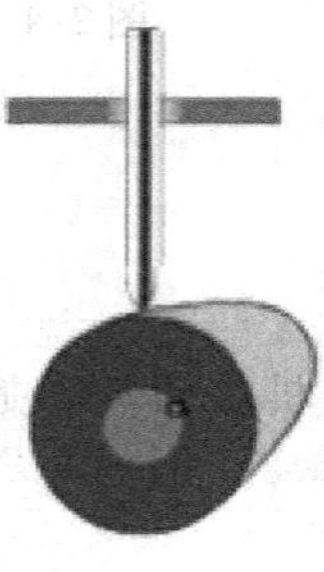	从动件以尖顶与凸轮轮廓保持接触。这种从动件结构简单，能实现任意预期的运动规律。尖顶与凸轮是点接触，磨损快，只适用于受力不大的低速凸轮机构
滚子从动件	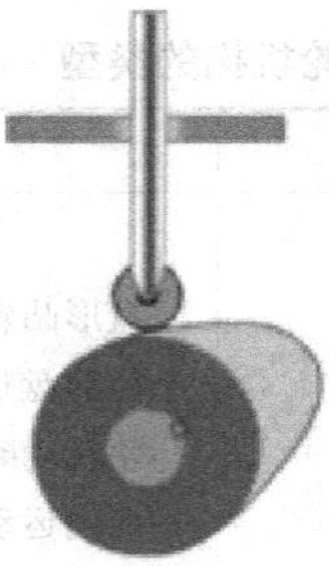	从动件以铰接的滚子与凸轮轮廓接触。滚子与凸轮轮廓间为滚动摩擦，耐磨损，可以承受较大的载荷，是从动件中最常用的一种形式

（续）

类　型	图　例	特　点
平底从动件	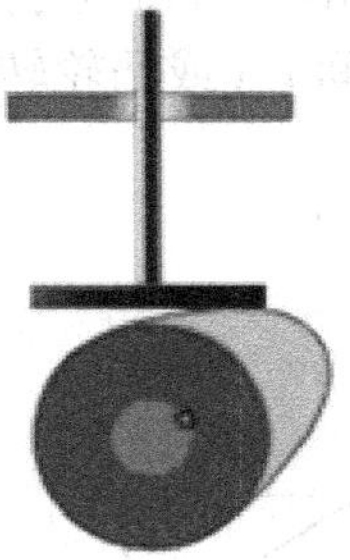	从动件与凸轮轮廓表面接触的端面为一平面。它不能与内凹或直线轮廓相接触。这种接触状态在接触处易形成油膜，从而可以利用润滑减少磨损，且由于凸轮与从动件之间的作用力始终与从动件的平底相垂直，传动效率较高，故常用于高速凸轮机构中

第二节　从动件的运动规律

知识目标：

1. 从动件的运动规律。
2. 从动件运动规律的选择。

技能目标：

1. 了解从动件的运动规律。
2. 了解从动件运动规律的选择。

一、从动件的运动规律

在凸轮机构中，从动件的运动规律与凸轮的轮廓形状有着很大的关系。因此，在设计凸轮机构时，首先应根据工作要求确定从动件的运动规律，然后按这一运动规律设计凸轮轮廓曲线。

图 2-5 所示为尖顶对心直动从动件盘形凸轮。以凸轮的最小半径 r_b 为半径所作的圆称为凸轮的基圆，r_b 为基圆半径。以从动件最接近凸轮回转中心的点 A 为起始点，当凸轮以逆时针转过 AB 段时，从动件尖顶由 A 点到达离回转中心最远的位置 B 点，从动件所走过的距离 h 称为行程，而这一过程称为推程，与此相对应的凸轮转角 ϕ 为推程运动角。当凸轮继续回转 ϕ_s 时，BC 弧段与尖顶相作用，从动件在最远位置处停留不动，ϕ_s 称为远休止角。当凸轮转过角度 ϕ'，从动件又由最远位置 C 点回到最近位置 D 点，这一过程称为回程，与此相对应的 ϕ' 称为回程运动角。凸轮再转过角度 ϕ_s'，从动件的尖端和凸轮上以 r_b 为半径的 DA 段圆弧相接

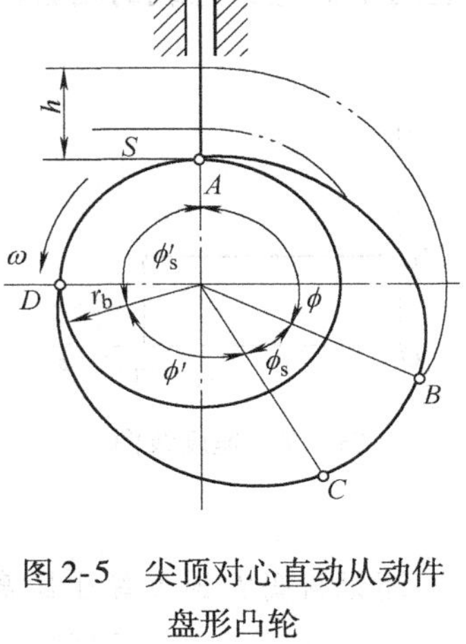

图 2-5　尖顶对心直动从动件盘形凸轮

触，从动件在最近位置处停留不动，对应的凸轮转角 ϕ_s' 称为近休止角。

在从动件这一运动循环中，若以从动件位移 s 为纵坐标，对应的凸轮转角 ϕ_1 为横坐标，可画出从动件的位移线图（见图 2-6）。因为 $\phi_1=\omega_1 t$，凸轮做等角速度转动，故横坐标也可用时间 t 来表示。从动件位移、速度、加速度随时间 t（或凸轮转角 ϕ_1）的变化规律就称为从动件的运动规律。

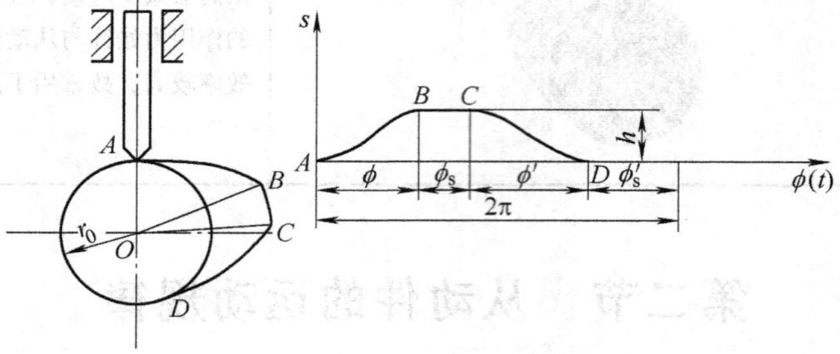

图 2-6　从动件的位移线图

二、从动件运动规律的选择

1. 等速运动规律

当凸轮等速转动时，从动件在运动过程中的速度是常数，这种运动规律称为等速运动规律。

因为等速运动时速度为常数，所以速度线图（见图 2-7）始终是一条直线，位移线图（见图 2-8）为过坐标原点的一条直线（推程），加速度则为 0。由图 2-7 和图 2-9 可见，从动件在运动开始时，速度由 0 突变为 v_0，故加速度 a 趋向于 $+\infty$；运动终止时，速度则由 v_0 突变为 0，a 趋向于 $-\infty$。实际上虽由于材料具有弹性变形，加速度不可能达到无穷大，但仍将产生较大的惯性力，对机械造成很大的冲击，这种冲击通常称为刚性冲击。刚性冲击会引起机械的振动，加速凸轮的磨损，甚至损坏构件。因此等速运动规律一般只适用于低速、轻载的场合。

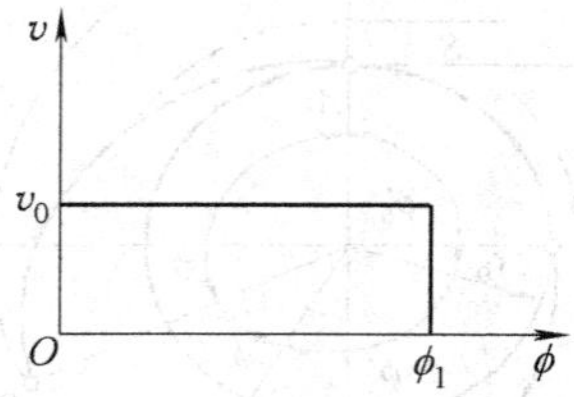

图 2-7　速度线图

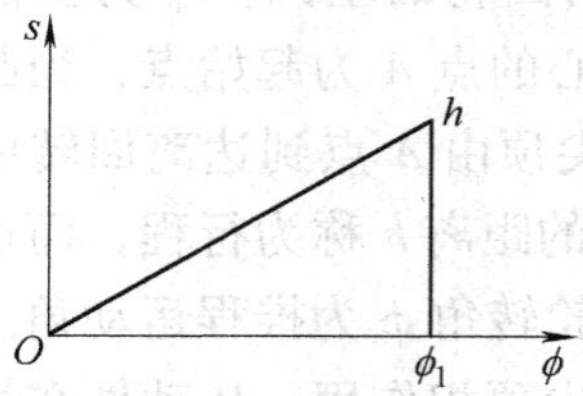

图 2-8　位移线图

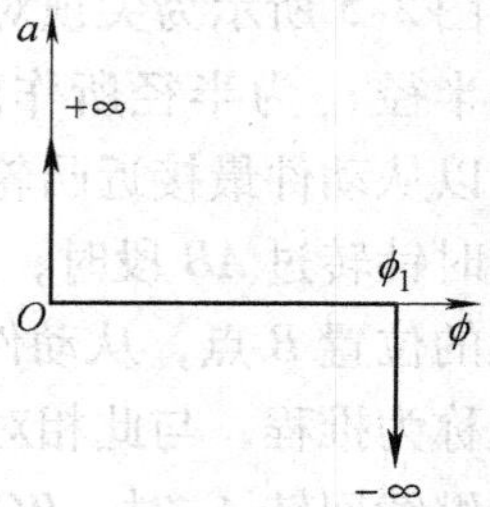

图 2-9　加速度线图

还记得吗？速度等于距离除以时间，加速度等于速度除以时间。

2. 等加速等减速运动规律

从动件在推程前半段做等加速运动，后半段做等减速运动，这种运动规律就称为等加速等减速运动规律。

在这种运动规律中，加速度为一常数。速度线图（见图2-10）为通过原点的直线，位移线图（见图2-11）则为抛物线。为了下一步正确设计凸轮轮廓曲线，必须先正确作出其运动规律的位移线图。根据运动线图的对称性可知，位移线图等加速段抛物线和等减速段抛物线应在推程转角 $\phi_1/2$ 和行程 $h/2$ 处相连接。等加速段抛物线可用下列方法绘出：按照一定比例，在图2-11所示的坐标系中的横坐标轴和纵坐标轴上，将 $\phi_1/2$ 和 $h/2$ 对应分成相同的若干等分，连接原点与 $h/2$ 上的等分点，与横坐标上等分点的垂线相交，连接所有交点，即可得等加速段的位移曲线。同理，按相反次序即可绘出等减速段抛物线。

由图2-12可知，A、B、C 处加速度突然发生变化，虽然其变化已由等速运动规律中的无穷大降为有限值，但仍然会产生一定的突变惯性力，引起有限的冲击。由于这种冲击比刚性冲击轻，故称为柔性冲击。因此等加速等减速运动规律适用于中速、轻载的场合。

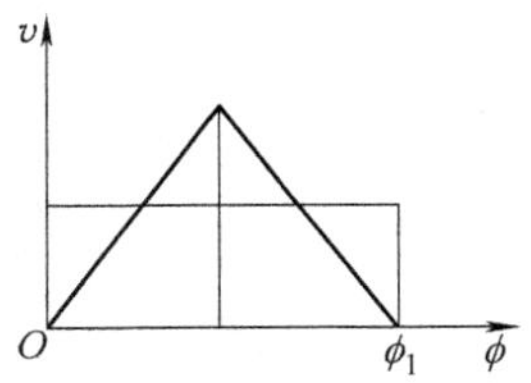

图2-10　速度线图

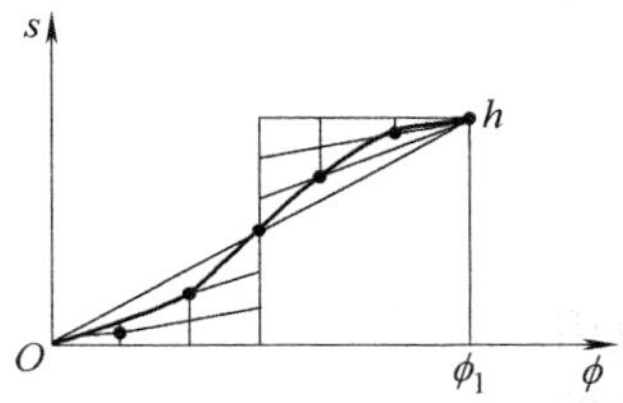

图2-11　位移线图

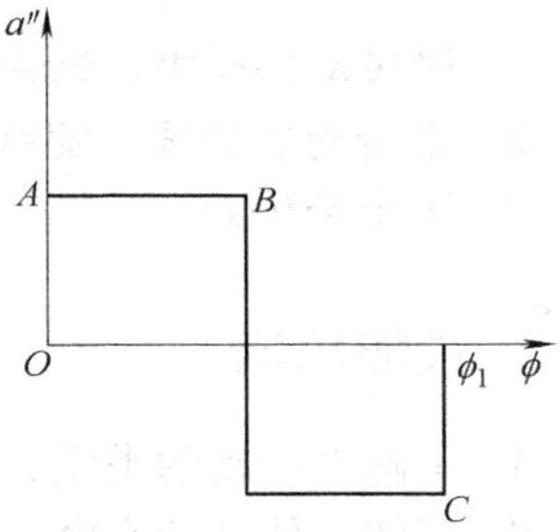

图2-12　加速度线图

思考：

1）凸轮机构的类型有哪些？

2）你能画出等加速等减速运动规律的速度线图吗？

第三章

带传动和链传动

第一节　带　传　动

知识目标：

1. 带传动的类型、特点和应用。
2. 带传动的张紧、安装和维护。
3. 同步带传动。

技能目标：

1. 了解带传动的类型、特点和应用。
2. 了解带传动的张紧、安装和维护。
3. 了解同步带传动的应用特点。

一、带传动的类型、特点和应用

1. 带传动的组成

带传动一般是由固连于主动轴上的带轮（主动轮）、固连于从动轴上的带轮（从动轮）和紧套在两轮上的挠性带组成，如图 3-1 所示。

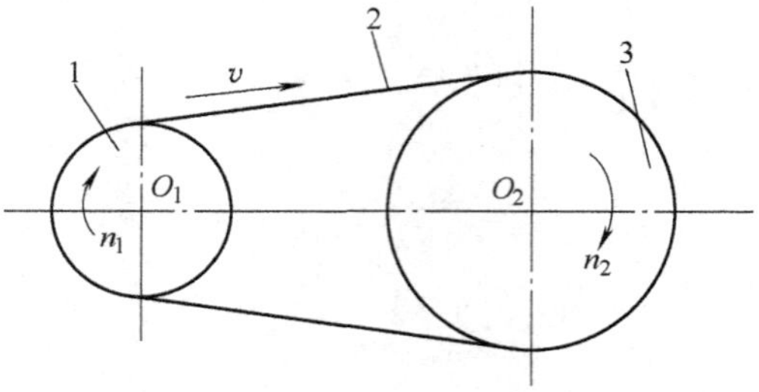

图 3-1　带传动的组成

1—主动带轮　2—传动带　3—从动带轮

2. 带传动的工作原理

带传动是以张紧在至少两个轮上的带作为中间挠性件，靠带与带轮接触面间产生的摩擦力（或啮合力）来传递运动和动力的。

3. 带传动的类型

根据工作原理不同，带传动可分为摩擦型带传动（见图3-1）和啮合型带传动（见图3-2）两大类。

摩擦型带传动是依靠带和带轮之间的摩擦力传递运动和动力的。摩擦型带传动结构简单，传动平稳，过载时会打滑，但带与带轮之间存在一定的弹性滑动（滑动率在2%以下），因而传动比不恒定。

啮合型带传动即同步带传动，它是靠带上的齿与同步带轮上的轮齿的啮合作用来传递运动和动力的，可以保证传动同步。

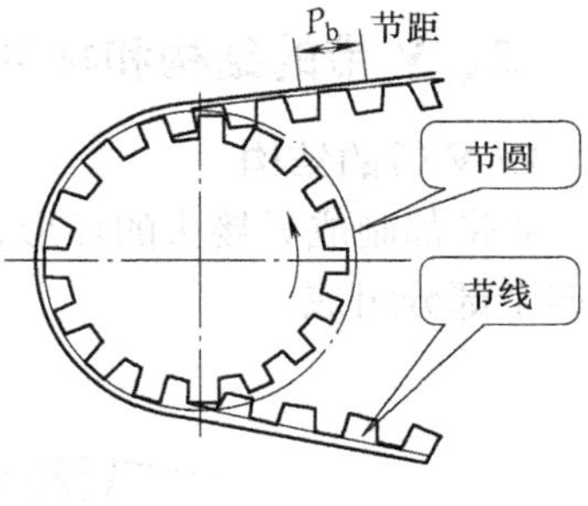

图3-2　啮合型带传动

按带的截面形状分，摩擦带可分为平带、V带、多楔带等，如图3-3所示。

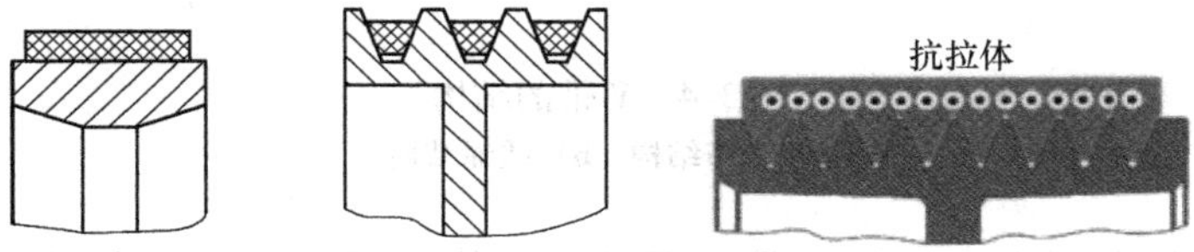

图3-3　带的横截面形状

a）平带　b）V带　c）多楔带

4. 带传动的应用特点

（1）带传动的优点

1）适用于中心距较大的传动。

2）带具有良好的挠性，可缓和冲击，吸收振动。

3）过载时带与带轮间会打滑，打滑虽然使传动失效，但是可防止其他零件损坏。

4）结构简单、成本低廉。

（2）带传动的缺点

1）传动的外廓尺寸较大。

2）需要张紧装置。

3）由于带的滑动，不能保证恒定的传动比。

4）带的寿命较短。

5）传动效率较低。

5. 带传动的应用

带传动主要用于两轴平行而且回转方向相同的场合，这种传动称为开口传动。通常，带传动用于中小功率电动机与工作机械之间的动力传递。目前V带传动应用最广，一般带速为 $v=5\sim25\text{m/s}$，传动比 $i\leq7$，传动效率低。

近年来平带传动的应用已大为减少，但在多轴传动或高速情况下，平带传动仍然是很有效的。

二、V带的结构和标准

1. V带的结构

V带都制成无接头的环形，其结构如图3-4所示。它由包布层、伸张层、强力层和压缩层四个部分组成。

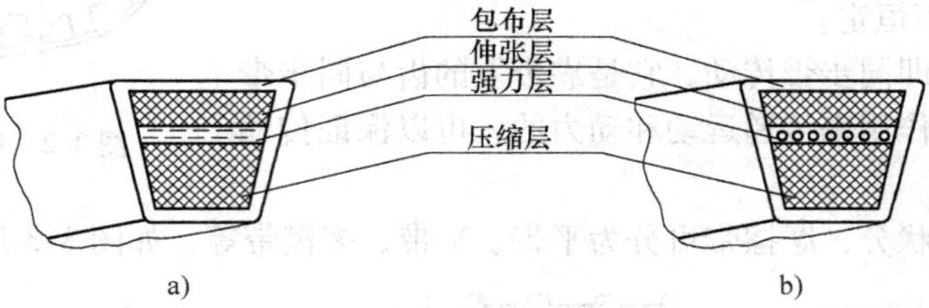

图3-4　V带的结构
a）帘布结构　b）线绳结构

包布层多由胶帆布制成，它是V带的保护层。伸张层和压缩层主要由橡胶组成，当胶带在带轮上弯曲时可分别伸张和压缩。强力层由几层棉帘布或一层线绳制成，用来承受基本的拉力。根据强力层的结构不同，V带分为帘布结构和线绳结构两种。

帘布结构的V带制造较为方便，生产中采用较多，型号齐全。线绳结构的V带比较柔软，适用于直径较小的带轮，但抗拉强度较低。

2. V带的标准

V带是标准件，由专业工厂生产。对于普通V带，按其截面尺寸的大小，分为Y、Z、A、B、C、D、E七种型号，其截面尺寸依次增大。

普通V带的标记由带型、带长和标准号组成。例如A-1400 GB/T 1171—2006（A型普通V带，基准长度为1400mm）。

三、V带轮

1. 带轮的设计要求和带轮材料

带轮应有足够的强度，便于制造，质量轻，质量分布均匀，并应避免铸造时产生过大的内应力。带轮工作表面要光滑，以减少带的磨损。当线速度 $v>5\text{m/s}$ 时，要做静平衡；当 $v>25\text{m/s}$ 时，则需做动平衡。

带轮材料常用灰铸铁、钢、铝合金或工程塑料等，其中灰铸铁应用最广。当 $v>30\text{m/s}$ 时用HT200，当 $25\text{m/s}\leqslant v\leqslant 40\text{m/s}$ 时，宜采用球墨铸铁或铸钢，也可用锻钢、钢板冲压-焊接带轮；小功率传动可用铸铝或塑料带轮。

2. 带轮的结构

带轮一般由轮缘、轮毂、轮辐三部分组成。

轮缘是带轮上具有轮槽的部分。轮槽的截面形状和尺寸都与带的截面尺寸相对应。轮槽数和传动带的根数应相对应。带轮上的梯形轮槽的槽角有32°、34°、36°、38°四种，它们都小于传动带两侧面的夹角（40°）。这是为了让V带包在带轮上弯曲后，其工作侧面能与带轮的两个工作侧面贴紧。

轮毂是带轮与轴配合的部分，其外径及长度可根据经验公式计算。

轮辐是轮缘的连接部分。根据带轮直径的不同，带轮可制成实心式、腹板式和轮辐式三种。尺寸较大的腹板式（见图3-5），为了便于加工、安装和减轻质量，常在腹板上均匀分布4~6个直径大小一样的圆孔。轮辐式带轮（见图3-6）的辐条截面常做成椭圆形，称为椭圆辐轮。为了减轻带轮回转时的空气阻力，椭圆形截面的长轴应在带轮的回转平面内。

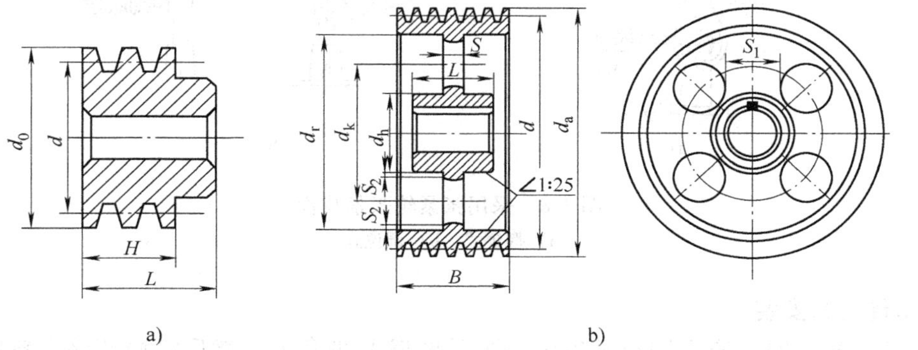

图3-5　实心式和腹板式带轮

a）实心式　b）腹板式

四、带传动的张紧、安装和维护

1. 带传动的张紧装置

（1）定期张紧　装有带轮的电动机安装在移动导轨上，可通过旋转调节螺钉来增大或减小中心距，从而达到张紧或松开的目的。

电动机安装在摆动底座上，可通过旋转调整螺母来调节中心距，从而达到张紧的目的。

（2）自动张紧　把电动机安装在摇摆架上，利用电动机的自重使带轮随电动机绕固定轴摆动，以达到自动张紧的目的（见图3-7）。

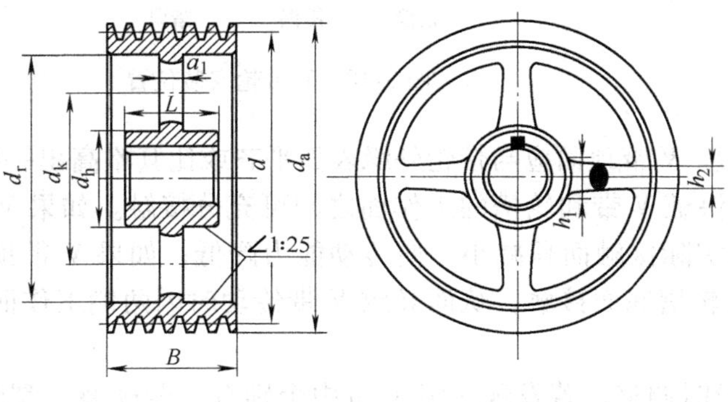

图3-6　轮辐式带轮

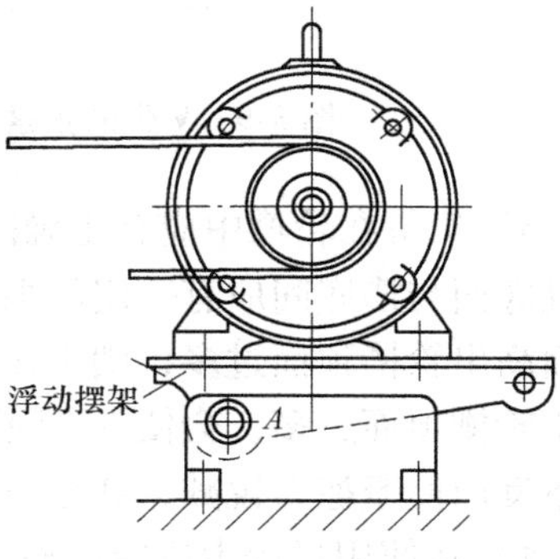

图3-7　自动张紧装置

（3）采用张紧轮　若中心距不能调整，可采用张紧轮张紧。图 3-8a 所示为摆锤式张紧装置，适宜平带传动；图 3-8b 所示为调位式张紧装置，适宜 V 带传动。张紧轮一般安装在松边内侧，使带只受单弯曲，同时尽量靠近大带轮，以免减小小带轮的包角。张紧轮直径可小于小带轮直径，其轮槽尺寸与带轮相同。

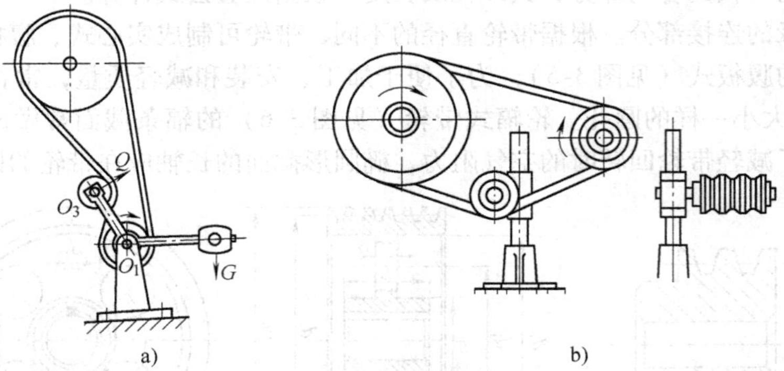

图 3-8　采用张紧轮张紧装置
a）摆锤式　b）调位式

2. 带传动的安装

1）安装 V 带时，应在缩小带轮中心距后再将 V 带套入，然后慢慢调整带轮中心距使带达到合适的张紧程度。如果用大拇指能将带按下 15mm 左右，则张紧程度合适，如图 3-9所示。

2）安装 V 带轮时，两带轮的轴线应相互平行，两带轮轮槽的对称平面应重合，其偏角误差应小于 30′，如图 3-10 所示。

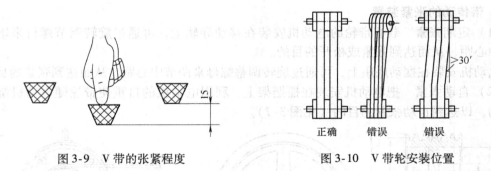

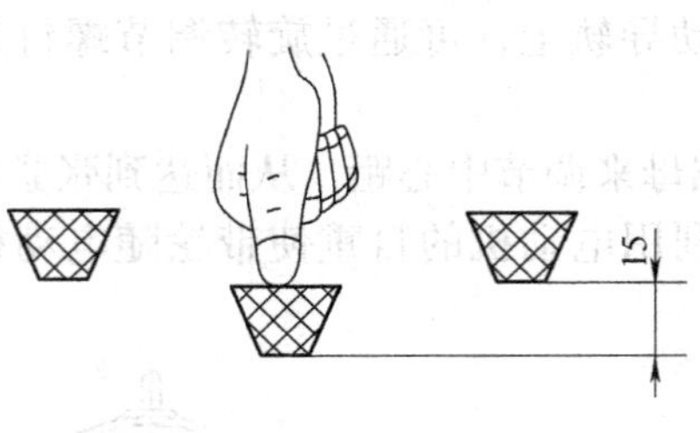

图 3-9　V 带的张紧程度

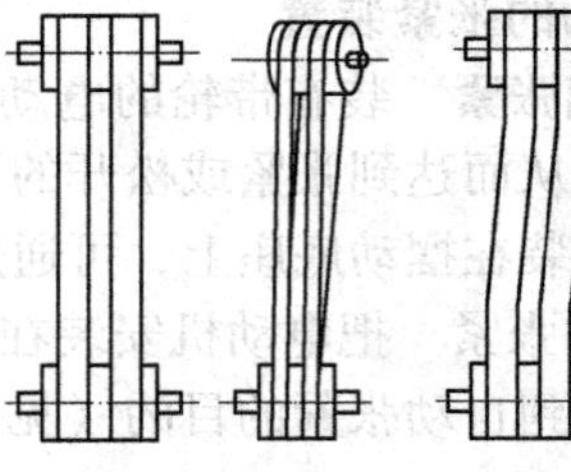

图 3-10　V 带轮安装位置

3）V 带在轮槽中应有正确的位置。V 带顶面应与带轮外缘表面平齐或比其略高出一些，并且底面与槽底间应有一定间隙，以保证 V 带和轮槽的工作面之间可充分接触。如果 V 带顶面高出轮槽顶面过多，则工作面的实际接触面积减小，使传动能力降低；如果 V 带顶面低于轮槽顶面过多，会使 V 带底面与轮槽底面接触，从而导致 V 带传动时因两侧工作面接触不良而使摩擦力锐减，甚至丧失。

4）在使用过程中应定期检查并及时调整，若发现一组 V 带中个别有疲劳撕裂（裂纹）等现象，则应及时更换所有 V 带。不同带型以及不同新旧的 V 带不能同组使用。

5）为了保证安全生产和V带清洁，应给V带传动装置加防护罩，这样可以避免V带因接触酸、碱、油等有腐蚀作用的介质及日光暴晒而过早老化。

3. 带传动的维护

为了延长带的使用寿命，必须掌握带的正确使用与维护方法。

1）在安装时，必须使两带轮轴线平行，轮槽对正，否则会加剧带的磨损。安装带时，应在缩小带轮中心距后再套上带，然后调整。

2）严防带与矿物油、酸、碱等腐蚀性介质接触，也不宜在阳光下暴晒。

3）为保证安全，带传动装置应加防护罩。

五、同步带传动简介

1. 同步带传动的特点

同步带是以钢丝为抗拉体，外面包覆聚氨酯或橡胶。它是横截面为矩形，带面具有等距横向齿的环形传动带。带轮轮面也制成相应的齿形，工作时靠带齿与轮齿啮合传动，参见图3-2。由于带与带轮无相对滑动，能保持两轮的圆周速度同步，故称为同步带传动。

它具有以下优点：传动比恒定；结构紧凑；由于带薄而轻，抗拉体强度高，故带速可达40m/s，传动比可达10，传动功率可达200kW；传动效率较高，约为98%，因而其应用日益广泛。它的缺点是带及带轮价格较高，对制造、安装要求高。

2. 同步带传动的应用

同步带传动主要用于要求传动比精确的中、小功率传动中，如计算机、录音机、数控机床、汽车等。图3-11所示为同步带传动在汽车发动机控制系统中的应用。

图3-11　同步带传动在汽车发动机控制系统中的应用

同步带规格已标准化，同步带最基本的参数是节距。

通过学习过同步带传动的特性，就不难理解为什么汽车发动机中的控制系统要用到同步带传动了吧。

第二节 链 传 动

知识目标：

1. 链传动的组成、特点及类型。
2. 链传动的运动特性及主要参数。
3. 链传动的布置和张紧。
4. 链传动的润滑。

技能目标：

1. 了解链传动的组成、特点及类型。
2. 了解链传动的运动特性及主要参数。
3. 能够正确地对链传动进行布置和张紧。
4. 能够正确地对链传动进行润滑。

一、链传动的组成、特点及类型

1. 链传动的组成

链传动主要由主动链轮、链条、从动链轮组成，如图 3-12 所示。

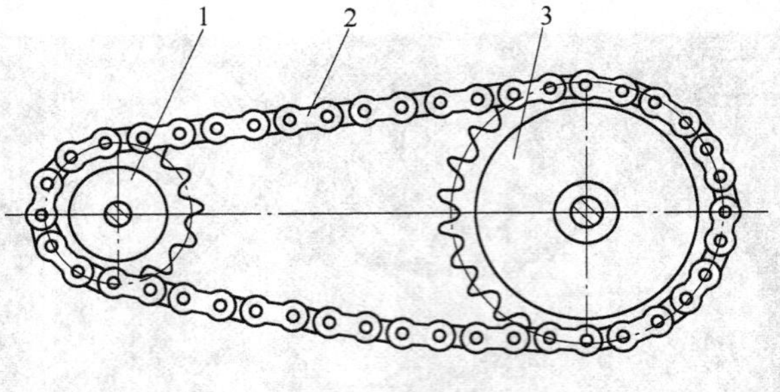

图 3-12 链传动

1—主动链轮 2—链条 3—从动链轮

记得上学时骑的自行车吗？它就是靠链传动来传递运动的。

链轮具有特定的齿形，链条套装在主动链轮和从动链轮上。工作时，通过链条的链节与链轮轮齿的啮合来传递运动和动力。

2. 链传动的特点

1）链传动结构较带传动紧凑，过载能力强。

2）链传动有准确的平均传动比，无滑动现象，但传动平稳性差，工作时有噪声。

3）作用在轴和轴承上的载荷较小。

4）可在温度较高、灰尘较多、湿度较大的不良环境下工作。

5）低速时能传递较大的载荷。

6）安装精度高，制造成本较高。

3. 链的类型和应用

由于链的用途不同，链分为传动链、起重链和牵引链三种。

传动链用于一般机械中传递动力和运动，起重链用于起重机械中提升重物，牵引链用于链式输送机中移动重物。常用的传动链根据结构的不同，可分为短节距精密滚子链（简称为滚子链）和齿形链（又称为无声链）两种。

齿形链是由一组带有两个特定齿形的链板左右交错并列铰接而成的。工作时，通过链板上的链齿与链轮轮齿相啮合来实现传动。

如图 3-13 所示，滚子链传动中的内链板与套筒之间、外链板与销轴之间为过盈配合，滚子与套筒之间、套筒与销轴之间均为间隙配合。内、外链板均为“∞”型。链上相邻两铰链中心之间的距离称为链节距，用 p 表示。

滚子链分为单排链、双排链（见图 3-14）、多排链（见图 3-15）。链的排数越多，承载能力越强，但各排链受载不均的现象会越严重，故排数不宜过多。

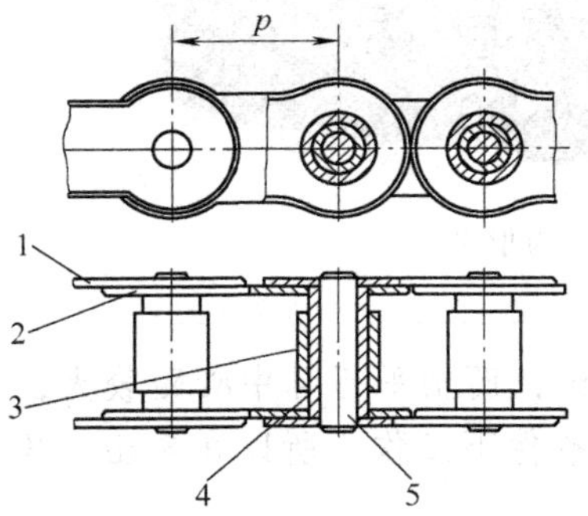

图 3-13　滚子链结构

1—外链板　2—内链板　3—滚子　4—套筒　5—销轴

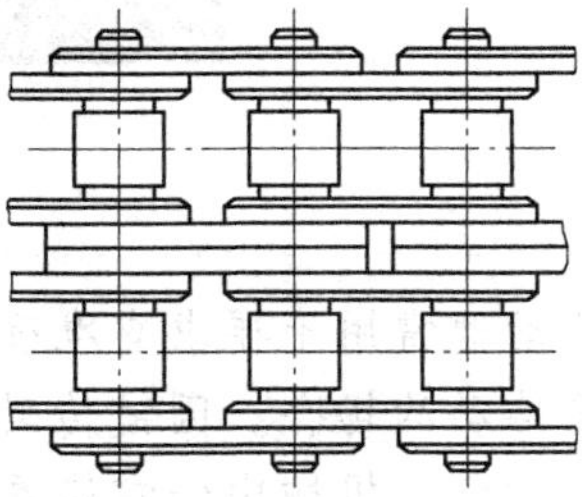

图 3-14　双排链

链条的接头形式有：用开口销固定（见图 3-16）、用弹簧卡片固定（见图 3-17）、采用过渡链节（见图 3-18）。

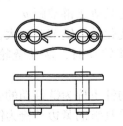

图 3-15　多排链

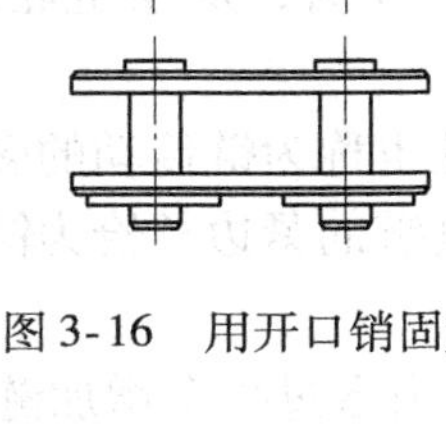

图 3-16　用开口销固定

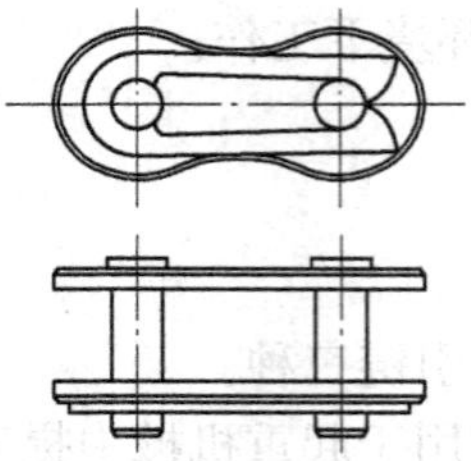

图 3-17 用弹簧卡片固定

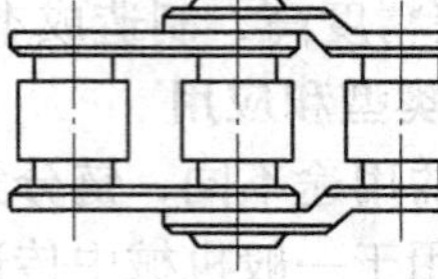

图 3-18 过渡链节

链节数为奇数时，接头处必须用过渡链节。为避免使用过渡链节，链节数最好为偶数。

与滚子链相比，齿形链（见图 3-19）传动平稳，噪声小，承受冲击性能好，工作可靠，但结构复杂，价格较高，且制造较难，故多用于高速或运动精度要求较高的传动装置中。

图 3-19 齿形链

链传动通常用于要求有准确的平均传动比，两轴平行且中心距较大，不宜应用带传动和齿轮传动的场合。因链传动能在恶劣的条件下工作，所以在矿山、冶金、建筑、石油、农业和化工机械中经常能看到链传动。

二、链传动的运动特性及主要参数

1. 链传动的运动特性

链传动的运动存在不均匀性。在链传动中，链条绕在链轮上如同绕在两个正多边形的轮子上，正多边形的边长等于链节距 p。

链速是周期性变化的，链节距越大，齿数越少，链速的变化就越大。

当主动链轮匀速转动时，从动链轮的角速度以及链传动的瞬时传动比都是周期性变化的。

链传动的不均匀性也称为链传动的多边形效应。

只有在齿数相等且链的紧边长恰为链节距的整数倍时，瞬时传动比 i 才恒定。

2. 主要参数

（1）链轮齿数 z　齿数过少会增加链传动的运动不均匀性，会使链磨损加快，使用寿命降低。齿数过多会使尺寸增大，磨损后易引起脱链，降低链条寿命。所以一般 z 取值范围在 17～120。

(2) 传动比 i　滚子链的传动比通常小于6，推荐 $i=2\sim3.5$。因为传动比过大会造成链齿磨损加快，链条容易跳齿，也会使传动装置尺寸加大。

(3) 链节距 p　链条上相邻两销轴中心的距离称为节距。节距越大传动能力越强，但会使传动平稳性变差，动载荷增加。所以对于重载的链传动，应选用小节距多排链。

(4) 中心距 a　中心距过小，会使链条磨损加快，寿命降低。中心距过大会引起链条松边颤动，使运动不均匀性增强。通常 $a_{max}\leqslant80p$。

三、链传动的布置和张紧

1. 链传动的合理布置

1) 两链轮的回转平面应在同一铅垂面内。

2) 链轮的中心连线最好在水平面内，应避免垂直布置。

3) 链传动最好紧边在上，松边在下。

2. 链传动的张紧

与带传动的张紧类似，给链传动加张紧装置的目的是为了避免链的垂度过大，产生啮合不良和链条的振动现象。张紧方法有弹簧力张紧、砝码张紧和定期调整张紧等（见图3-20）。

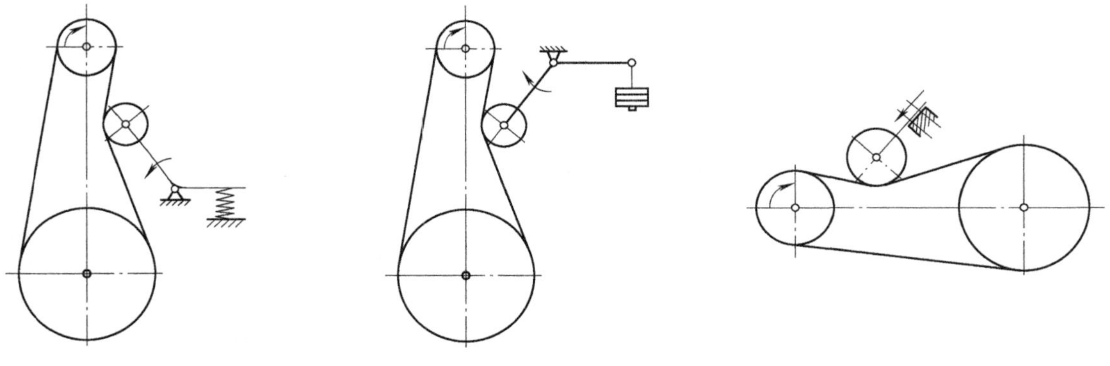

a)　　b)　　c)

图3-20　链传动的张紧

a) 弹簧力张紧　b) 砝码张紧　c) 定期调整张紧

四、链传动的润滑

为了延长链传动的寿命，要进行润滑和维护。润滑可以减轻链条和链轮齿面的磨损，缓和链条和链轮齿面的冲击，降低链环节内部的温度。常用的润滑方式有：

1. 人工定期润滑

适用于低速（$v\leqslant4m/s$）、不重要的链传动。

2. 滴油润滑

用油杯通过油管滴入松边内以及外链板间隙处，适于 $v\leqslant10m/s$ 的传动。

3. 油浴润滑

将松边的链条浸入油池中，浸油深度为 6～12mm。

4. 飞溅润滑

在密封容器中用甩油盘将油甩起，经壳体上的集油装置将油导流到链条上。甩油盘的线速度应大于3m/s。

5. 压力润滑

适用于链速 $v \geqslant 8\text{m/s}$ 的大功率重要设备链传动时，使用油泵将油喷射至链条与链轮啮合处。

思考：

1）链传动按用途不同可以分为哪几类？

2）链条在连接时，其链节数最好取奇数还是取偶数？

第四章

齿轮传动和蜗杆传动

第一节　标准直齿圆柱齿轮传动

知识目标：

1. 齿轮传动的类型。
2. 直齿圆柱齿轮的基本参数。
3. 齿轮正确啮合条件和正确安装中心距。

技能目标：

1. 了解齿轮传动的类型。
2. 了解直齿圆柱齿轮的基本参数。
3. 能正确地选配齿轮。

一、齿轮传动的特点及分类

齿轮传动（见图 4-1 ~ 图 4-3）是一种重要的机械传动，应用非常广泛。在汽车的动力传动部分，常常用到齿轮机构来传递动力、改变转速或方向。例如，在曲轴与凸轮轴的动力传动，变速器各挡位的动力传动，主减速器、差速器的动力传动中，都用到齿轮机构来传递

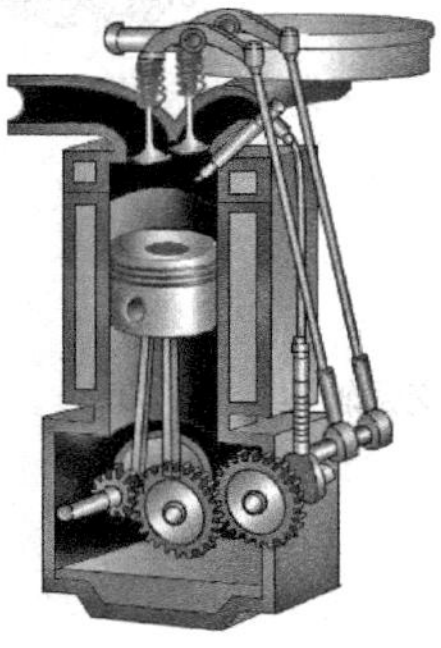

图 4-1　单缸四冲程内燃机结构示意图

图 4-2　汽车变速器

动力。齿轮机构由主动齿轮、从动齿轮和机架组成。圆柱齿轮如图 4-4 所示。

图 4-3　差速器

a)　　b)

图 4-4　圆柱齿轮
a）斜齿轮　b）直齿轮

> **看一看：**
> 你认识齿轮吗？图 4-1 ~ 图 4-3 中都有齿轮，你找到它们了吗？

> **看一看：**
> 图 4-4 所示就是齿轮，当然还有其他类型的齿轮，后面会看到。注意看看这两个齿轮的不同。

单独的一个齿轮是无法完成其工作的，都要和其他的齿轮配合才可以工作。两个相啮合的齿轮就组成了齿轮传动。齿轮机构的功能是将主动轴的运动和动力，通过齿轮副传递给从动轴，使从动轴获得要求的转速、转向和转距。图 4-5 所示都是相互啮合的齿轮。

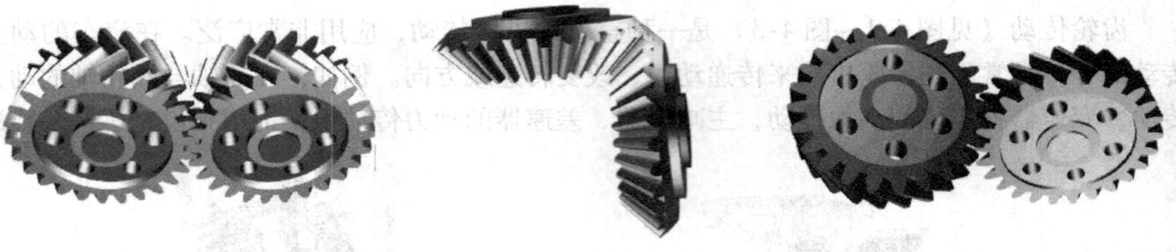

a)　　b)　　c)

图 4-5　齿轮传动
a）人字齿轮传动　b）锥齿轮传动　c）交错轴斜齿轮传动

1. 齿轮传动的特点

（1）优点

1）适应性广。其传递功率范围为 0.1W ~ 10kW，传递圆周速度最高可达到 300m/s，齿轮直径可达 25m。

2）传动比恒定。齿轮传动能保证两轮瞬时传动比恒等于常数。

3）效率较高，齿轮机构传动效率一般在95%以上。

4）工作可靠，寿命较长。

5）可以传递空间任意两轴间的运动。

没想到吧，大齿轮的直径是可以很大的，那么是不是齿轮的直径都很大呢？告诉你吧，机械表里也有齿轮，它的直径可不能大呀。

（2）缺点

1）制造和安装精度要求高，成本高。

2）低精度齿轮传动时噪声和振动较大。

3）不适于距离较大的两轴间的运动传递等。

2. 齿轮传动的分类

齿轮和齿轮机构可根据不同的条件加以分类。齿轮机构的分类如下：

（1）根据两齿轮是否在同一平面运动分类

1）平面齿轮机构：两齿轮在同一平面运动，它们的轴线相互平行。

2）空间齿轮机构：两齿轮不在同一个平面运动，它们的轴线相交或交错。

（2）根据两齿轮啮合方式分类

1）外啮合齿轮机构：外齿轮与外齿轮啮合，两齿轮转向相反。

2）内啮合齿轮机构：内齿轮与外齿轮啮合，两齿轮转向相同，如图4-6所示。

3）齿条机构：外齿轮与齿条啮合，齿轮转动，齿条移动，如图4-7所示。

图4-6　内啮合齿轮机构

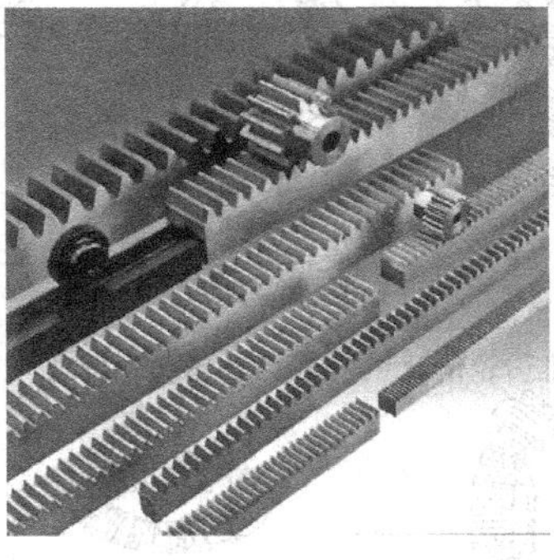

图4-7　齿条机构

看一看：

图4-6所示也是齿轮，但和前面的齿轮不大一样，它是内齿轮，内齿轮和外齿轮啮合就是一对内啮合齿轮传动。

其实，我们可以把齿条看成是一个直径无穷大的齿轮。

图 4-8　减速器

齿轮的分类如下：

（1）根据两齿轮外观形状分类　圆柱齿轮、锥齿轮。

（2）根据轮齿形状分类　直齿轮、斜齿轮和人字齿轮。

根据齿轮工作条件，齿轮传动可分为闭式和开式两种。闭式传动（见图 4-8）是将齿轮封闭在刚性的箱体内，因此润滑及维护等条件较好，重要的齿轮传动都采用闭式传动。开式传动的齿轮是敞开的，工作时会落入灰尘，使润滑不良，轮齿容易磨损，故只宜用于简易的机械设备及低速场合。

看一看：

不要怀疑，图 4-8 所示就是闭式齿轮传动。不把它的盖拆下是看不到它内部的构造的。

每个齿轮机构，都是由不同类型的齿轮组成的，通过图 4-9 可以清晰地看清它们之间的关系。

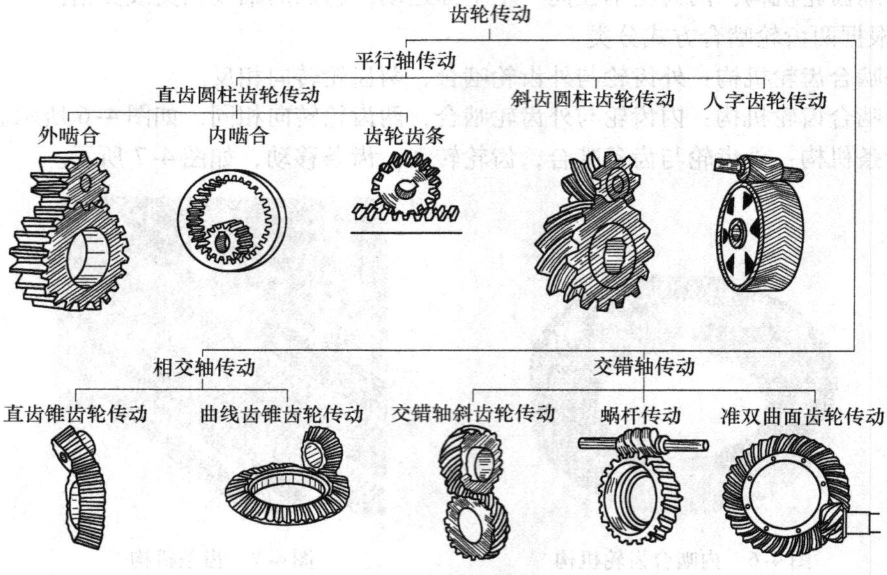

图 4-9　齿轮传动

二、渐开线直齿圆柱齿轮各部分的名称、主要参数和几何尺寸

1. 渐开线直齿圆柱齿轮各部分的名称（见图 4-10）

（1）齿顶圆　过所有轮齿顶端的圆，其半径用 r_a 表示。

（2）齿根圆　过所有齿槽底部的圆，其半径用 r_f 表示。

（3）分度圆　位于轮齿的中部，是设计、制造的基准圆，其半径用 r 表示。

（4）齿顶高　齿顶圆与分度圆之间的径向距离，其长度用 h_a 表示。

（5）齿根高　齿根圆与分度圆之间的径向距离，其长度用 h_f 表示。

（6）全齿高　齿顶圆与齿根圆之间的径向距离，其长度用 h 表示，且 $h=h_a+h_f$。

（7）齿厚　每个轮齿在某一个圆上的圆周弧长。不同圆周上的齿厚不同，在半径为 r_k 的圆上，齿厚用 s_k 表示；在半径为 r 的分度圆上，齿厚用 s 表示。

（8）齿槽宽　相邻两个齿间在某一个圆上的齿槽的圆周弧长。不同圆周上的齿槽宽不同，在半径为 r_k 的圆上，齿槽宽用 e_k 表示；在半径为 r 的分度圆上，齿槽宽用 e 表示。

（9）齿距　相邻两个轮齿同侧齿廓之间在某一个圆上对应点的圆周弧长。不同圆周上的齿距不同，在半径为 r_k 的圆上，齿距用 p_k 表示，显然有 $p_k=s_k+e_k$；在半径为 r 的分度圆上，齿距用 p 表示，同样 $p=s+e$。若为标准齿轮，则有 $s=e=p/2$。

（10）齿宽　轮齿的轴向宽度，用 b 表示。

2. 渐开线直齿圆柱齿轮的基本参数

（1）标准齿轮的压力角 α　就单个齿轮而言，在端平面上，过端面齿廓上任意一点的径向直线与齿廓在该点的切线所夹的锐角称为该点的压力角。

（2）齿数 z　一个齿轮的轮齿总数。

（3）模数 m　齿距除以圆周率所得的商称为模数，即 $m=p/\pi$，单位为 mm。为了便于齿轮的设计和制造，模数已经标准化。

模数是齿轮几何尺寸计算时的一个基本参数。图 4-11 所示为齿数 z 相同，模数 m 不同的齿轮比较。

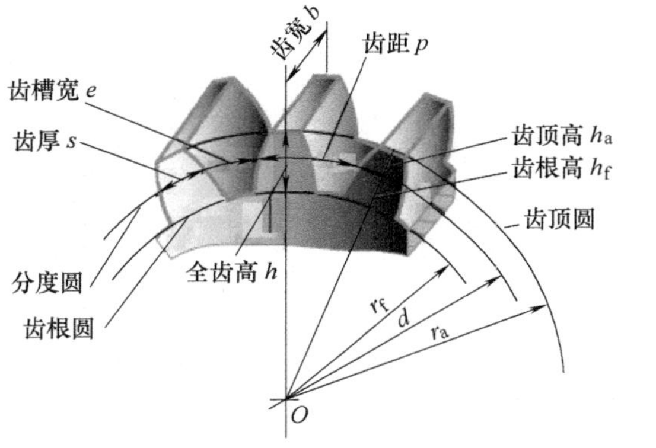

图 4-10　渐开线直齿圆柱齿轮各部分的名称

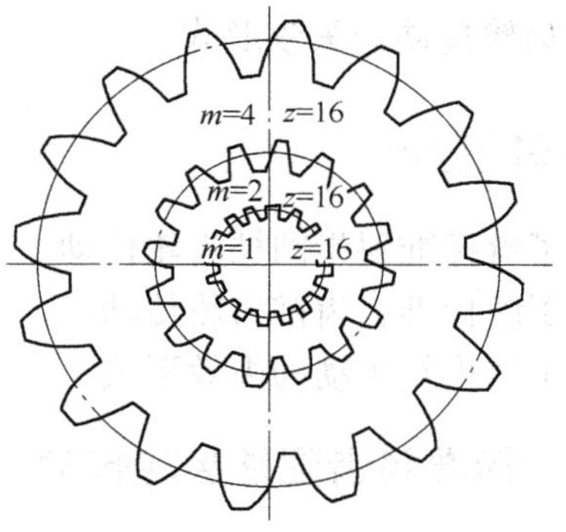

图 4-11　齿数 z 相同，模数 m 不同的齿轮比较

看到了吗，齿数相等的齿轮，模数越大，齿轮尺寸就越大，轮齿也越大，承载能力越强。

（4）齿顶高系数 h_a^*　为使齿轮的齿形均匀，齿顶高和齿根高与模数成正比。对于标准齿轮，规定 $h_a=h_a^*m$。h_a^* 称为齿顶高系数，我国标准规定正常齿制 $h_a^*=1$。

（5）顶隙系数 c^*　当一对齿轮啮合时，为使一个齿轮的齿顶面不与另一个齿轮的齿槽底面相接触，齿轮的齿根高应大于齿顶高，即应留有一定的顶隙，用 c 表示。对于标准齿轮，规定 $c=c*m$。c^* 称为顶隙系数，我国标准规定正常齿制 $c^*=0.25$。

三、正确啮合条件和正确安装中心距

1. 正确啮合条件

为保证渐开线齿轮传动中各对轮齿能依次正确啮合，避免因齿廓局部重叠或侧隙过大而引起卡死或冲击，两齿轮啮合时必须满足以下两点：

1）两齿轮的模数必须相等。

2）两齿轮分度圆上的压力角相等。

2. 正确安装中心距

一对标准安装的标准直齿圆柱齿轮传动，由于分度圆上的齿厚与齿槽宽相等，所以两齿轮的分度圆相切，且做纯滚动，此时两分度圆与其相应的节圆重合，则标准中心距为

$$a = r_1 + r_2 = r_1' + r_2' = m(z_1 + z_2)/2$$

第二节　标准斜齿圆柱齿轮传动和标准直齿锥齿轮传动简介

知识目标：

1. 标准斜齿圆柱齿轮传动。
2. 标准直齿锥齿轮传动。
3. 齿轮传动的失效形式。

技能目标：

1. 了解标准斜齿圆柱齿轮传动。
2. 了解标准直齿锥齿轮传动。
3. 了解齿轮传动的失效形式。

一、标准斜齿圆柱齿轮传动

1. 斜齿圆柱齿轮的形成

在讨论直齿圆柱齿轮时，仅就轮齿的端面加以研究，这是因为直齿圆柱轮的轮齿方向与齿轮轴线平行，在所有与轴线垂直的平面内的情形完全相同，所以只需考虑其端面就能代表整个齿轮。但是，齿轮是有一定宽度的，因此，直齿圆柱齿轮端面上的点和线实际上代表着齿轮上的线和面：基圆代表基圆柱，发生线 NK 代表切于基圆柱面的发生面 S。当发生面与基圆柱做纯滚动时，它上面的一条与基圆柱素线 NN 相平行的直线 KK 所展成的渐开线曲面（见图 4-12a），就是直齿圆柱齿轮的齿廓曲面，简称为渐开面。

斜齿圆柱齿轮齿面的形成原理与直齿圆柱齿轮相似，所不同的是，发生面上展成渐开面的直线 KK 不再与基圆柱素线 NN 平行，而是偏斜一个角度 β_b，如图 4-12b 所示。当发生面 S 绕基圆柱做纯滚动时，斜直线 KK 上的每一点在空间所描出的轨迹都是一条位于与齿轮轴线垂直的平面内的渐开线。这些渐开线的初始点均在基圆柱面的螺旋线 AA 上。这些渐开线

的集合，就形成了以螺旋线 AA 为初始线的渐开线曲面，称为渐开螺旋面。该渐开螺旋面在齿顶圆柱以内的部分，就是斜齿圆柱齿轮的齿廓曲面。β_b 称为斜齿轮基圆柱上的螺旋角。显然，β_b 越大，斜齿圆柱齿轮的齿向越偏斜；而当 $\beta_b=0°$ 时，斜齿圆柱轮就变成了直齿圆柱轮。因此可以认为，直齿圆柱轮是斜齿圆柱轮的一个特例。

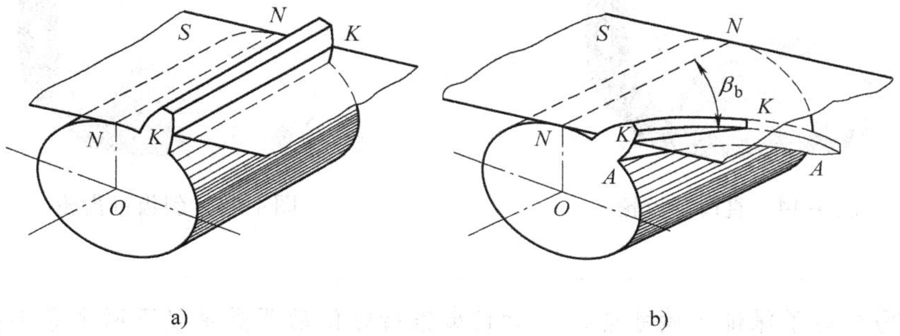

图 4-12　圆柱齿轮齿面的形成

原来斜齿圆柱齿轮是由直齿圆柱齿轮演变过来的啊！

2. 斜齿圆柱齿轮传动的啮合特性

1）两轮齿由一端面进入啮合，接触线先由短变长，再由长变短，到另一端面脱离啮合，重合度大，承载能力高，可用于大功率传动。

2）轮齿上的载荷逐渐增加，然后逐渐卸掉，承载和卸载平稳，冲击、振动和噪声小。

3）由于轮齿倾斜，传动中会产生一个轴向力。

4）斜齿圆柱齿轮在高速、大功率传动中应用十分广泛。

3. 斜齿圆柱齿轮的正确啮合条件

一对外啮合斜齿圆柱齿轮用于平行轴传动时的正确啮合条件为：

1）两齿轮法面模数相等。

2）两齿轮法面齿形角相等。

3）两齿轮螺旋角相等、旋向相反。

二、标准直齿锥齿轮传动简介

锥齿轮机构用来传递两相交轴之间的运动和动力，轴交角 Σ 可根据传动需要来确定，一般多采用 $\Sigma=90°$。锥齿轮的轮齿分布在一个圆锥上，如图 4-13所示。这是它区别于圆柱齿轮的主要特点，由此，圆柱齿轮里的有关“圆柱”就变成了“圆锥”，如分度圆锥、节圆锥、基圆锥、齿顶圆锥等。

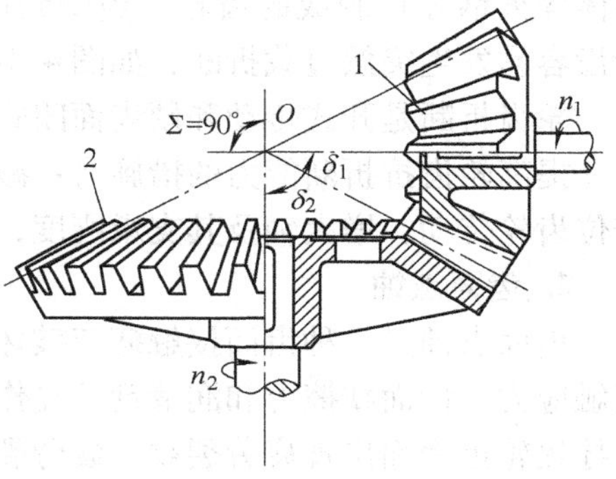

图 4-13　直齿锥齿轮传动

锥齿轮的轮齿有直齿、斜齿和曲线齿（圆弧齿、摆线齿）等多种形式，如图 4-14 和图 4-15 所示。直齿锥齿轮的设计、制造和安装均较简单，故在一般机械传动中得到了广泛的应用。但是在汽车拖拉机等高速重载机械中，为提高传动的平稳性和承载能力，减少噪声，多用曲线齿锥齿轮。

图 4-14　直齿锥齿轮

图 4-15　斜齿锥齿轮

你知道吗？为了保证正确啮合，一对直齿锥齿轮传动要满足以下两个条件：

1）两齿轮大端的模数相等。

2）两齿轮压力角相等。

三、齿轮传动的失效形式

齿轮传动是靠轮齿的啮合传动来传递运动和动力的，轮齿失效是齿轮常见的主要失效形式之一。由于齿轮传动装置有开式、闭式，齿面有软齿面、硬齿面，齿轮转速有高有低，载荷有轻重之分，所以齿轮传动在设计应用中会出现各种不同的失效形式。齿轮传动的主要失效形式有轮齿折断、齿面点蚀、齿面磨损、齿面胶合以及塑性变形等几种形式。

1. 轮齿折断

齿轮在工作时，轮齿像悬臂梁一样承受弯矩，在其齿根部分的弯曲应力最大，而且在齿根的过渡圆角处有集中应力，当交变的齿根弯曲应力超过材料的弯曲疲劳极限时，由于材料疲劳对拉伸应力比较敏感，在齿根处的受拉一侧首先就会产生疲劳裂纹，随着裂纹的逐渐扩展，致使轮齿发生疲劳折断。对于用脆性材料（如铸铁、整体淬火钢等）制成的齿轮，当受到严重短期过载或很大冲击时，轮齿容易发生突然过载折断，如图 4-16 所示。

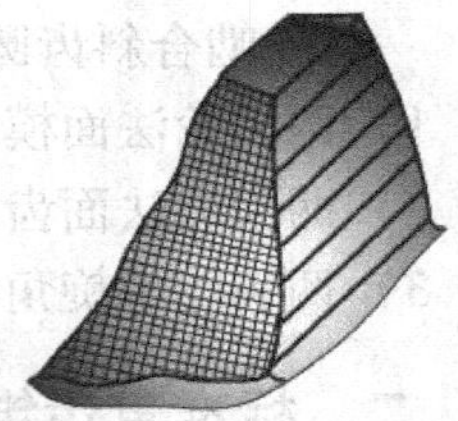

图 4-16　轮齿折断

轮齿折断是开式传动和硬齿面闭式传动的主要失效形式之一。

提高轮齿抗折断能力的措施有：减小齿根应力集中，对齿根表层进行强化处理，采用正变位齿轮传动，增大轴及其支承刚度，采用合适的热处理方式增强轮齿齿芯的韧性。

2. 齿面点蚀

齿面点蚀是一种齿面接触疲劳破坏，经常发生在润滑良好的闭式齿轮传动中。在变化的接触应力、齿面摩擦力和润滑剂反复作用下，轮齿表层下一定深度处产生裂纹，裂纹逐渐扩展导致轮齿表面出现疲劳裂纹。疲劳裂纹扩展的结果是使齿面金属脱落而形成麻点状凹坑，这种现象就称为齿面疲劳点蚀。发生点蚀后，齿廓形状遭破坏，齿轮在啮合过程中会产生剧烈的振动，噪声增大，以至于齿轮不能正常工作而使传动失效。实践表明，齿面疲劳点蚀首先出现在齿面节线附近的齿根部分，如图 4-17 所示。

图 4-17　疲劳点蚀

齿面点蚀是在润滑良好的闭式齿轮传动中轮齿失效的主要形式之一。在开式齿轮传动中，由于齿面磨损较快，点蚀还来不及出现或扩展即被磨掉，所以一般见不到点蚀现象。

提高齿轮接触疲劳强度的措施有：提高齿面硬度，降低齿面粗糙度，合理选用润滑油，采用正变位齿轮传动等。

3. 齿面磨损

在齿轮传动中，随着工作环境的不同，齿面间存在多种形式的磨损情况。当齿面间落入铁屑、砂粒及其他非金属物等磨粒性物质时，会发生磨粒磨损，如图 4-18 所示。齿面磨损后，齿廓失去正确形状，引起冲击、振动和噪声。当齿面磨损严重时，由于齿厚减薄而可能发生轮齿折断，如图 4-16 所示。磨粒磨损是开式齿轮传动的主要失效形式之一。

提高齿面抗磨损能力的措施有：改善密封和润滑条件，在润滑油中加入减摩添加剂，保持润滑油的清洁，提高齿面硬度等。

4. 齿面胶合

互相啮合的轮齿齿面，在一定的温度或压力作用下会发生黏着，随着齿面的相对运动，黏着金属被撕脱后，齿面上沿滑动方向形成沟痕，这种现象称为胶合。常发生胶合的情况有：在高速重载齿轮传动中（如航空齿轮传动），使啮合点处瞬时温度过高，润滑失效，致使相啮合两齿面金属尖峰直接接触并相互粘连在一起，造成胶合；在重载低速齿轮传动中，不易形成油膜，或由于局部偏载使油膜破坏，也会造成胶合，如图 4-19 所示。

图 4-18　齿面磨损

图 4-19　齿面胶合

胶合发生在齿面相对滑动速度较大的齿顶或齿根部位。齿面一旦出现胶合，不但齿面温度升高，而且齿轮的振动和噪声也增大，导致失效。减缓或防止齿面胶合的方法有：减小模数，降低齿高，降低滑动系数；提高齿面硬度和降低齿面粗糙度；采用齿廓修形，提高传动平稳性；采用抗胶合能力强的齿轮材料和加入极压添加剂的润滑油等。

5. 塑性变形

塑性变形属于轮齿永久性变形，是由于在过大的应力作用下，轮齿材料处于屈服状态时产生的齿面或齿体塑性流动形成的。齿面塑性变形常发生在齿面材料较软、低速重载的传动中。当轮齿材料较软、载荷很大时，轮齿在啮合过程中，齿面油膜被破坏，使摩擦力剧增，而塑性流动方向和齿面所受摩擦力的方向一致，齿面表层的材料就会沿着摩擦力的方向产生塑性变形，如图 4-20 所示。

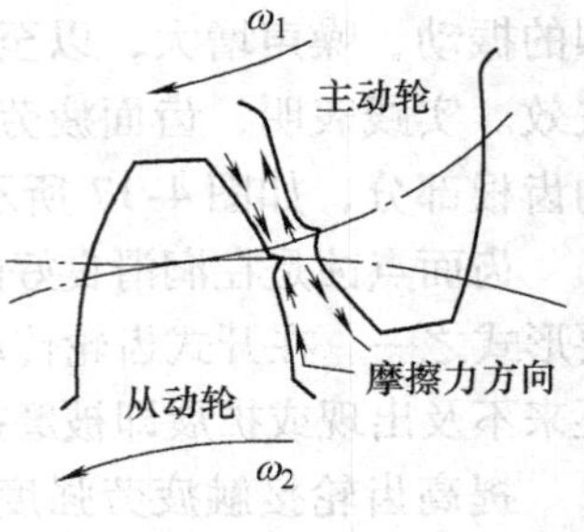

图 4-20 轮齿的塑性变形

主动轮轮齿上所受摩擦力是背离节线分别朝向齿顶及齿根作用的，故产生塑性变形后，齿面沿节线处变成凹沟。从动轮轮齿上所受的摩擦力方向则相反，塑性变形后，齿面沿节线处形成凸棱，如图 4-21 所示。

提高抗塑性变形能力的措施有：适当提高齿面硬度，采用粘度高的润滑油。

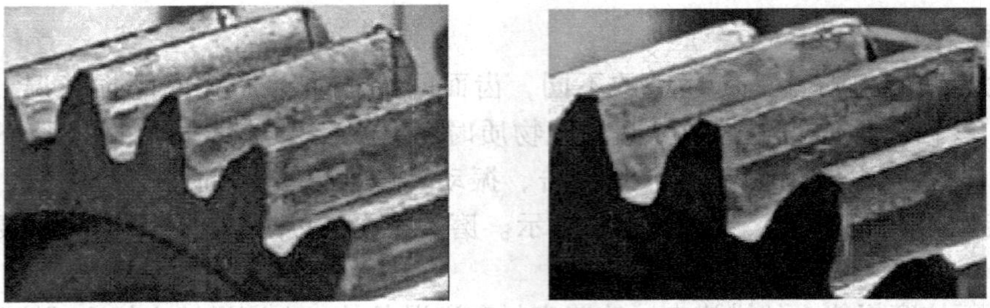
a) b)

图 4-21 轮齿的塑性变形

a）主动轮塑性变形 b）从动轮塑性变形

第三节 蜗 杆 传 动

知识目标：

1. 蜗杆传动的特点和类型。
2. 蜗杆传动的主要参数。
3. 蜗杆传动的结构、材料和失效形式。

技能目标：

1. 了解蜗杆传动的特点和类型。
2. 了解蜗杆传动的主要参数。
3. 了解蜗杆传动的结构、材料和失效形式。

一、蜗杆传动的特点和类型

蜗杆传动是在空间交错的两轴间传递运动和动力的一种传动。两轴线间的夹角可为任意值，常用的为 90°。蜗杆传动广泛应用在机床、汽车、仪器、起重运输机械、冶金机械及其他机器或设备中。

1. 蜗杆传动的特点

（1）传动比大，结构紧凑　用于传递动力时，$i=8\sim80$，用于传递运动时，i 可达 1000。

（2）传动平稳，无噪声　因为蜗杆与蜗轮齿的啮合是连续的，并且啮合的齿数较多，所以平稳性好。

（3）具有自锁功能　当蜗杆的螺旋角小于轮齿间的当量摩擦角时，蜗杆传动能自锁，即只能蜗杆带动蜗轮，而不能蜗轮带动蜗杆。

（4）传动效率低　因为在传动中摩擦损失大，其效率一般为 $\eta=0.7\sim0.8$，传动具有自锁性时效率 $\eta=0.4\sim0.5$。故蜗杆传动不适用于传递大功率和长期连续工作。

（5）成本高　为了减少摩擦，蜗轮常用贵重的减摩材料（如青铜）制造，成本高。

2. 蜗杆传动的类型

按蜗杆形状的不同可分为以下三种：

（1）圆柱蜗杆传动-普通圆柱蜗杆（阿基米德蜗杆、渐开线蜗杆、法向直廓蜗杆、锥面包络蜗杆）和圆弧蜗杆　如图 4-22 和图 4-23 所示。

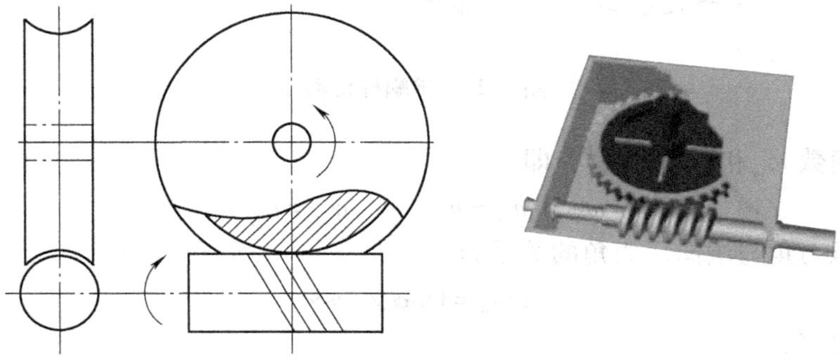

图 4-22　普通圆柱蜗杆

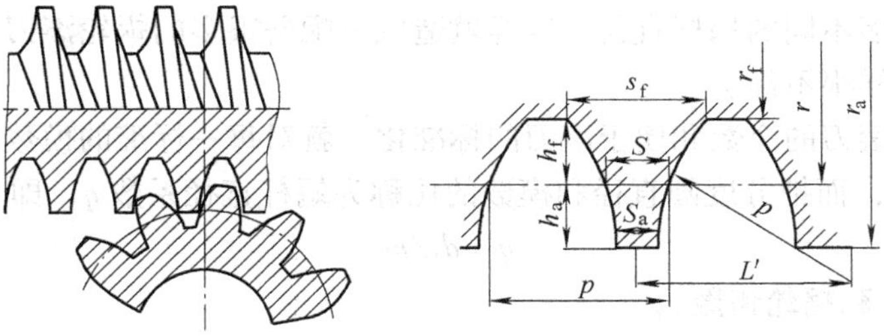

图 4-23　圆弧蜗杆传动

（2）环面蜗杆传动　如图 4-24 所示。

（3）锥蜗杆传动　如图 4-25 所示。

二、蜗杆传动的主要参数

1. 模数 m 和压力角 α

在中间平面中，为保证蜗杆传动的正确啮合，蜗杆的轴向模数 m_{a_1} 和压力角 α_{a_1} 应分别等

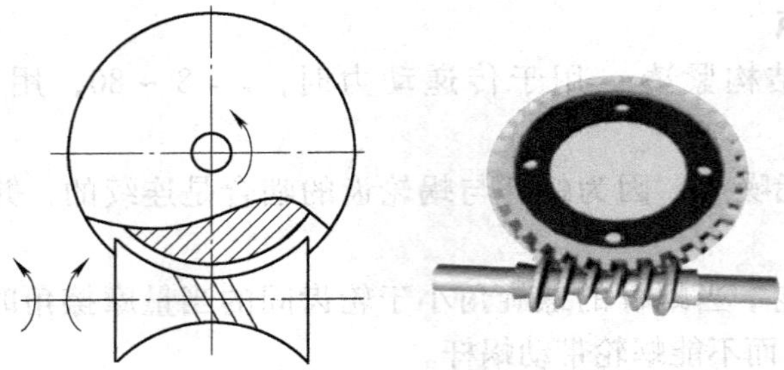

图 4-24　环面蜗杆传动

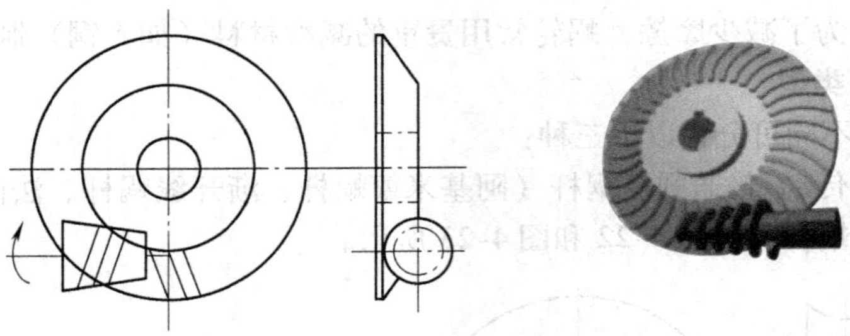

图 4-25　锥蜗杆传动

于蜗轮的法向模数 m_{t_2} 和压力角 α_{t_2}，即

$$m_{a_1} = m_{t_2} = m \qquad \alpha_{a_1} = \alpha_{t_2}$$

蜗杆轴向压力角与法向压力角的关系为

$$\tan\alpha_a = \tan\alpha_n / \cos\gamma$$

式中　γ——导程角。

2. 蜗杆的分度圆直径 d_1 和直径系数 q

为了保证蜗杆与蜗轮的正确啮合，要用与蜗杆尺寸相同的蜗杆滚刀来加工蜗轮。由于模数相同时可以有许多不同的蜗杆直径，这样就造成要配备很多的蜗轮滚刀，以适应不同的蜗杆直径。显然，这样很不经济。

为了减少蜗轮滚刀的个数和便于滚刀的标准化，就对每一标准的模数规定了一定数量的蜗杆分度圆直径 d_1，而把分度圆直径和模数的比称为蜗杆直径系数 q，即

$$q = d_1 / m$$

3. 蜗杆头数 z_1 和蜗轮齿数 z_2

蜗杆头数可根据要求的传动比和效率来选择，一般取 $z_1 = 1 \sim 10$，推荐 $z_1 = 1$，2，4，6。选择的原则是：当要求传动比较大或要求传递大的转矩时，则 z_1 取较小值；要求传动自锁时取 $z_1 = 1$；要求具有高的传动效率或高速传动时，则 z_1 取较大值。

蜗轮齿数影响运转的平稳性，并受到两个限制：最少齿数应避免发生根切与干涉，理论上应使 $z_{2_{min}} \geqslant 17$，但 $z_2 < 26$ 时，啮合区显著减小，影响平稳性，而在 $z_2 \geqslant 30$ 时，则可始终保持有两对齿以上啮合，因而通常规定 $z_2 > 28$。另一方面 z_2 也不能过多，当 $z_2 > 80$ 时（对于动力传动），蜗轮直径将增大过多，在结构上相应就必须增大蜗杆两支承点间的跨距，这样就会影响蜗杆轴的刚度和啮合精度；对于一定直径的蜗轮，如果 z_2 取得过大，模数 m 就会

减小很多，将影响轮齿的抗弯强度。故对于动力传动，常用的范围为 $z_2 \approx 28 \sim 70$；对于传递运动的传动，z_2 可达200、300，甚至可到1000。蜗轮齿数的选择见表4-1。

表4-1　蜗轮齿数的选择

$i = z_2/z_1$	z_1	z_2
≈5	6	29～31
7～15	4	29～61
14～30	2	29～61
29～82	1	29～82

4. 导程角 γ

蜗杆的形成原理与螺旋相同，所以蜗杆轴向齿距 p_a 与蜗杆导程 p_z 的关系为 $p_z = z_1 p_a$。由图4-26可知：

$$\tan\gamma = \frac{p_z}{\pi d_1} = \frac{z_1 p_a}{\pi d_1} = \frac{z_1 m}{d_1} = \frac{z_1}{q}$$

导程角 γ 的范围为3.5°～33°。导程角的大小与效率有关。导程角大时，效率高，通常 $\gamma = 15° \sim 30°$，并多采用多头蜗杆。导程角过大时，蜗杆车削困难。导程角小时，效率低，但可以自锁，通常 $\gamma = 3.5° \sim 4.5°$，如图4-26所示。

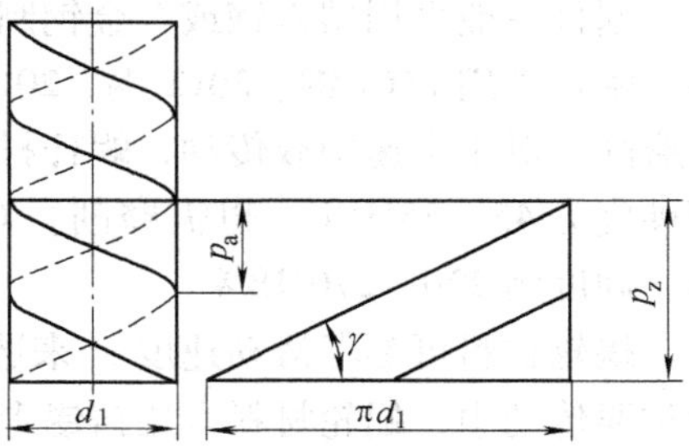

图4-26　蜗杆分度圆导程角

5. 传动比 i

$$i = n_{主动1}/n_{从动2}$$

在以蜗杆为主动的减速运动中，传动比为

$$i = n_1/n_2 = z_2/z_1 = u$$

式中　n_1——蜗杆转速；

　　　n_2——蜗轮转速。

减速运动的动力蜗杆传动，通常取 $5 \leqslant u \leqslant 70$，优先采用 $15 \leqslant u \leqslant 50$，增速传动时 $5 \leqslant u \leqslant 15$。

三、蜗杆传动的结构、材料和失效形式

1. 蜗杆传动的结构

（1）蜗杆结构　蜗杆通常与轴为一体，采用车制或铣制，结构如图4-27所示。

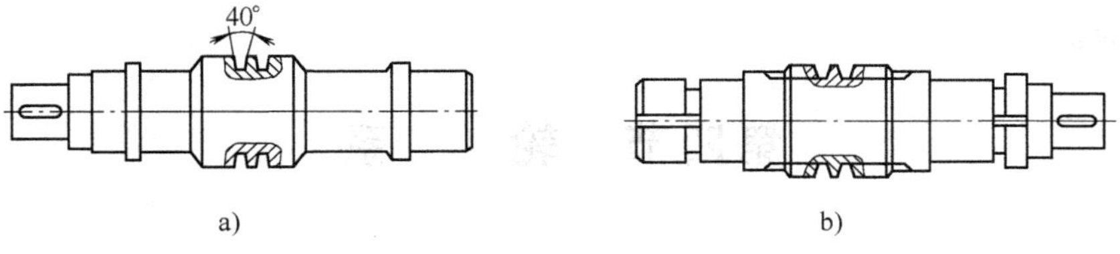

图4-27　蜗杆结构

a）车制　b）铣制

（2）蜗轮结构　蜗轮常采用组合结构，由齿冠和齿芯组成。连接方式有：铸造连接、过盈配合连接和螺栓连接，结构如图4-28所示。蜗轮只有在低速轻载时采用整体式。

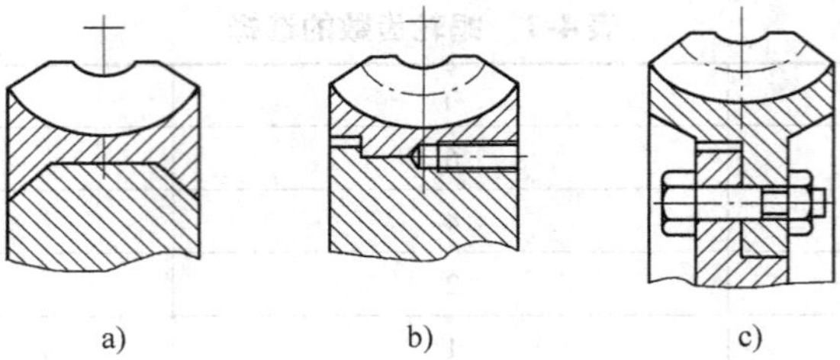

图4-28　蜗轮结构

a）铸造连接　b）过盈配合连接　c）螺栓连接

2. 蜗杆传动的常用材料

蜗杆传动的主要失效形式有胶合、点蚀和磨损等。因此，蜗杆和蜗轮的材料不仅要有足够的强度，而且还要有良好的减摩性、耐磨性和抗胶合的能力。

蜗杆一般采用碳素钢或合金钢制造，要求齿面光洁并且有较高的硬度。对于高速重载传动，蜗杆常用15Cr钢、20Cr钢、20CrMnTi钢等，经渗碳淬火，表面硬度为56～62HRC，并经磨削。对于中速中载传动，蜗杆材料可用45钢、40Cr钢、35SiMn钢等，经表面淬火，表面硬度为45～55HRC，也需磨削。对于低速不重要的传动，蜗杆材料可采用45钢调质处理，硬度为220～270HBW。

蜗轮材料可参考滑动速度v_s来选择，常采用青铜与铸铁，在$v_s>5\sim25m/s$的连续工作的重要传动中，蜗轮材料常用铸锡青铜ZCuSn10Pb1等。这些材料的减摩性、耐磨性和抗胶合的性能及切削性能都较好，但强度低，价格高。在$v_s<5m/s$传动中，蜗轮材料可用无锡青铜，如铸铝铁青铜ZCuAl10Fe3或铸锰黄铜ZCuZn38Mn2Pb2等，这类材料的强度较高，价格较低，但减摩性、抗胶合性能不如锡青铜。在$v_s<2m/s$的不重要传动中，蜗轮材料可用灰铸铁HT150或HT200等，也可用球墨铸铁QT600—3、QT700—2等，也可由尼龙或增强尼龙材料制成。

3. 蜗杆传动的失效形式

蜗杆传动的失效形式主要有点蚀、齿面胶合及过度磨损等。由于蜗杆传动类似于螺旋传动啮合，效率较低，相对滑动速度较大，点蚀、磨损和胶合最易发生，尤其当润滑不良时出现的可能性更大。又由于材料和结构上的原因，蜗杆螺旋齿部分的强度总是高于蜗轮轮齿的强度，蜗轮是该传动的薄弱环节。因此，一般只对蜗轮轮齿的承载能力和蜗杆传动的抗胶合能力进行计算。

第四节　轮　系

知识目标：

1. 轮系的分类及应用。

2. 定轴轮系的传动比计算。
3. 行星轮系的传动比计算。

技能目标：

1. 了解轮系的分类及应用。
2. 了解定轴轮系的传动比计算。
3. 能正确计算行星轮系的传动比。

一、轮系的分类及应用

一系列互相啮合的齿轮所组成的齿轮传动机构称为轮系。

1. 轮系的分类

轮系的形式很多，根据轮系在传动中各齿轮的几何轴线在空间的相对位置是否固定，轮系可分为定轴轮系和周转轮系两大类，如图 4-29 所示。

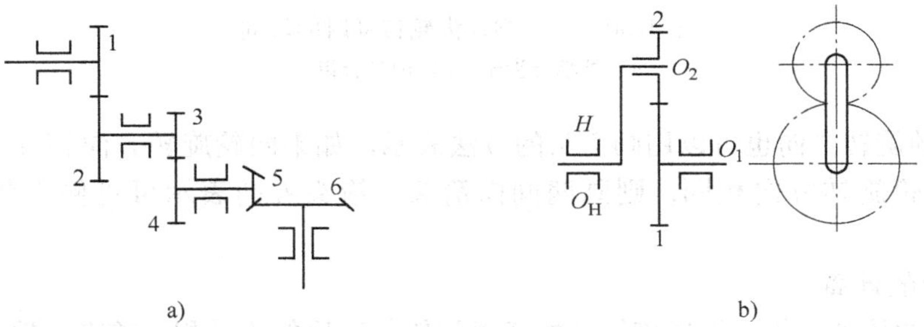

图 4-29　轮系的分类
a）定轴轮系　b）周转轮系

（1）定轴轮系　当轮系运转时，各齿轮的几何轴线位置都是固定的轮系称为定轴轮系。

（2）周转轮系　当轮系运转时，至少有一个齿轮的几何轴线绕另一齿轮的固定几何轴线转动的轮系称为周转轮系。

2. 轮系的主要作用

（1）可以获得很大的传动比　很多机械要求有很大的传动比，如机床中的电动机转速很高，而只有主轴的转速很低才能满足切削要求，这就要求有很大的传动比，而一对齿轮的传动比只能达到 3 ~6，若采用轮系就可以获得很大的传动比。

（2）可以做较远距离的传动　当两轴中心距较远时，若仅用一对齿轮传动，势必需要将齿轮做得很大，这样结构就会不合理，而采用轮系传动则结构紧凑、合理。

（3）可以实现变速、变向的要求　一般机器为了适应各种工作需要，多采用轮系组成各种机构，将转速分为多级进行变换，并能改变转动方向。

（4）可以合成或分解运动　采用周转轮系可以将两个独立运动合成一个运动，或将一个运动分解为两个独立运动。

二、定轴轮系的传动比计算

要记住，在进行定轴轮系的传动比计算时，首先要确定的是旋转方向。

1. 旋转方向

1）一对圆柱齿轮传动，外啮合时两轮转向相反，其传动比规定为负；内啮合时两轮转向相同，其传动比规定为正，如图 4-30 所示。

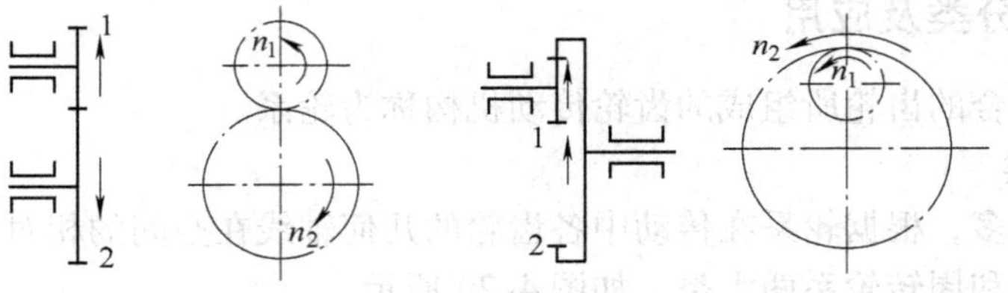

图 4-30　一对圆柱齿轮传动时的转向
a）外啮合齿轮　b）内啮合齿轮

2）两轮的旋转方向也可以用画箭头的方法表示。如果两轮旋转方向相反，则画两反向箭头；如果两轮旋转方向相同，则画两同向箭头。箭头方向表示可见侧面的圆周速度的方向。

2. 传动比的计算

定轴轮系的传动比等于组成该轮系的各对齿轮传动比的连乘积；首末两轮的转向由轮系中外啮合齿轮的对数决定。例如 $(-1)^3$ 表示轮系中外啮合齿轮共有三对，$(-1)^3=-1$ 表示首末两轮转向相反。从图 4-31 可知，轮系中各轮的转向也可用画箭头的方法表示。

由分析可知，定轴轮系总传动比的计算式可写成

$$i_{1k}=n_1/n_k=(-1)^m\times \text{所有从动轮齿数的连乘积/所有主动轮齿数的连乘积}$$

式中　m——外啮合齿轮的对数。

注意：在应用上式计算定轴轮系的传动比时，若轮系中有锥齿轮、蜗杆机构，传动比的大小仍可用上式计算，而各轮的转向只能用画箭头的方法在图中表示清楚。

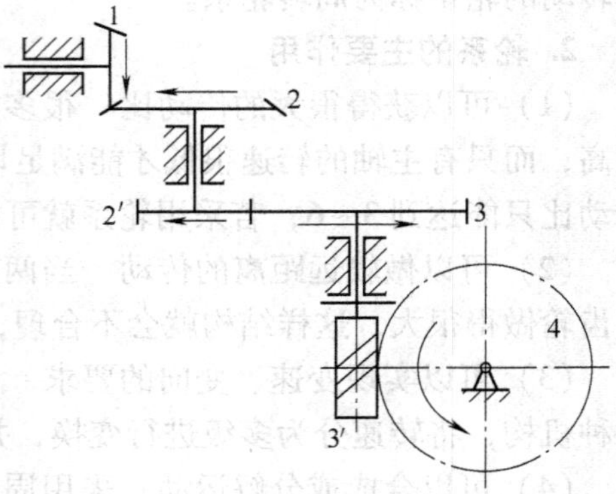

图 4-31　轮系中各轮的转向用画箭头的方法表示

三、行星轮系的传动比计算

不能直接用定轴轮系传动比的公式计算行星轮系的传动比，可应用转化轮系法，即根据相对运动原理，假想给整个行星轮系加上一个与转速 n 大小相等而方向相反的公共转速 n_H，则行星架被固定，而原构件之间的相对运动关系保持不变。这样，原来的行星轮系就变成了假想的定轴轮系。

这个经过一定条件转化得到的假想定轴轮系，称为原行星轮系的转化机构。转化前后轮系中各构件的转速变化情况见表4-2。

表4-2　转化前后轮系中各构件的转速变化情况

构件名称	原来的转速	转化轮系中的转速
太阳轮1	n_1	$n_1^H = n_1 - n_H$
行星轮2	n_2	$n_2^H = n_2 - n_H$
太阳轮3	n_3	$n_3^H = n_3 - n_H$
行星架（系杆）H	n_H	$n_H^H = n_H - n_H = 0$

利用定轴轮系传动比的计算方法，可列出转化轮系中任意两个齿轮的传动比。例如1，3轮的传动比为

$$i_{13}^H = \frac{n_1^H}{n_3^H} = \frac{n_1 - n_H}{n_3 - n_H} = -\frac{z_3}{z_1}$$

一般地，n_G 和 n_K 为行星轮系中任意两个齿轮G和K的转速，则

$$i_{GK}^H = \frac{n_G - n_H}{n_K - n_H} = (-1)^m \times \frac{\text{从齿轮 G 到 K 之间所有从动齿轮的齿数积}}{\text{从齿轮 G 到 K 之间所有主动齿轮的齿数积}}$$

在使用上式时应特别注意：

1）该式只适用于圆柱齿轮组成的行星轮系。对于由锥齿轮组成的行星轮系，当两太阳轮和行星架的轴线互相平行时，仍可用转化轮系法来建立转速关系式，但正、负号应按画箭头的方法来确定。并且，不能应用转化机构法列出包括行星轮在内的转速关系。

2）将已知转速代入该式时，注意“+”、“-”号，如果一方向为负号，则另一方向则为负号。如果求得的转速为正，则说明与正方向一致，反之则说明与正方向相反。

思考：

1）常见的齿轮失效形式有哪些?

2）引入蜗杆直径系数并使之标准化的目的是什么?

第五章

联　接

第一节　螺 纹 联 接

知识目标：

1. 螺纹的类型。
2. 螺纹的主要参数。
3. 螺纹联接的预紧与防松。

技能目标：

1. 了解螺纹的类型。
2. 了解螺纹的主要参数。
3. 能够正确地对螺纹联接进行预紧与防松。

螺旋线是沿着圆柱或圆锥表面运动的点的轨迹，该点的轴向位移和相应的角位移成定比例。

螺纹是在圆柱或圆锥表面上，沿着螺旋线形成的具有规定牙型的连续突起，又称为牙。在圆柱表面形成的螺纹称为圆柱螺纹，在圆锥表面形成的螺纹称为圆锥螺纹。

一、螺纹的类型

螺纹的种类很多，可以有不同的分类方法：

1）按形成部位的不同可分为外螺纹和内螺纹，两者旋合组成螺旋副。

2）按旋向的不同可分为左旋和右旋，旋向的判断如图 5-1 所示。

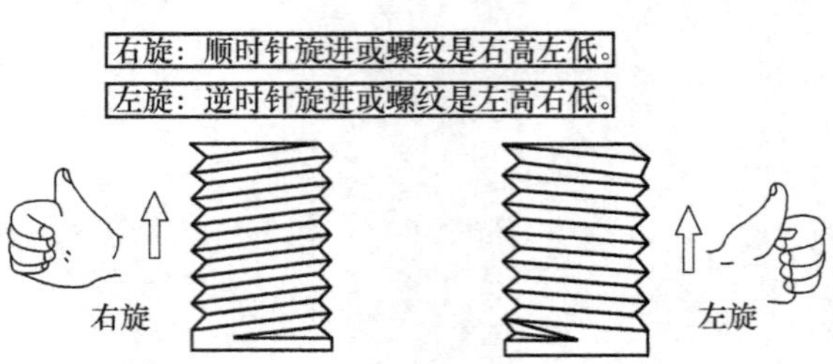

图 5-1　螺纹旋向的判断

同学们要注意，对左旋、右旋的判定可不要弄反了。

3）按形成的线数不同可分为单线、双线及多线螺纹，最好不超过四线。

4）按牙型角的不同可分为三角形螺纹、梯形螺纹、矩形螺纹、锯齿形螺纹。三角形螺纹、管螺纹主要用于联接，矩形螺纹、梯形螺纹、锯齿形螺纹主要用于传动。其中，除矩形螺纹外，其余螺纹都已标准化。标准螺纹的公称尺寸可查阅有关手册。常见螺纹的类型、特点及应用见表 5-1。

表 5-1　常见螺纹的类型、特点及应用

类　型	牙　型　图	特点及应用
三角形螺纹	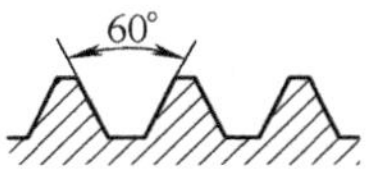 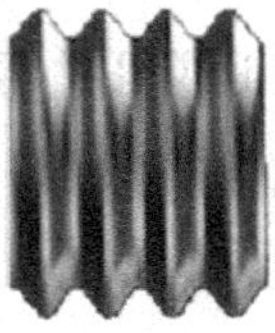	牙型为等边三角形，牙型角 $\alpha=60°$，牙根强度较高，自锁性能好，是最常用的联接螺纹。同一公称直径按螺距大小分为粗牙和细牙螺纹。一般情况下用粗牙螺纹，细牙螺纹常用于薄壁零件或变载荷的联接，也可作为微调机构的调整螺纹
矩形螺纹	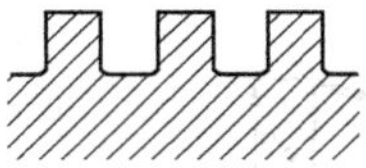 	牙型为正方形，牙型角 $\alpha=0°$，牙厚为螺距的 1/2，尚未标准化。其传动效率较其他螺纹高，故多用于传动。其缺点是牙根强度较低，磨损后间隙难以补偿，传动精度较低
梯形螺纹	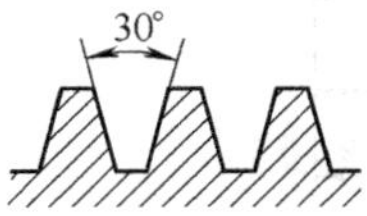 	牙型为等腰梯形，牙型角 $\alpha=30°$。传动效率比矩形螺纹略低，但工艺性好，牙根强度高，避免了矩形螺纹的缺点，是最常用的传动螺纹
锯齿形螺纹	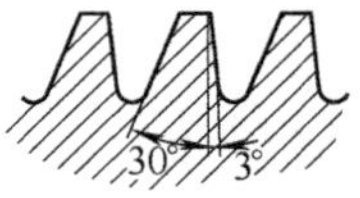 	牙型为不等腰梯形，工作面牙型角 $\alpha=3°$，非工作面牙型角为 30°。它兼有矩形螺纹传动效率高和梯形螺纹牙根强度高的优点，但只能用于单方向的螺旋传动中
管螺纹	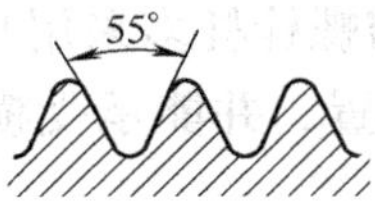 	牙型角 $\alpha=55°$，联接紧密，内外螺纹无间隙。寸制螺纹，常用于密封性要求较高的场合，如管道的连接，管子的内径为公称直径

二、螺纹的主要参数

1. 大径

与外螺纹牙顶或内螺纹牙底相重合的假想圆柱面的直径，通常定为螺纹的公称直径，内螺纹用 D 表示，外螺纹用 d 表示。

2. 小径

与外螺纹牙底或内螺纹牙顶相重合的假想圆柱面的直径，常作为外螺纹危险剖面的计算直径，内螺纹用 D_1 表示，外螺纹用 d_1 表示。

3. 中径

处于大径和小径之间一个假想圆柱面的直径，在该圆柱的素线上，螺纹牙厚度与牙间宽度相等，内螺纹用 D_2 表示，外螺纹用 d_2 表示。

4. 螺距 P

相邻两螺纹牙上对应点之间的轴向距离。

5. 导程 P_h

螺纹上任意一点沿螺旋线绕一周所移过的轴向距离。

6. 螺纹升角 φ

螺旋线的切线与螺纹轴线的垂线之间的夹角，通常以中径处的升角表示。

7. 牙型角 α

螺纹轴线平面内螺纹牙两侧边的夹角，如图 5-2 所示。

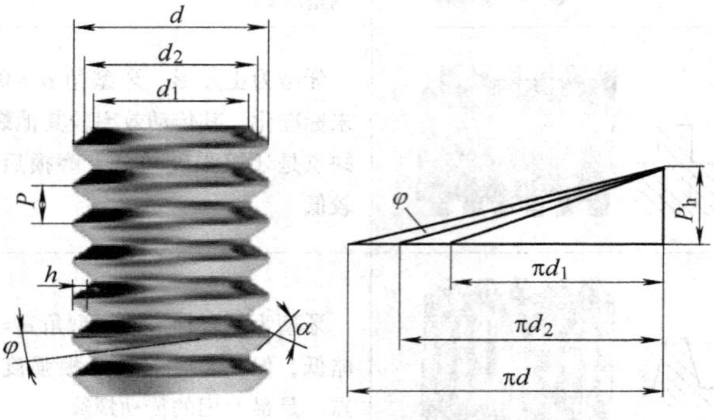

图 5-2　螺纹的主要参数

三、螺纹联接的主要类型和螺纹联接件

1. 螺纹联接的基本类型

（1）螺栓联接　其结构特点是在被联接件上不必切制螺纹孔，螺栓杆和通孔间留有间隙，故通孔的加工精度低，结构简单，装拆方便，成本低，使用时不受被联接件材料限制。因此它是最常用的一种联接形式。采用铰制孔用螺栓联接，孔与螺栓杆多采用基孔制过渡配合（H7/m6、H7/n6）。这种联接能精确固定被联接件的相对位置，并能承受横向载荷，但孔的加工精度要求较高，如图 5-3 和图 5-4 所示。

（2）双头螺柱联接　这种联接是将双头螺柱的一端旋入较厚的被联接件中，另一端与螺母旋合，拆卸时只拧下螺母，不拧下螺柱。它一般适用于被联接件之一较厚且不便穿孔，或由于结构限制必须采用不通孔的场合，如图 5-5 所示。

（3）螺钉联接　螺钉直接拧入被联接件的螺纹孔中。这种联接在结构上比双头螺柱简单、紧凑，其用途和双头螺柱相似，但不宜经常装拆，以免损坏被联接件的螺孔，如图 5-6 所示。

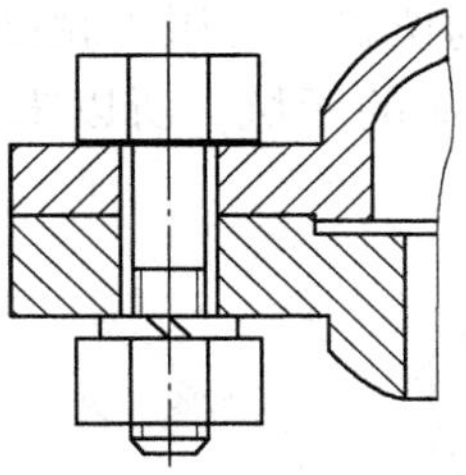

图 5-3　普通螺栓联接

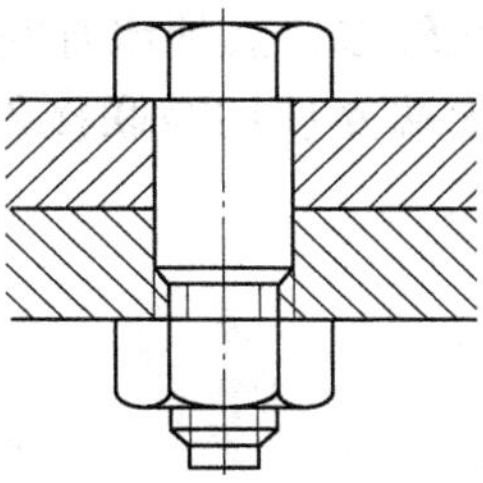

图 5-4　铰制孔用螺栓联接

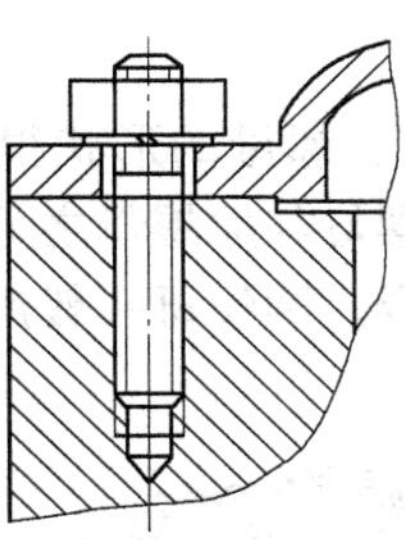

图 5-5　双头螺柱联接

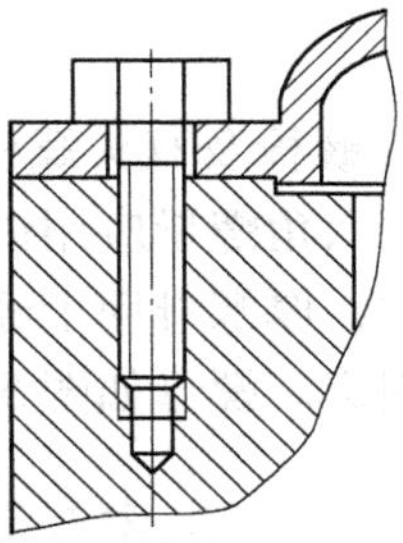

图 5-6　螺钉联接

(4) 紧定螺钉联接　一般把紧定螺钉拧入被联接件的螺孔中，其末端顶入另一被联接件的表面或凹坑中，以固定两零件的相对位置，并可传递不大的轴向力或转矩，如图 5-7 所示。

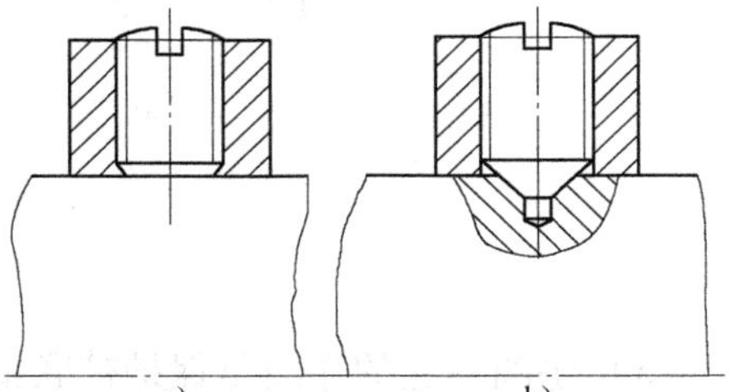

图 5-7　紧定螺钉联接
a) 形式一　b) 形式二

2. 螺纹联接件

螺纹联接件的种类很多，大都已经标准化，设计时应尽量按标准选用。

(1) 螺栓　螺栓的头部形状很多，但最常用的是六角头螺栓。六角头螺栓又分为标准六角头螺栓和小六角头螺栓两种。冷镦工艺生产的小六角头螺栓具有材料利用率高、生产成本低、力学性能好等优点，但由于头部尺寸较小，不宜用于经常装拆和强度低、易锈蚀的被联接件上。常用螺栓材料为 Q215、Q235、35、45 等碳素钢。要求强度高、尺寸小的螺栓，可采用合金钢制成，如图 5-8 所示。

(2) 双头螺柱　它的两端均制有螺纹，中部为光杆。其中旋入被联接件螺孔的一端称为座端，另一端为螺母端，一般可分为 A 型和 B 型两种，如图 5-9 和图 5-10 所示。

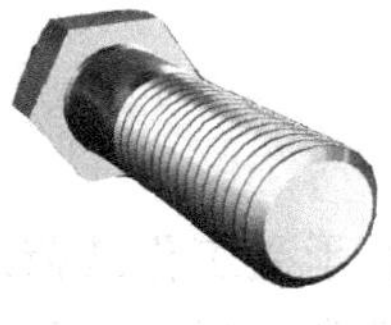

图 5-8　螺栓

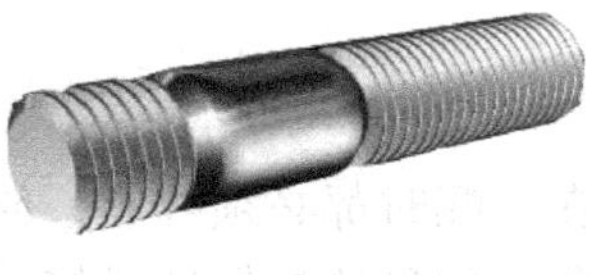

图 5-9　A 型双头螺柱

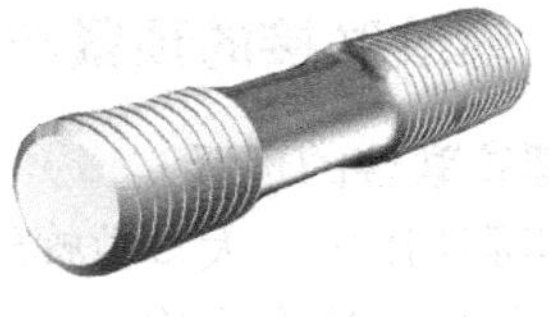

图 5-10　B 型双头螺柱

(3) 螺钉　根据用途不同，螺钉可分为紧定螺钉和联接螺钉两种。它与螺栓不同之处在于螺钉的头部形状较多，必须留有安扳手或螺钉旋具的位置，且用于联接时不必与螺母配合使用。紧定螺钉末端要顶住被联接件之一的表面或相应的凹坑，所以末端也具有各种形状，如图 5-11 所示。

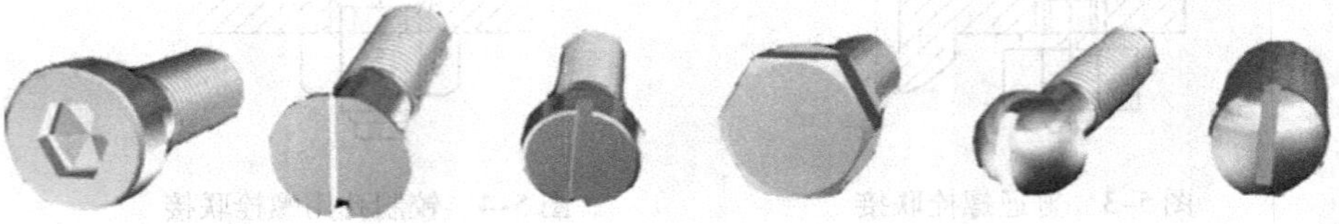

图 5-11　紧定螺钉

(4) 螺母　螺栓及双头螺柱都需要和螺母配合使用。螺母的形状很多，常用的有六角螺母和圆螺母。六角螺母应用最广，按厚薄的不同有扁螺母与原螺母之分。扁螺母用于尺寸受到限制的地方，厚螺母用于经常装拆、易于磨损的场合。圆螺母一般尺寸较大，常用于轴上零件的轴向固定。螺母如图 5-12 所示。

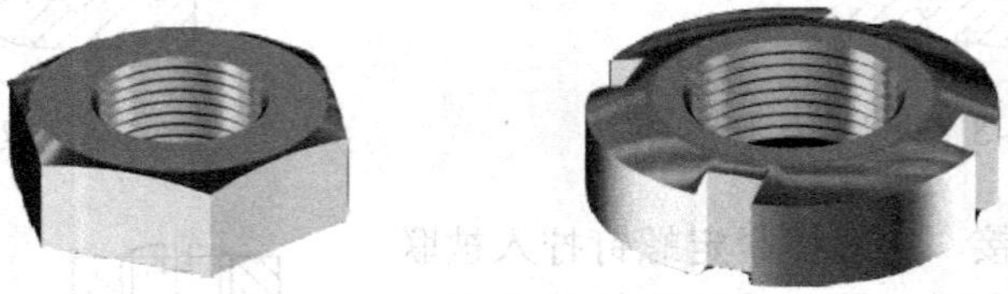

a)　　b)

图 5-12　螺母

a) 六角螺母　b) 圆螺母

(5) 垫圈　它的作用是保护被联接件表面免于刮伤，增大螺母与被联接件的接触面积，降低支承面的挤压应力，遮盖被联接件不平的接触表面。垫圈种类很多，常用的有平垫圈、斜垫圈、弹簧垫圈、止动垫圈和球面垫圈等，如图 5-13 所示。

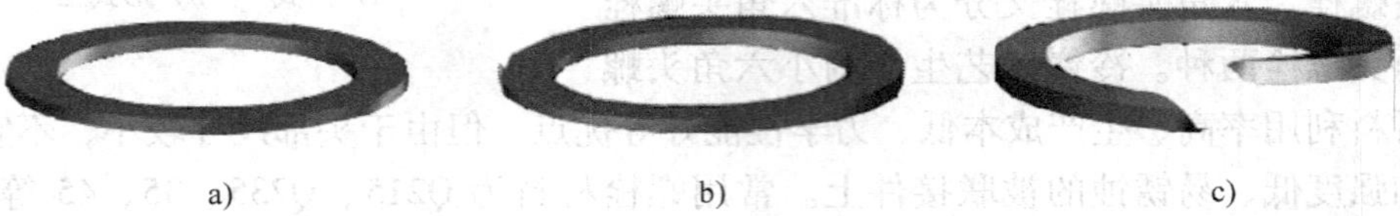

a)　　b)　　c)

图 5-13　垫圈

a) 平垫圈　b) 斜垫圈　c) 弹簧垫圈

四、螺纹联接的预紧与防松

1. 螺纹联接的预紧

在实际使用中，大多数螺纹联接在装配时都必须拧紧，使联接在承受工作载荷之前预先受到力的作用，这个力称为预紧力。预紧的目的是保证联接的可靠性和密封性，防止受载后被联接件间出现缝隙或发生相对滑移。

控制预紧力的方法很多，通常可用指针式扭力扳手或定力矩扳手来控制装配时施加的拧紧力矩，从而控制预紧力的大小，如图 5-14 所示。

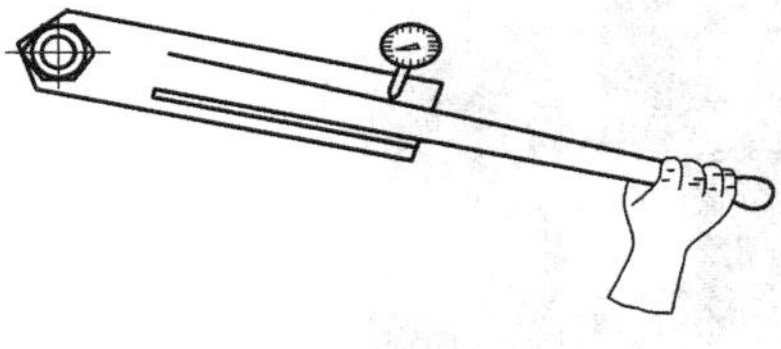

a)

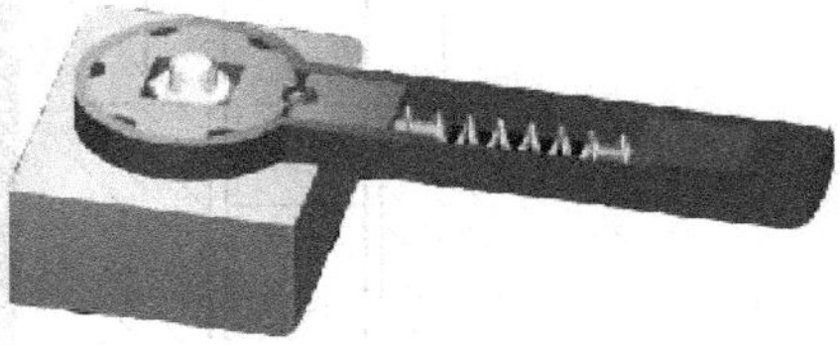

b)

图 5-14 预紧工具

a）指针式扭力扳手 b）定力矩扳手

2. 螺纹联接的防松

从理论上讲，螺纹联接都能满足自锁条件，在静载荷和温度变化不大时不会自行松脱。但是在交变、冲击和振动载荷作用下，联接仍可能失去自锁作用而松脱，使联接失效，造成事故。为了使联接安全可靠，必须采用有效的防松装置。

螺纹联接防松的根本问题在于防止螺旋副的相对转动。防松的方法很多，按工作原理不同可分为以下三类：

（1）摩擦防松 这类防松措施是使拧紧的螺纹之间不因外载荷变化而失去压力，始终有摩擦力防止联接松脱。这种方法不完全可靠，故多用于冲击和振动不剧烈的场合。常用的的摩擦防松措施有以下几种：

1）对顶螺母：利用两螺母的对顶作用使螺栓始终受到附加拉力，进而使螺纹间产生一定的附加摩擦力防止螺母松动，一般适用于平稳、低速和重载的固定装置上的联接，如图 5-15 所示。

2）尼龙圈锁紧螺母：主要利用螺母末端嵌有的尼龙圈进行锁紧。当尼龙圈被拧紧在螺栓上时，尼龙圈内孔被胀大，从横向压紧螺纹而箍紧螺栓，防松作用很好，目前得到广泛应用，如图 5-16 所示。

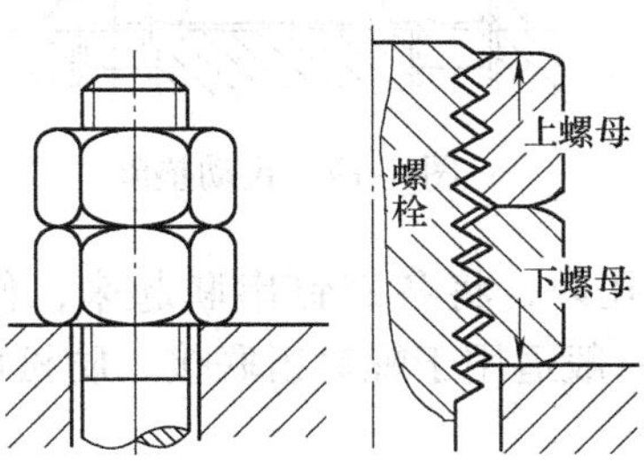

图 5-15 对顶螺母

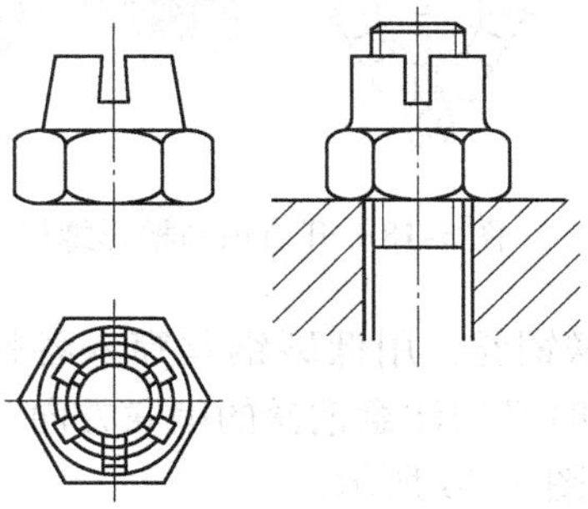

图 5-16 尼龙圈锁紧螺母

3）弹簧垫圈：它是一个具有斜切口而两端错开的环形垫圈，通常用 65Mn 钢制成，经热处理后富有弹性。将螺母拧紧后，因垫圈的弹性反力使螺纹间保持一定的摩擦阻力，从而防止螺母松脱。此外，垫圈斜口尖端的抵挡作用也有助于防松。其缺点是由于垫圈的弹力不均，在冲击、振动的工作条件下防松效果较差，一般用于不太重要的联接，如图 5-17 所示。

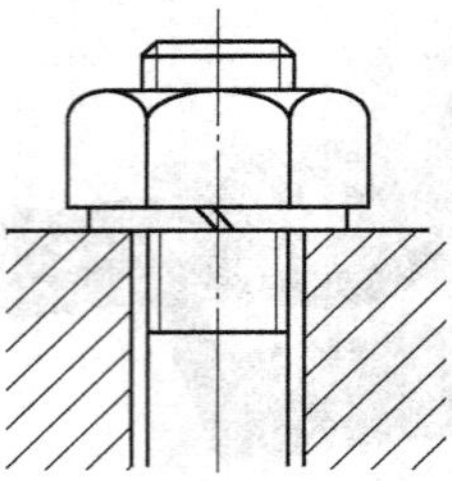

图 5-17　弹簧垫圈

这回你知道了吧，在安装螺钉前放的垫圈是用来防止螺钉松动的。

（2）机械防松　这类防松装置是利用各种止动零件来阻止拧紧的螺纹零件相对转动的。这类防松方法十分可靠，应用很广。

1）开口销与槽形螺母：使开口销穿过螺母上的槽和螺栓末端上的孔后，将尾端掰开，以使螺母与螺栓不能相对转动，从而达到防松的目的。这种防松装置常用于有振动的高速机械，如图 5-18 所示。

2）止动垫圈：将螺母拧紧后，再将单耳或双耳止动垫圈分别向螺母和被联接件的侧面折弯贴紧，即可将螺母锁住。若两个螺栓需要双联锁紧时，可采用双联止动垫圈，使两个螺母相互制动，如图 5-19 所示。

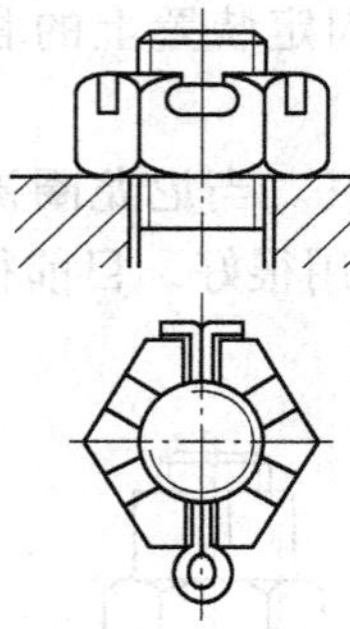

图 5-18　开口销与槽形螺母

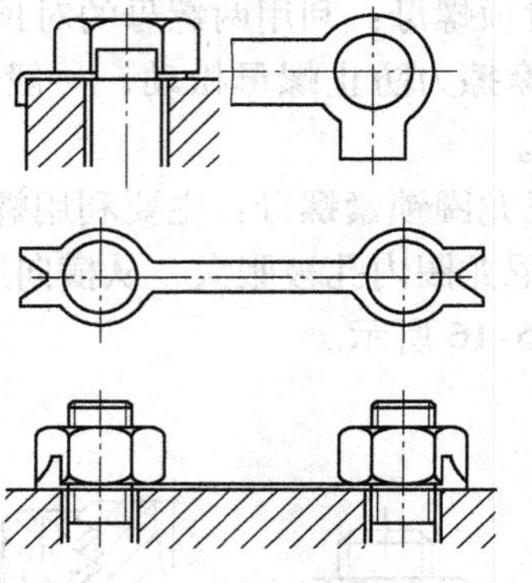

图 5-19　止动垫圈

3）串联钢丝：用低碳钢丝穿入各螺钉头部的孔内，将各螺钉串联起来，使其相互制动。在使用时必须注意钢丝的串联方向。串联钢丝一般适用于螺钉组联接，防松可靠，但装拆不便，如图 5-20 所示。

（3）永久性防松

1）冲点法防松：将螺母拧紧后，利用冲头在螺栓末端与螺母的旋合缝处打冲或在螺栓末端与螺母的旋合缝处进行焊接。这种防松方法可靠，但拆卸后联接件不能重复使用，如图 5-21 所示。

2）黏结法防松：将黏结剂涂于螺纹旋合表面，拧紧螺母后黏结剂能自行固化，防松效果良好如图 5-22 所示。

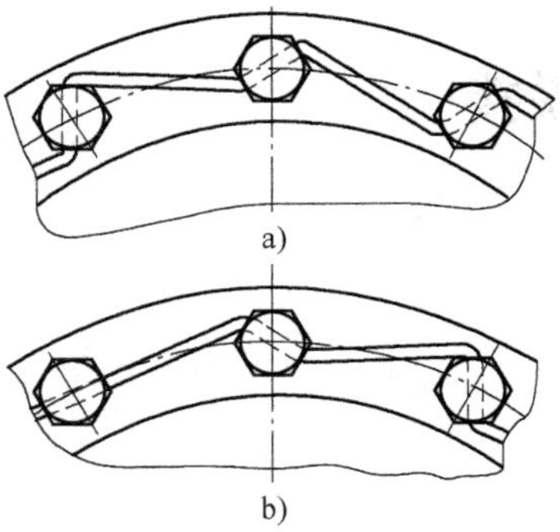

图 5-20 串联钢丝
a）正确 b）不正确

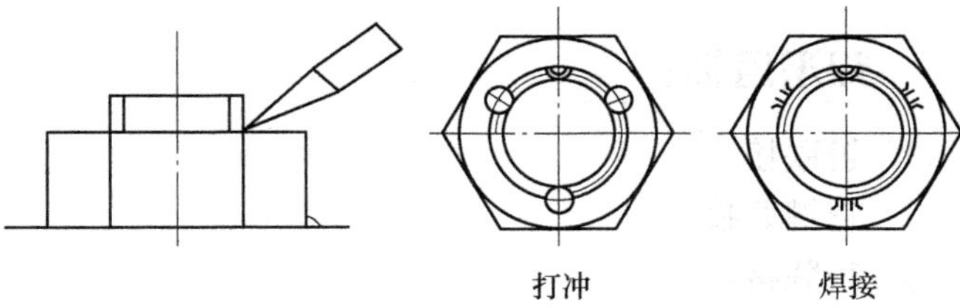

图 5-21 冲点法防松

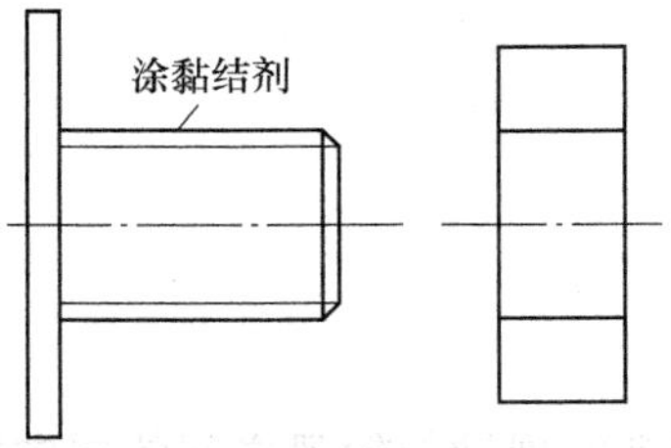

图 5-22 黏结法防松

五、螺旋传动的分类

1. 按用途分类

（1）传力螺旋 如举重器、千斤顶、加压螺旋。其特点为低速、间歇工作，传递轴向力大，能自锁。

（2）传导螺旋 如机床进给丝杠。其特点为速度高，连续工作，精度高。

（3）调整螺旋 如机床、仪器及测试装置中的微调螺旋。其特点是受力较小且不经常转动。

2. 按摩擦副的性质分类

（1）滑动螺旋传动 构造简单，传动比大，承载能力高，加工方便，传动平稳，工作可靠，易于自锁。其缺点为磨损快，寿命短，低速时有爬行现象（滑移），摩擦损耗大，传动效率低（30% ~40%），传动精度低。滑动螺旋的这些致命缺点，使之不能适应现代工业发展的需要。

（2）滚动螺旋传动 摩擦性质为滚动摩擦。滚动螺旋传动是在具有圆弧形螺旋槽的螺杆和螺母之间连续装填若干滚动体（多用钢球），当传动工作时，滚动体沿螺纹滚道滚动并形成循环。其优点为传动效率高（可达90%），起动力矩小，传动灵活平稳，低速不爬行，同步性好，定位精度高，正逆运动效率相同，可实现逆传动，预紧后刚度好，定位精度高（重复定位精度高）。其缺点为不自锁，需附加自锁装置，抗震性差，结构复杂，制造工艺要求高，成本较高。

第二节 键、花键和销联接

知识目标：

1. 键联接。
2. 花键联接。
3. 销联接。

技能目标：

1. 了解键联接。
2. 了解花键联接。
3. 了解销联接。

一、键联接

键是一种标准零件，主要用来实现轴与轮毂之间的周向固定，有的还能用来实现轴上零件的轴向固定或轴向滑动。

根据结构的不同，键可分为平键、半圆键、楔键和切向键四大类，其中以平键应用最为广泛。

1. 平键联接

（1）平键的类型　平键的断面呈长方形。常用的平键有静联接用平键（也称为普通平键）和动联接用平键（导向平键和滑键）两种。

普通平键有圆头（A型）、平头（B型）和单圆头（C型）三种，如图5-23所示。圆头平键的轴槽用面铣刀加工，键在槽中固定良好，但轴上键槽引起的应力集中较大；平头平键的轴槽用盘铣刀加工，轴的应力集中较小；单圆头平键常用于轴端。

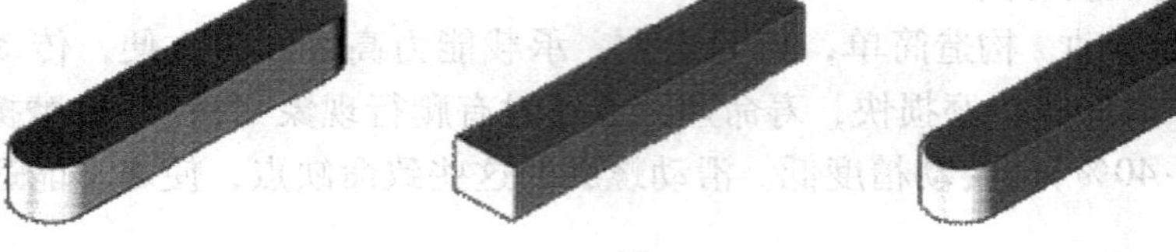

a)　　b)　　c)

图5-23　普通平键的类型及安装

a）圆头平键（A型）　b）平头平键（B型）　c）单圆头平键（C型）

当轴上零件需沿轴向滑动时，可采用导向平键和滑键，如图5-24所示。导向平键用螺钉固定在轴槽中，工作时，键对轴上的移动起导向作用。为了拆卸方便，在键的中部制有起键螺孔，其他特点与普通平键相同。这种键能实现轴上零件的轴向移动，如汽车变速器中的滑移齿轮，但当移动距离较远时，一般采用滑键。

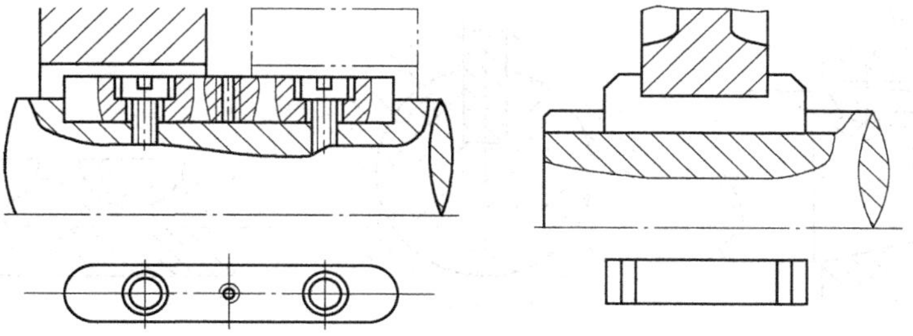

a)　　　　b)

图 5-24　动联接用平键

a）导向平键　b）滑键

你能说出导向平键和滑键的区别吗？告诉你吧，它们最大的区别是一个固定在轴上，一个固定在轴上零件上。

（2）平键的工作面　工作面为两侧面，靠键与键槽侧面的挤压来传递转矩，如图 5-25 所示。键的顶面与轮毂上的键槽底面留有间隙，装配时不影响轴与轮毂的同轴度，对中性好。

（3）特点　结构简单，装拆方便，对中性好，承载能力大，应用广泛。当承载能力不够时采用双键按 180°布置的形式，如图 5-26 所示。一对平键只按 1.5 个键计算。

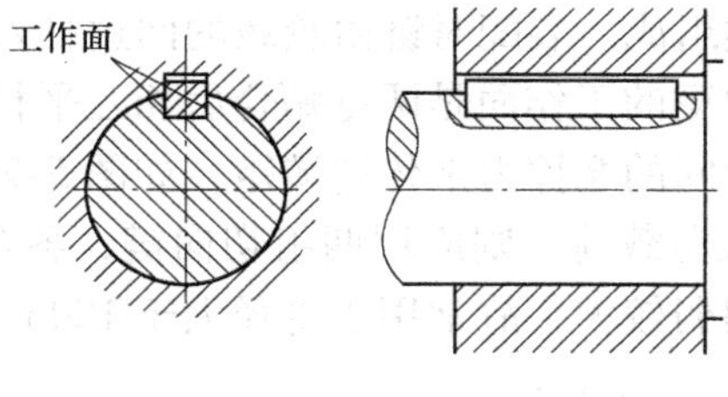

图 5-25　平键的工作面

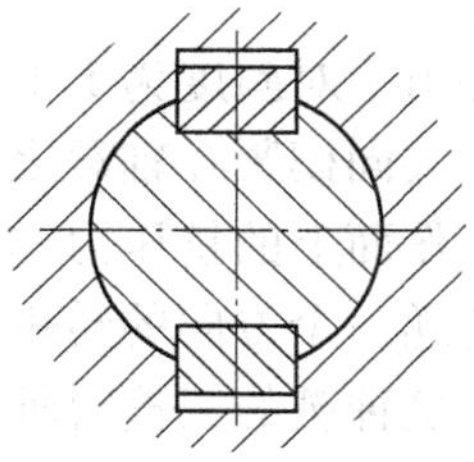

图 5-26　平键的双键布置

2. 半圆键联接

半圆键联接与平键联接类似，也是以键的两侧面作为工作面，如图 5-27 所示。半圆键轴上的键槽用圆盘铣刀铣出，因而键在轴的键槽中能绕其几何中心摆动，以适应轮毂中键槽的斜度。这种键联接的优点是工艺性能好，装配方便，尤其适用于锥形轴与轮毂的联接。其缺点是半圆形键槽严重削弱了轴的强度，一般只用于轻载或辅助联接中。当承载能力不够时，可采用双键布置在同一条素线上的形式。

3. 楔键联接

楔键分为普通楔键和钩头楔键两种，如图 5-28 所示。钩头楔键的钩头是为了拆卸方便。楔键的上下两面是工作面，键的上表面和轮毂键槽底面均有 1∶100 的斜度。装配时把楔键打入轴毂之间，使键的上、下表面分别与毂、轴的槽底紧压，工作时靠压紧面上的摩擦力来传递转矩，同时还能承受单向的轴向载荷。由于键在楔紧时破坏了轴与毂的同轴度，故这种联

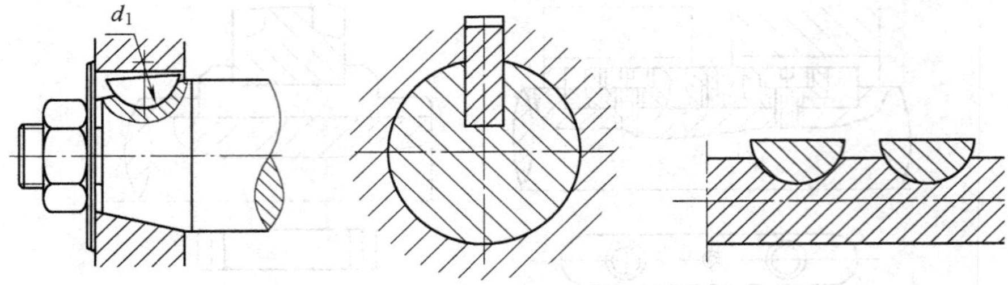

图 5-27　半圆键

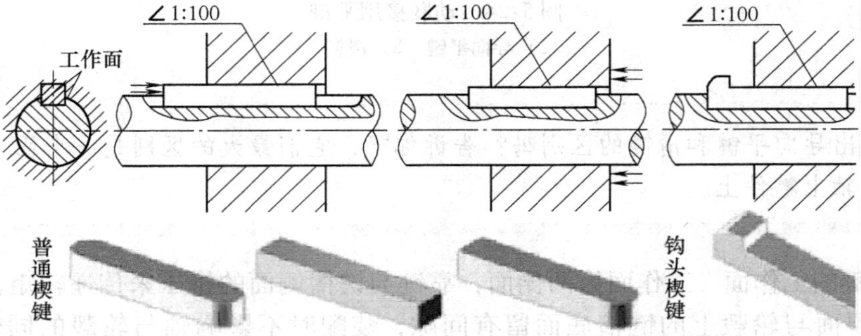

图 5-28　楔键

接多用于定心精度要求不高、载荷平稳和低速的场合。

4. 切向键联接

切向键联接是由一对斜度为 1∶100 的楔键组成。装配时键由轮毂的两边打入，使两键以其斜面互相贴合，共同楔紧在轴毂之间。切向键的工作面是两键贴合后相互平行的上、下两窄面，工作时靠工作面上的挤压力和轴与轮毂间的摩擦力来传递转矩，如图 5-29a 所示。用一组切向键只能传递一个方向的转矩，若为双向载荷，则应用两组切向键，各自错开 120°，如图 5-29b 所示。这种键的键槽对轴的强度削弱较大，故常用于直径大于 100mm 的轴上。

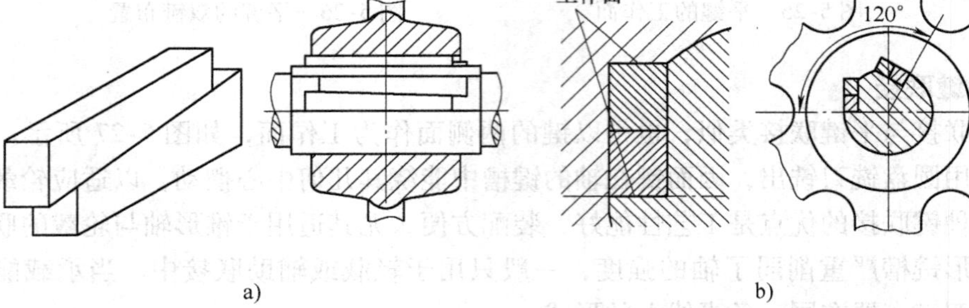

图 5-29　切向键

二、花键联接

由轴和轮毂孔周向均布的多个键齿构成的联接称为花键联接。它由内花键和外花键组合而成，工作时主要靠齿的侧面传递运动和动力，如图 5-30 所示。

与普通平键相比，花键具有承载能力高、对轴的削弱程度小、定心好和导向性能好等优点。花键联接按其齿形不同，可分为一般常用的矩形花键、强度高的渐开线花键及适用于薄壁零件的三角形花键，如图 5-31 和图 5-32 所示。

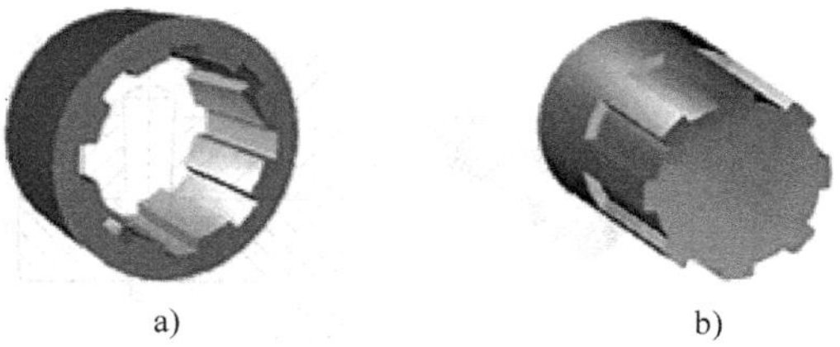

图 5-30 花键联接
a）内花键 b）外花键

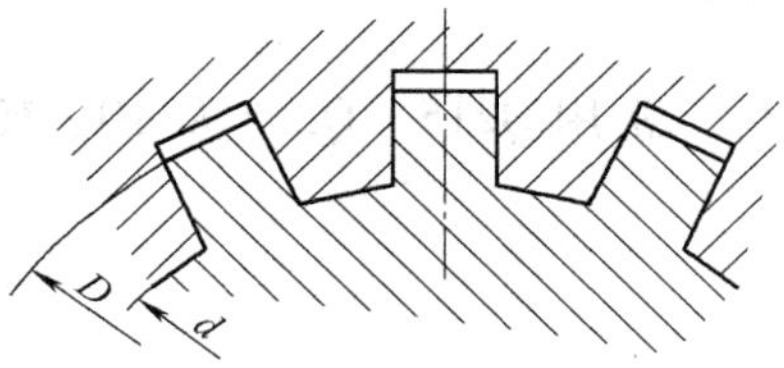

图 5-31 矩形花键（小径定心）

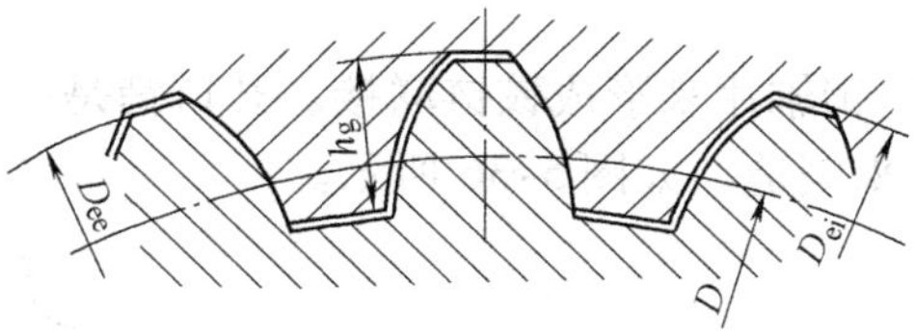

图 5-32 渐开线花键（齿形定心）

三、销联接

销按使用功能可分为安全销（作为安全装置中的过载剪断元件）、联接销（用于轴与毂的联接或其他零件的联接）及定位销（固定零件之间的相对位置），如图 5-33 所示。

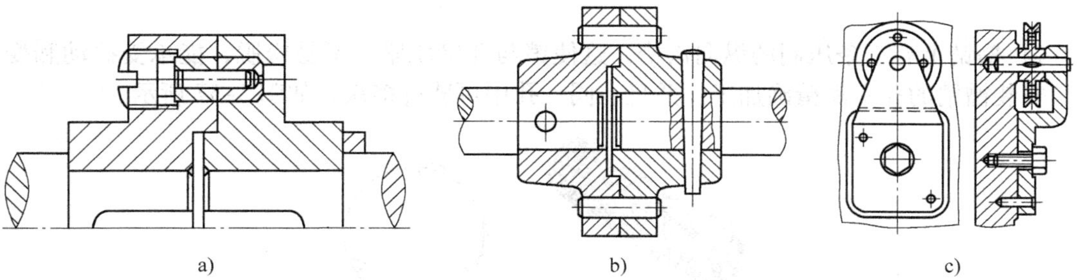

图 5-33 销联接分类
a）安全销 b）联接销 c）定位销

按形状，销又可分为圆柱销、圆锥销、槽销、开口销及特殊形状销等。

1）圆柱销靠过盈固定在孔中，销孔需铰制，多次装拆后会降低定位的精度和联接的紧固，只能传递不大的载荷，如图 5-34 所示。

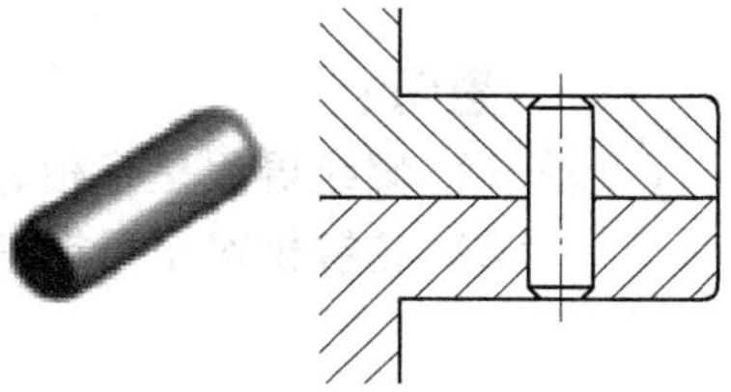

图 5-34 圆柱销

2）圆锥销有 1∶50 的锥度，以使其有可靠的定位性能，定位精度比圆柱销高。圆锥销根据实际使用的需要，还有开尾圆锥销、螺纹圆锥销等类型，如图 5-35 所示。

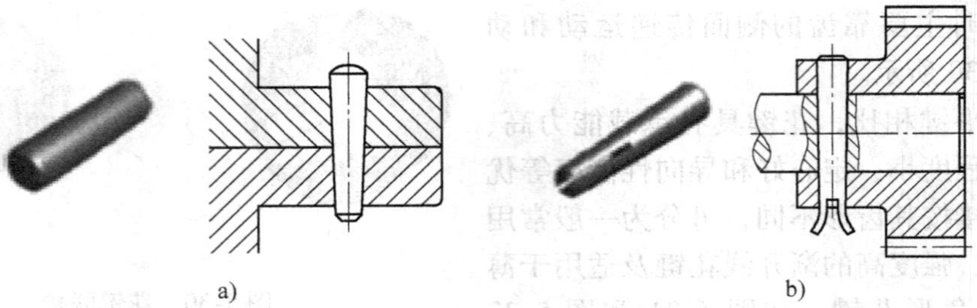

图 5-35　圆锥销

a）普通圆锥销　b）开尾圆锥销

3）销轴用来形成铰链联接。开口销是一种防松零件，常用 Q215、Q235 及 10、15 等低碳钢丝来制造，如图 5-36 所示。

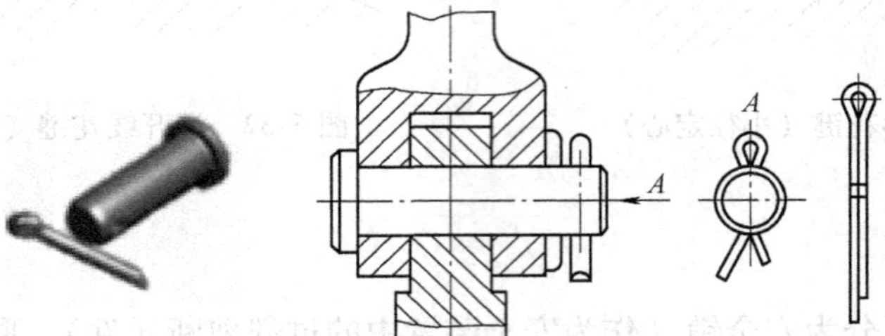

图 5-36　销轴、开口销

4）槽销上有三条压制的纵向沟槽，这使销与孔壁压紧，不易松脱，能承受振动和变载荷。安装槽销的孔不需精确加工，并且在同一孔中可装拆多次，如图 5-37 所示。

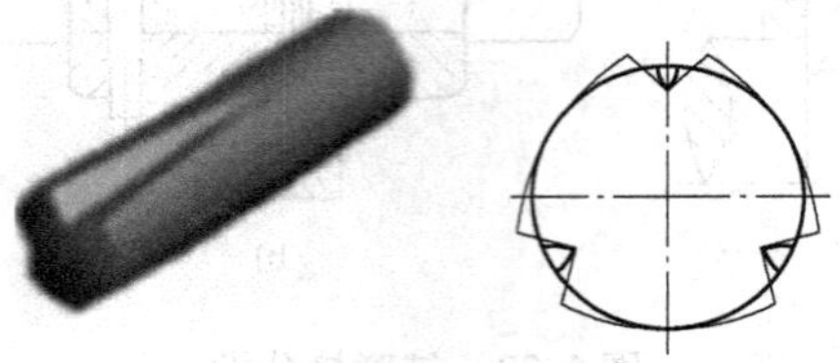

图 5-37　槽销

思考：

1）螺纹导程是指相邻两牙在中径线上对应两点间的轴向距离吗?

2）花键相对于平键有什么优点?

第六章

轴及轴上零件

第一节　轴

知识目标：

1. 轴的用途及分类。
2. 轴的材料。
3. 轴的结构。

技能目标：

1. 了解轴的用途及分类。
2. 了解轴的材料。
3. 了解轴的结构。

一、轴的用途及分类

轴是机器中的重要零件之一，在日常生活和工作中经常可以看到应用轴的场合，例如自行车前轮轴（见图6-1）、汽车底盘传动轴（见图6-2）、列车车轴（见图6-3）等。

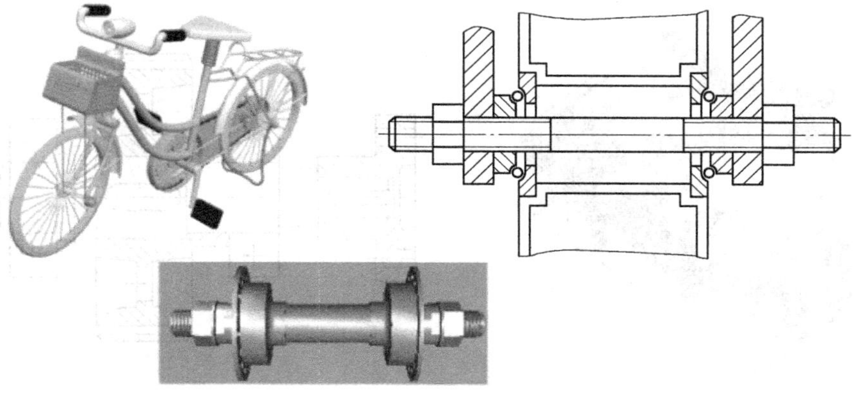

图6-1　自行车前轮轴

可以说，凡是做回转运动的零件都必须用轴来支承才能实现运动和动力的传递。

轴的作用是支承轴上零件，传递运动和动力。根据轴所起的作用以及承受载荷性质的不同，轴分为以下三类：

（1）心轴　工作时仅支承回转零件，只承受弯曲作用而不传递动力。心轴按其是否转动可分为固定心轴（图 6-1 所示自行车前轮轴）和转动心轴（图 6-3 所示列车车轴）。

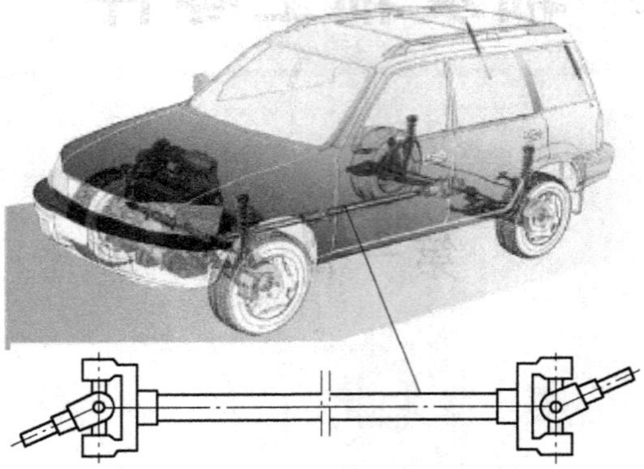

图 6-2　汽车底盘传动轴

图 6-3　列车车轴

（2）转轴　工作时既支承回转零件又传递动力，同时承受弯曲和扭转两种作用。一般机械传动的轴大部分是转轴。图 6-4 所示为齿轮减速器中的轴。

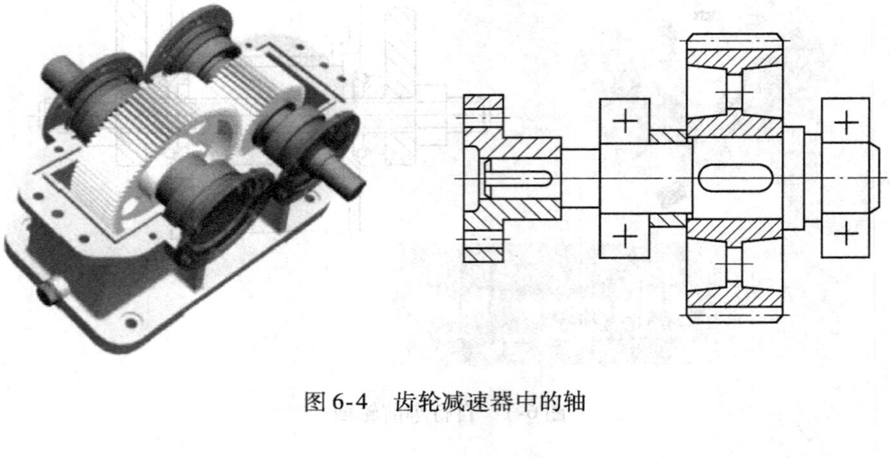

图 6-4　齿轮减速器中的轴

（3）传动轴　工作时仅传递动力，只承受扭转作用而不承受弯曲作用或弯曲作用很小。

此外，根据轴线的形状不同，轴又可分为直轴（见图6-5）、曲轴（见图6-6）和软轴（见图6-7）。直轴按外形不同又可分为光轴和阶梯轴。

看一看：
图6-5b所示阶梯轴应用最广泛。

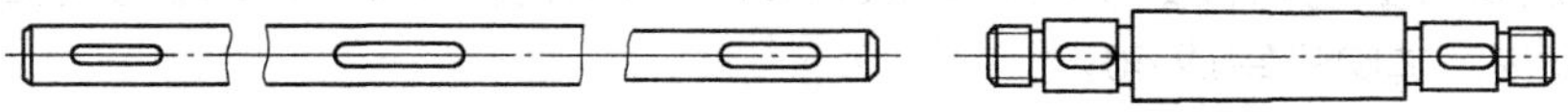

a)　　b)

图6-5　直轴
a）光轴　b）阶梯轴

看一看：
图6-6所示曲轴主要应用在内燃机、压缩机上。

图6-6　曲轴

看一看：
图6-7所示软轴为特殊场合下专用轴。

二、轴的材料

轴的主要材料是碳素钢和合金钢。由于碳素钢比合金钢价廉，对应力集中的敏感性较小，所以应用广泛。常用的优质碳素结构钢有35钢、45钢和50钢，尤其是经调质处理的45钢应用最广。

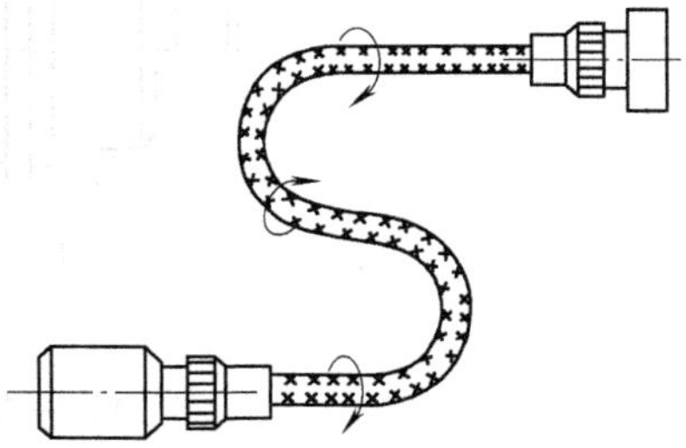

图6-7　软轴

对于受载较大以及处于高温、腐蚀等条件下工作的轴，可采用合金钢，并经过一定的热处理工艺，以充分发挥它的优越性。常用的合金钢有40Cr、40MnB、35SiMn等。另外，还有使用球墨铸铁作轴的材料的。

知识链接：

碳素钢　组成钢铁材料的主要元素是铁和碳，又称为铁碳合金。其中，碳质量分数低于2.11%的称为钢，大于2.11%的称为铸铁。碳素钢就是指碳质量分数小于2.11%并含有少量硫、磷、硅、锰等杂质元素的铁碳合金。

优质碳素钢　根据钢中杂质硫、磷含量的多少，碳素钢分为普通碳素钢、优质碳素钢和高级优质碳素钢。优质碳素钢是指硫、磷的质量分数均小于0.035%。优质碳素钢中碳的平均质量分数用两位数字表示，以0.01%为单位，例如40钢表示碳的平均质量分数为0.40%，其牌号写成40。

合金钢　就是在碳素钢的基础上加入一种或多种元素的钢，加入的元素称为合金元素。

钢的热处理　通过加热、保温和冷却的操作方法，使钢的组织结构发生变化，以获得所需性能的一种加工工艺。钢的热处理分为退火、正火、淬火和回火四种基本热处理形式。

调质处理　将淬火加高温回火相结合的热处理称为调质处理。

三、轴的结构

1. 轴的组成

轴主要由轴颈、轴身、轴肩和轴头组成，如图6-8所示。

（1）轴颈　轴上与轴承配合的部分称为轴颈。

（2）轴头　轴上与传动零件（如带轮、齿轮、联轴器）配合的部分称为轴头。

（3）轴身　轴上连接轴颈与轴头的部分称为轴身。

（4）轴肩　阶梯轴上截面变化的部位称为轴肩（轴环）。

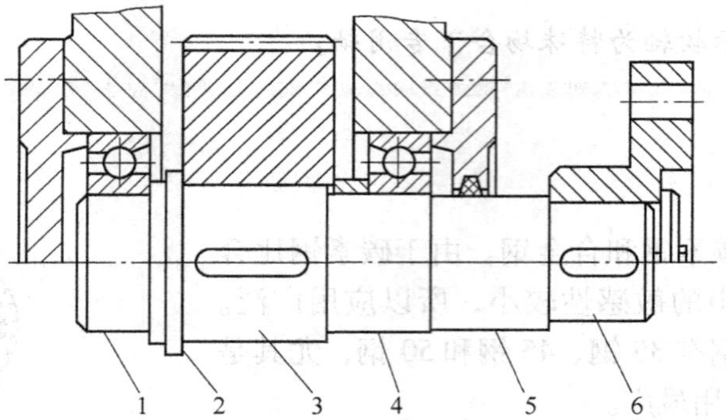

图6-8　轴的组成

1、4—轴颈　2—轴肩　3、6—轴头　5—轴身

2. 对轴结构的一般要求

影响轴结构的因素较多，没有标准的形式，但无论如何，轴的结构必须满足一定的要求，这样轴及轴上的零件才能正常工作。

对轴的结构一般要求：

1）轴上的零件应准确定位和可靠固定。

2）轴应便于加工和尽量避免或减少应力集中。

3）轴上零件应便于安装和拆卸。

讨论：

1）零件在轴上的固定方式有哪几种？各有哪些方法？

2）轴上需磨削的轴段为什么设计出砂轮越程槽？需车制螺纹的轴段为什么有退刀槽？

第二节　轴　　承

知识目标：

1. 滑动轴承。
2. 滚动轴承。

技能目标：

1. 了解滑动轴承。
2. 了解滚动轴承。

在机器中，轴承的作用是支承转动的轴及轴上零件，并保持轴的正常工作位置和旋转精度。轴承性能的好坏直接影响机器的使用性能，所以轴承是机器的重要组成部分。

根据摩擦性质的不同，轴承分为滚动轴承和滑动轴承两大类。

一、滑动轴承

在滑动轴承表面若能形成润滑膜而将运动副表面分开，则滑动摩擦力可大大降低，并且由于运动副表面不直接接触，因此也避免了磨损。滑动轴承的承载能力大，回转精度高，并且形成的润滑膜具有抗冲击作用，因此在工程上获得广泛的应用。

润滑膜的形成是滑动轴承能正常工作的基本条件。影响润滑膜形成的因素有润滑方式、运动副相对运动速度、润滑剂的物理性质和运动副表面的粗糙度等。滑动轴承的设计应根据轴承的工作条件确定轴承的结构类型，选择润滑剂和润滑方法及确定轴承的几何参数。

1. 滑动轴承的类型

（1）根据润滑方法分类

1）动压滑动轴承：利用相对运动副表面的相对运动和几何形状，借助流体黏性把润滑剂带进摩擦面之间，依靠自然建立的流体压力膜将运动副表面分开的润滑方法为流体动力润滑，采用流体动力润滑的轴承称为动压滑动轴承，如图 6-9 所示。

2）静压滑动轴承：在滑动轴承与轴颈表面之间输入高压润滑剂以承受外载荷，使运动副表面分离的润滑方法成为流体静压润滑，采用流体静压润滑的轴承称为静压滑动轴承，如图 6-10 所示。

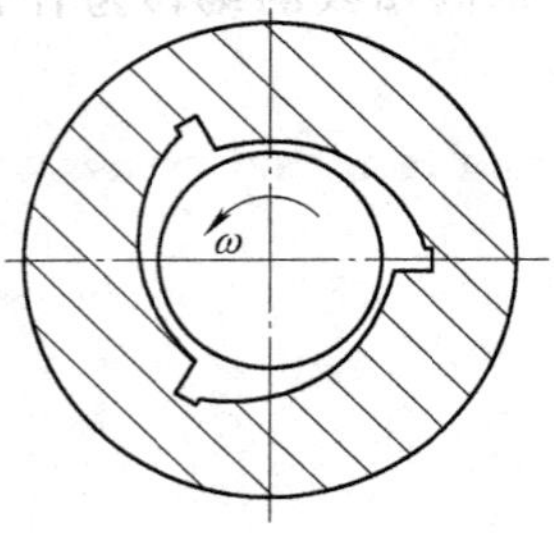

图 6-9　动压滑动轴承

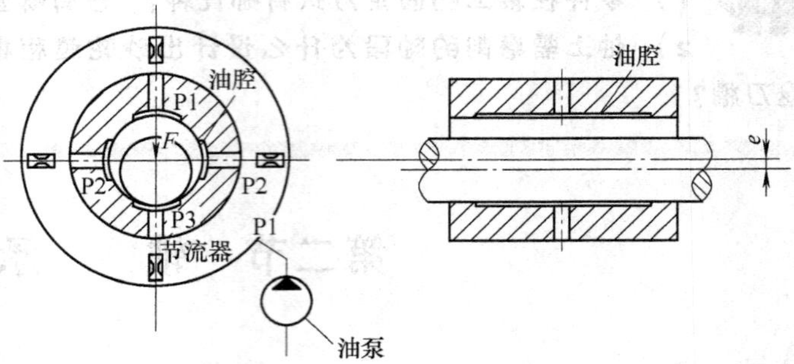

图 6-10　静压滑动轴承

（2）根据结构不同分类　整体式、剖分式、调心式等，如图 6-11、图 6-12 和图 6-13 所示。

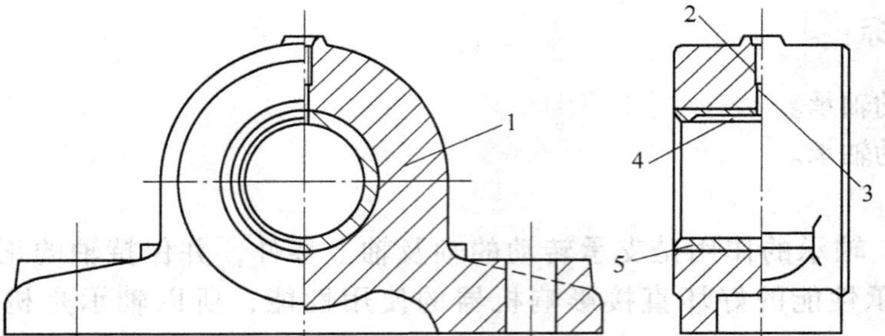

图 6-11　整体式

1—轴承座　2—油杯螺纹孔　3—油孔　4—油道　5—轴套

看了上面的图，你应该不难发现，滑动轴承通常由轴承座、轴瓦、轴承衬和润滑结构等部分组成。

2. 轴瓦材料

轴瓦分为剖分式和整体式结构。为了改善轴瓦表面的摩擦性质，常在其内径面上浇注一层或两层减摩材料，通常称为轴承衬。所以，轴瓦又有双金属轴瓦和三金属轴瓦之分，如图 6-14 所示。

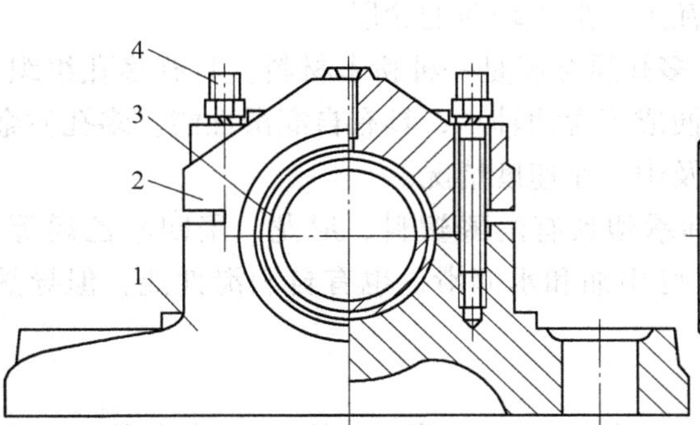

图 6-12　剖分式

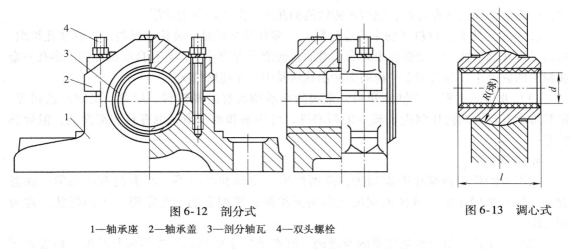

1—轴承座　2—轴承盖　3—剖分轴瓦　4—双头螺栓

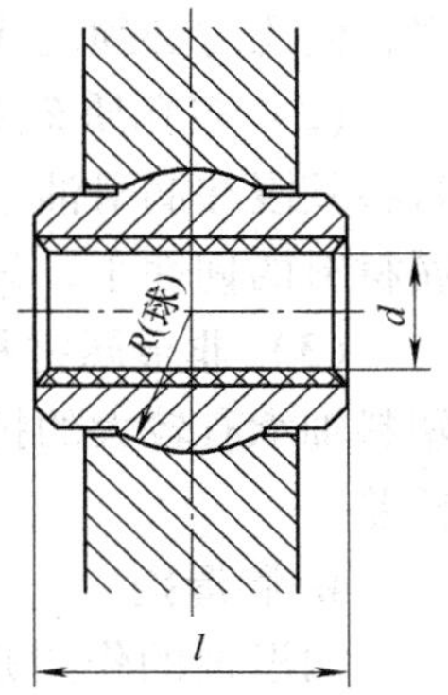

图 6-13　调心式

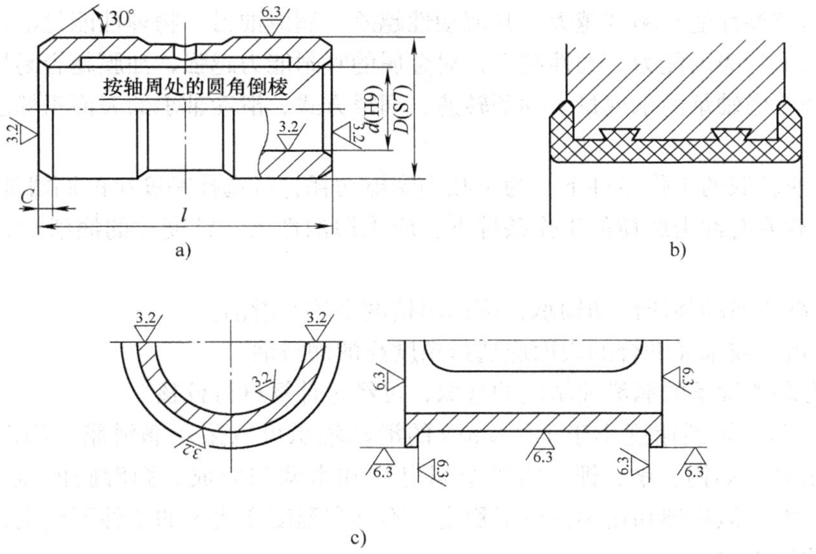

图 6-14　轴瓦的分类

a）整体式轴瓦　b）浇注式轴承合金的轴瓦　c）剖分式轴瓦

3. 轴承材料

轴瓦或轴承是滑动轴承的重要零件。轴瓦和轴承衬的材料统称为轴承材料。由于轴瓦或轴承衬与轴颈直接接触，一般轴颈部分比较耐磨，因此轴瓦的主要失效形式是磨损。轴瓦的磨损与轴颈的材料、轴瓦自身材料、润滑剂和润滑状态直接相关。选择轴瓦材料时应综合考虑这些因素，以提高滑动轴承的使用寿命和工作性能。

轴承的材料有：

（1）金属材料　如轴承合金、青铜、铝基合金、锌基合金等。轴承合金又称为白合金，主要是锡、铅、锑或其他金属的合金，由于耐磨性好、塑性高、磨合性能好、导热性好、抗胶合性好及与油的吸附性好，故适用于重载、高速的情况。轴承合金的强度较小，价格较贵，使用时必须浇注在青铜、钢带或铸铁的轴瓦上，形成较薄的涂层。

（2）多孔质金属材料（粉末冶金材料）　多孔质金属是一种粉末材料，具有多孔组织。若将其浸在润滑油中，使微孔中充满润滑油，便成了含油轴承，具有自润滑性能。多孔质金属材料的韧性小，只适用于平稳的无冲击载荷及中、小速度情况。

（3）非金属材料　如轴承塑料，常用的轴承塑料有酚醛塑料、尼龙、聚四氟乙烯等。塑料轴承有较大的抗压强度和较好的耐磨性，可用油和水润滑，也有自润滑性能，但导热性差。

4. 润滑剂

润滑剂的作用是减小摩擦阻力，降低磨损、冷却和吸振等。润滑剂有液态的、固态的和气体及半固态的。液体的润滑剂称为润滑油；半固态的，在常温下呈油膏状，称为润滑脂。

（1）润滑油　润滑油是主要的润滑剂。润滑油的主要物理性能指标是粘度。粘度表征液体流动的内摩擦性能，粘度越大，其流动性越差。润滑油另一物理性能是油性，表征润滑油在金属表面上的吸附能力。油性越大，对金属的吸附能力越强，油膜越容易形成。润滑油的选择应综合考虑轴承的承载量、轴颈转速、润滑方式、滑动轴承的表面粗糙度等因素。一般原则如下：

1）在高速轻载的工作条件下，为了减小摩擦功耗，可选择粘度小的润滑油。

2）在重载或有冲击载荷的工作条件下，应采用油性大、粘度大的润滑油，以形成稳定的润滑膜。

3）对于静压或动静压滑动轴承，可选用粘度小的润滑油。

4）表面粗糙或未经磨合的表面应选择粘度高的润滑油。

流体动力润滑轴承的润滑油粘度的选取，可经过计算进行校核。

（2）润滑脂　轴颈速度小于1～2m/s的滑动轴承可以采用润滑脂。润滑脂是用矿物油、各种稠化剂（如钙、钠、锂、铝等金属皂）和水调和而成。润滑脂的稠度（针入度）大，承载能力大，但物理和化学性质不稳定，不宜在温度变化大的条件下使用，多用于低速重载或摆动的轴承中。

（3）固体润滑剂和气体润滑剂　固体润滑剂有石墨、二硫化钼（MoS_2）和聚四氟乙烯（PTFE）等多种品种，一般在重载条件下或在高温工作条件下使用。气体润滑剂常用空气，多用于高速及不能用润滑油或润滑脂的场合。

不学不知道吧，原来还有固体润滑剂和气体润滑剂。平时生活中，我们把铅笔芯末倒入锁芯里就是利用固体润滑剂来给锁芯润滑的。

5. 润滑方法

向轴承提供润滑剂是形成润滑膜的必要条件。静压滑动轴承和动静压滑动轴承是通过油泵、节流器和油沟向滑动轴承的轴瓦连续供油的，以形成油膜使得轴瓦与轴颈表面分开。动压滑动轴承的油膜是靠轴颈的转动将润滑油带进轴承间隙的，其供油方式有连续供油和间歇供油两种。

二、滚动轴承

滚动轴承是标准件。在此主要说明常用滚动轴承的特点，根据工作条件选用适合的轴承类型和尺寸，并进行组合设计。

滚动轴承是广泛运用的机械支承件，其功能是在保证轴承有足够寿命的条件下，用以支承轴及轴上的零件，并与机座做相对旋转、摆动等运动，使转动副之间的摩擦尽量降低，以获得较高的传动效率。常用的滚动轴承已制定了国家标准。它是利用滚动摩擦原理设计而成的，由专业化工厂成批生产的标准件，在机械设计中只需根据工作条件选用合适的滚动轴承类型和型号进行组合结构设计就行了。

1. 滚动轴承的工作特点

与滑动轴承相比，滚动轴承具有下列优点：

1）应用设计简单，产品已标准化，并由专业生产厂家进行大批量生产，具有优良的互换性和通用性。

2）起动摩擦力矩低，功率损耗小，滚动轴承效率（98%～99%）比混合润滑轴承高。

3）负荷、转速和工作温度的适应范围宽，工况条件的少量变化对轴承性能的影响不大。

4）大多数类型的轴承能同时承受径向和轴向载荷，轴向尺寸较小。

5）易于润滑、维护及保养。

滚动轴承也有下列缺点：

1）大多数滚动轴承径向尺寸较大。

2）在高速、重载荷条件下工作时，寿命短。

3）振动及噪声较大。

2. 组成元件常用材料

（1）滚动轴承的构造　滚动轴承一般是由内圈、外圈、滚动体和保持架组成，如图6-15所示。内圈装在轴颈上（在推力轴承中称为轴圈），配合较紧。外圈装在机座或零件的轴承孔内，通常配合较松。内、外圈上有滚道，当内、外圈相对旋转时，滚动体将沿滚道滚动。滚动体是实现滚动摩擦的滚动元件，除自转外，还绕轴线公转。其形状有球形、圆柱形、锥柱形、滚针、鼓形等，如图6-16所示。保持架的作用是把滚动体均匀地隔开。

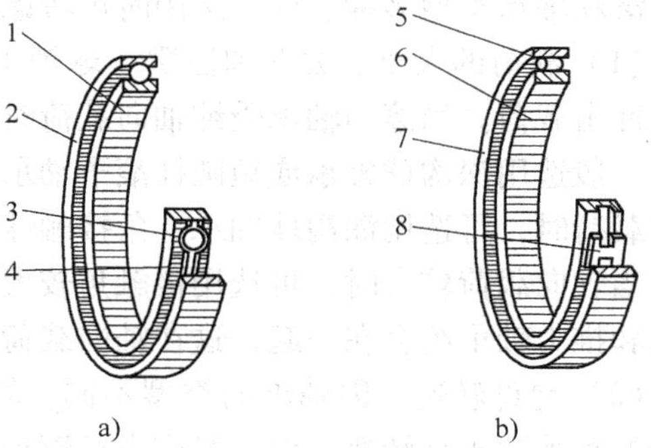

图6-15　滚动轴承的构造

a）球轴承　b）滚子轴承

1、6—内圈　2、7—外圈　3、5—滚动体　4、8—保持架

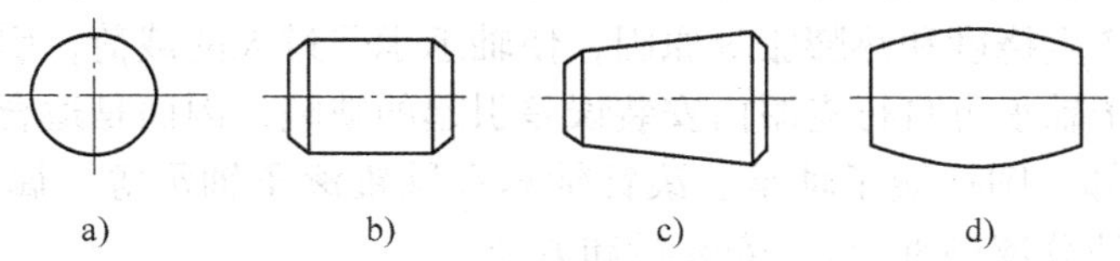

图6-16　滚动轴承的滚动体

a）球形　b）圆柱形　c）圆锥滚子　d）球面滚子

还记得在自行车维修点捡到的钢珠吗？原来它们就是轴承中的滚动体啊。

为适应某些使用要求，有的轴承可以无内圈或无外圈，或带防尘圈、密封圈等结构。

（2）常用材料　滚动体与内、外圈的材料要求有较高的硬度和接触疲劳强度以及良好的耐磨性和冲击韧度，一般用含铬合金钢制造，常用材料有 GCr15、GCr15SiMn 等，经热处理后硬度可达 61～65HRC。保持架一般用低碳钢板冲压而成，高速轴承多采用非铁金属（如黄铜）或塑料保持架。

3. 类型及构造

机械有各种不同的工况，为满足这些具体的使用要求，需要有不同类型的轴承来保证实际需要。根据滚动体形状，滚动轴承大致可分为球轴承和滚子轴承；按其承受负荷的主要方向，则可分为向心轴承和推力轴承。表 6-1 为球轴承和滚子轴承的一般特性比较。

表 6-1　球轴承和滚子轴承的一般特性比较

项　目	球　轴　承	滚 子 轴 承
负荷	较小负荷	大负荷
转速	高速	较低速
摩擦	小	较大
耐冲击性	较小	较大

4. 滚动轴承类型的选择

滚动轴承类型多种多样，选用时可考虑以下几方面因素，从而进行选择。

（1）载荷的大小、方向和性质　球轴承适用于承受轻载荷，滚子轴承适用于承受重载荷及冲击载荷。当滚动轴承受纯轴向载荷时，一般选用推力轴承；当滚动轴承受纯径向载荷时，一般选用深沟球轴承或短圆柱滚子轴承；当滚动轴承受纯径向载荷的同时，还有不大的轴向载荷时，可选用深沟球轴承、角接触球轴承、圆锥滚子轴承及调心球轴承或调心滚子轴承；当轴向载荷较大时，可选用接触角较大的角接触球轴承及圆锥滚子轴承，或者选用向心轴承和推力轴承组合在一起，这在轴向载荷极高或特别要求有较大轴向刚度时尤为适宜。

（2）允许转速　因轴承的类型不同，转速有很大的差异。一般情况下，摩擦小、发热量少的轴承适于高转速。设计时应力求滚动轴承在低于其极限转速的条件下工作。

（3）刚度　轴承承受负荷时，轴承套圈和滚动体接触处就会产生弹性变形，变形量与载荷成比例，其比值决定轴承刚度的大小。一般可通过轴承的预紧来提高轴承的刚度。此外，在轴承支承设计中，考虑轴承的组合和排列方式也可改善轴承的支承刚度。

（4）调心性能和安装误差　轴承装入工作位置后，往往由于制造误差造成安装和定位不良。此时常因轴产生挠度和热膨胀等原因，使轴承承受过大的载荷，引起早期的损坏。调心球轴承和调心滚子轴承可自行克服由安装误差引起的缺陷，因而是适合此类用途的轴承。

（5）安装和拆卸　圆柱滚子轴承、滚针轴承和圆锥滚子轴承等，属于内、外圈可分离的轴承类型（即所谓分离型轴承），安装拆卸方便。

（6）市场性　即使是列入产品目录的轴承，市场上也不一定有销售；相反，未列入产品目录的轴承有的却大量生产。因而，应清楚使用的轴承是否易购得。

5. 滚动轴承代号

滚动轴承代号是用字母加数字来表示轴承结构、尺寸、公差等级、技术性能等特征的产品符号。国家标准 GB/T272—1993 规定轴承代号由三部分组成：前置代号、基本代号、后置代号。

基本代号是轴承代号的基础。前置代号和后置代号都是轴承代号的补充，只有在遇到对轴承结构、形状、材料、公差等级、技术要求等有特殊要求时才使用，一般情况可部分或全部省略。

基本代号表示轴承的基本类型、结构和尺寸，由轴承类型代号、尺寸系列代号、内径代号构成。

（1）轴承类型代号　用数字或字母表示不同类型的轴承。

（2）尺寸系列代号　由两位数字组成。前一位数字代表宽度系列（向心轴承）或高度系列（推力轴承），后一位数字代表直径系列。尺寸系列表示内径相同的轴承可具有不同的外径，而同样的外径又有不同的宽度（或高度），由此用以满足各种不同要求的承载能力。

（3）内径代号　表示轴承公称内径的大小，用数字表示，例如：轴承 6208—2Z/P6。其中，6 为类型代号，表示深沟球轴承；2 为尺寸系列代号；08 为内径代号，$d=40$mm；2Z 表示轴承两端面带防尘罩；P6 表示公差等级符合标准规定 6 级。

6. 支承端结构

为保证滚动轴承轴系能正常传递轴向力且不发生窜动，在轴上零件定位固定的基础上，必须合理地设计轴系支点的轴向固定结构。支承端典型的结构有以下三类：

（1）两端单向固定　普通工作温度下的短轴（跨距 $L<400$mm），支点常采用两端单向固定方式，每个轴承分别承受一个方向的轴向力，如图 6-17 所示。为允许轴工作时有少量热膨胀，轴承安装时应留有 0.25～0.4mm 的轴向间隙（间隙很小，在结构图上不必画出），间隙量常用垫片或调整螺钉调节。

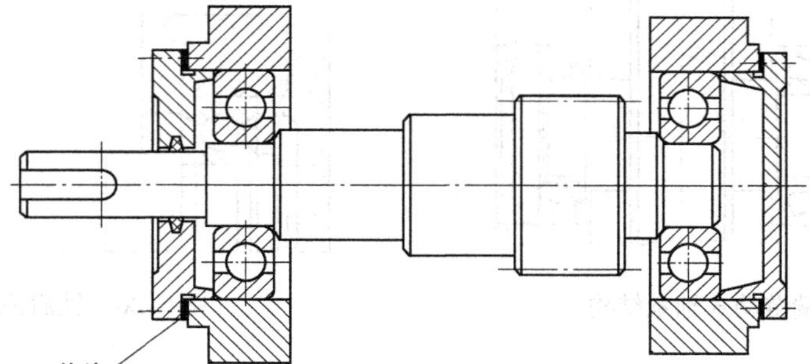

图 6-17　两端单向固定

（2）一端双向固定、一端游动　当轴较长或工作温度较高时，轴的热膨胀收缩量较大，宜采用一端双向固定、一端游动的支点结构，如图 6-18 所示。固定端由单个轴承或轴承组承受双向轴向力，而游动端则保证轴伸缩时能自由游动。为避免松脱，游动轴承内圈应与轴作轴向固定（常采用弹性挡圈）。用圆柱滚子轴承作游动支点时，轴承外圈要与机座作轴向固定，靠滚子与套圈间的游动来保证轴的自由伸缩。

（3）两端游动　要求能左右双向游动的轴可采用两端游动的轴系结构，如图 6-19 所

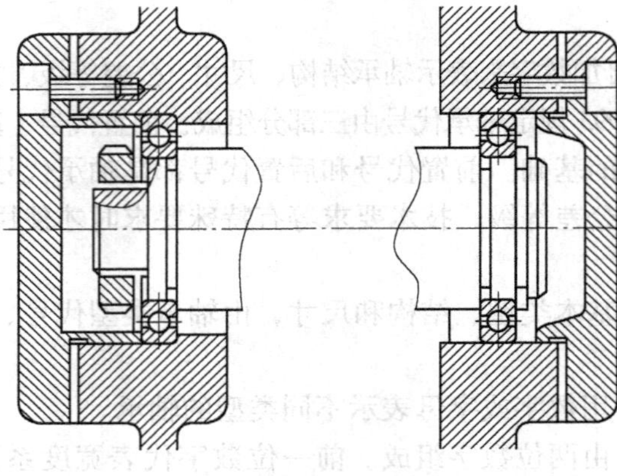

图 6-18　一端双向固定、一端游动的支点结构

示。对于人字齿轮传动的高速主动轴，为了自动补偿轮齿两侧螺旋角的误差，并使轮齿受力均匀，采用允许轴系左右少量轴向游动的结构，故两端都选用圆柱滚子轴承。与其相啮合的低速齿轮轴系则必须两端固定，以便两轴都得到轴向定位。

轴承在轴上一般用轴肩或套筒定位，定位端面与轴线保持良好的垂直度。为保证可靠定位，轴肩圆角半径必须小于轴承的圆角半径。轴肩的高度通常不大于内圈高度的3/4，过高不便于轴承拆卸，如图 6-20 所示。

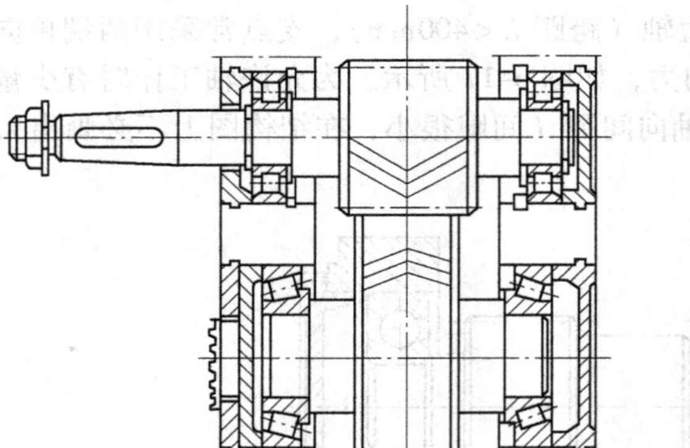

图 6-19　两端游动式轴系结构

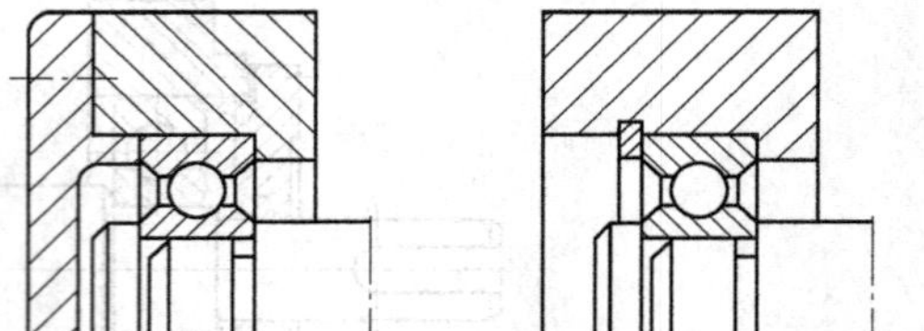

图 6-20　轴肩或套筒定位

轴承内圈的轴向固定应根据轴向载荷的大小选用轴端挡圈、圆螺母、轴用弹性挡圈等结构（见图 6-21），外圈则采用机座孔端面、孔用弹性挡圈、压板、端盖等形式固定。

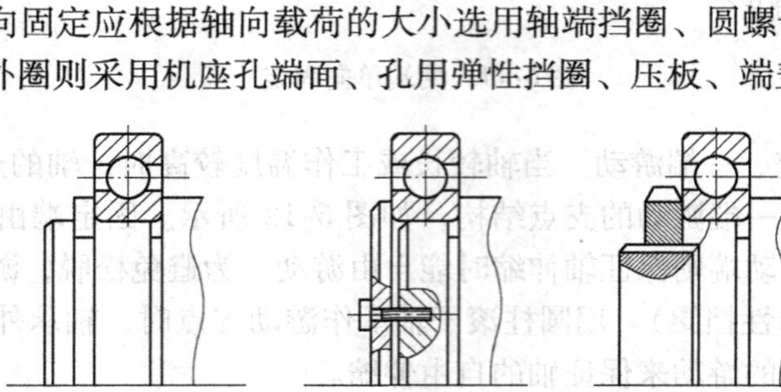

图 6-21　轴承内圈的轴向固定

7. 轴承的配合

轴承与轴或轴承座配合的目的是把内、外圈牢固地固定于轴或轴承座上，使之相互不发生有害的滑动。如果配合面产生滑动，则会产生不正常的发热和磨损，以及因磨损产生粉末进入轴承内而引起早期损坏和振动等弊病，导致轴承不能充分发挥其功能。此外，轴承的配合可影响轴承的径向游隙，径向游隙不仅关系到轴承的运转精度，同时影响它的寿命。

滚动轴承是标准组件，所以与相关零件配合时其内孔和外径分别是基准孔和基准轴，在配合中不必标注。决定配合时最主要的问题是轴承内、外圈所承受的载荷状态。

一般来说，在尺寸大、载荷大、振动大、转速高或工作温度高等情况下应选紧一些的配合，而对于经常拆卸或游动套圈则应采用较松的配合。

8. 轴承座的刚度与同轴度

轴和轴承座必须有足够的刚度，以免因过大的变形使滚动体受力不均。因此，轴承座孔壁应有足够的厚度，并常设置加强筋以增加刚度，如图 6-22a 所示。此外，轴承座的悬臂应尽可能地缩短，如图 6-22b 所示。

两轴承孔必须保证同轴度，以免轴承内、外圈轴线倾斜过大。为此，两端轴承尺寸应力求相同，以便一次镗孔，这样可以减小其同轴度的误差，如图 6-23 所示。当同一轴上装有不同外径尺寸的轴承时，可采用套杯结构来安装尺寸较小的轴承，以使轴承孔能一次镗出。

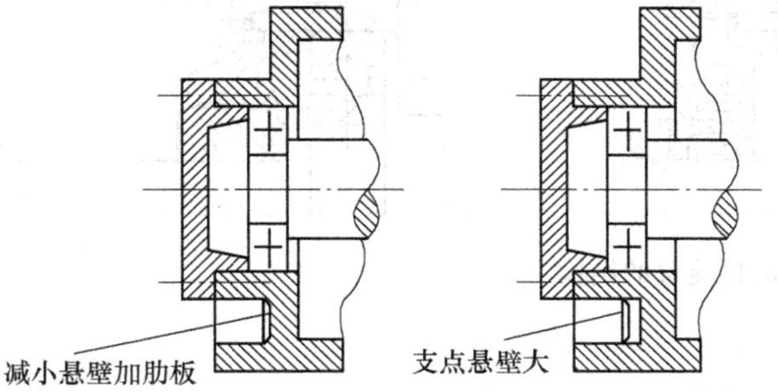

图 6-22 轴承座的刚度设计

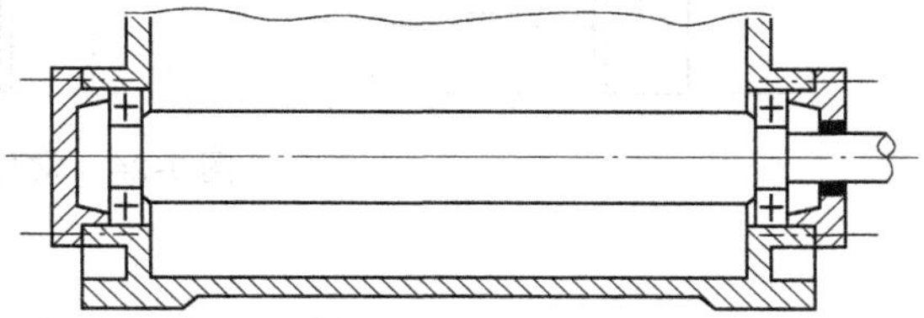

图 6-23 轴承座的同轴度设计

9. 滚动轴承的润滑

滚动轴承的润滑主要是为了降低摩擦阻力和减轻磨损，同时也有吸振、冷却、防锈和密封等作用。合理的润滑对提高轴承性能，延长轴承的使用寿命有重要意义。

滚动轴承常用的润滑材料有润滑油、润滑脂及固体润滑剂，具体润滑方式可根据速度因素 dn 值，参考表 6-2 选择。其中，d 为轴颈直径，单位为 mm；n 为工作转速，单位为 r/min。

滚动轴承润滑剂的选择主要取决于速度、载荷、温度等工作条件。一般情况下，采用的润滑油粘度不应低于 13 ~ 32mm²/s（球轴承油粘度略低而滚子轴承油粘度略高）。脂润滑轴承在低速、工作温度 65℃以下时可选钙基脂，较高温度时选用钠基脂或钙钠基脂，高速或载荷工况复杂时可选锂基脂，潮湿环境可选用铝基脂或钡基脂而不宜选用遇水分解的钠基脂。

表 6-2　滚动轴承润滑方式的选择

轴承类型	$dn/(\mathrm{mm \cdot r/min})$				
	浸油/飞溅润滑	滴油润滑	喷油润滑	油雾润滑	脂润滑
深沟球轴承	$\leqslant 2.5\times10^5$	$\leqslant 4\times10^5$	$\leqslant 6\times10^5$	$\leqslant 6\times10^5$	$\leqslant (2\sim3)\times10^5$
角接触球轴承					
圆柱滚子轴承					
圆锥滚子轴承	$\leqslant 1.6\times10^5$	$\leqslant 2.3\times10^5$	$\leqslant 3\times10^5$	—	—
推力轴承	$\leqslant 0.6\times10^5$	$\leqslant 1.2\times10^5$	$\leqslant 1.5\times10^5$	—	—

10. 滚动轴承的密封

为了充分发挥轴承的性能，要防止润滑剂中脂或油的泄漏，而且还要防止有害异物从外部侵入轴承内，因而有必要尽可能采用完全密封。密封装置是轴承系统的重要设计环节之一，设计时要求应能达到长期密封和防尘作用，摩擦和安装误差都要小，拆卸、装配方便且保养简单。

密封按照原理的不同可分为接触式密封和非接触式密封两大类。非接触式密封不受速度限制。接触式密封只能用在线速度较低的场合，为保证密封的寿命及减少轴的磨损，轴接触部分的硬度应在 40HRC 以上，表面粗糙度宜小于 $Ra1.60\sim Ra0.80\mu m$。

常见密封装置的结构如图 6-24 所示。

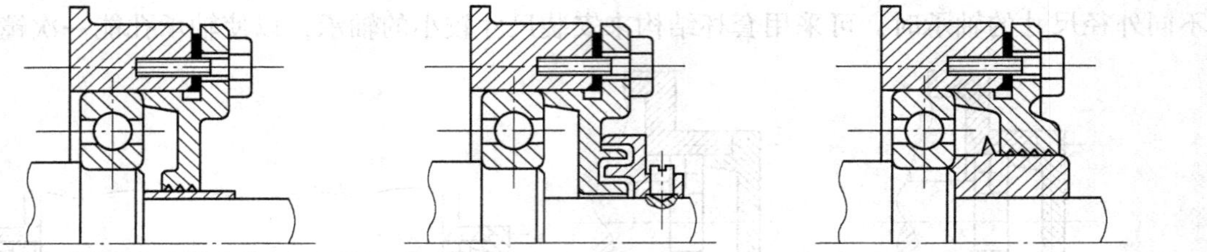

图 6-24　常见密封装置的结构

第三节　联轴器与离合器

知识目标：

1. 联轴器和离合器的作用。
2. 联轴器的类型及特点。
3. 离合器的类型及特点。

技能目标：

1. 了解联轴器和离合器的作用。
2. 了解联轴器的类型及特点。
3. 了解离合器的类型及特点。

一、联轴器和离合器的作用

在生产、生活中，有许多机器设备需要利用联轴器、离合器才能保证正常工作，如卷扬机、汽车、运输机械、重型机械等。

联轴器是机械传动中的常用部件，它是联接两传动轴，使其一起传动并传递转矩，有时也可作为安全装置。

在机器运转过程中，因联轴器联接的两轴不能分开，所以在一些应用中受到制约，例如汽车在从起动到正常行驶过程中，根据需要换挡变速，为保持换挡时的平稳，减少冲击和振动，需要暂时断开发动机与变速器的连接，待换挡变速后再逐渐接合。显然，联轴器不能满足这种要求。若采用离合器就可解决这个问题。离合器类似开关，能方便地接合或断开动力的传递。

联轴器与离合器的联系与区别如下：

（1）联系　联轴器与离合器都是用来联接两轴，传递运动和转矩的。

（2）区别　联轴器联接的两轴只有停车后经拆卸才能分离，而离合器联接的两轴可在机器工作中方便地实现分离与接合。

二、联轴器的类型及特点

联轴器所联接的两根轴，由于制造及安装误差或工作时零件的变形、回转零件的不平衡等原因不能保证严格对中，从而会产生各种位移，如径向位移、轴向位移、角位移和综合位移，如图 6-25 所示。

两轴相对偏移的出现，将在轴、轴承和联轴器上引起附加载荷，甚至出现剧烈振动。因此，联轴器还应具有一定的补偿两轴偏移的能力，以消除或降低被联接两轴因相对偏移而引起的附加载荷，改善传动性能，延长机器寿命。为了减少机械传动系统的振动，降低冲击尖峰载荷，联轴器还应具有一定的缓冲减振性能。

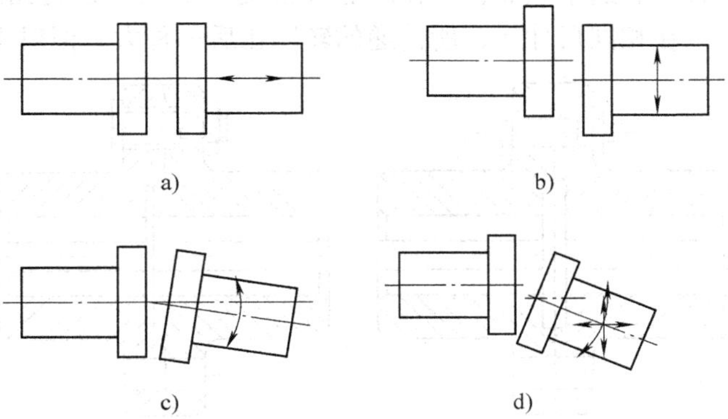

图 6-25　轴的各种位移

a）轴向位移　b）径向位移

c）角位移　d）综合位移

1. 联轴器的分类

联轴器根据其是否包含弹性元件，可分为刚性联轴器和弹性联轴器两大类。刚性联轴器根据其是否具有补偿位移的能力可分为固定式和可移式两类，前者用于两轴严格对中并在工作中不发生相对位移的场合，后者用于工作时可能发生相对位移的场合。弹性联轴器视其所具有弹性元件材料的不同，又可分为金属弹簧式和非金属弹性元件式两种。弹性联轴器不仅能在一定范围内补偿两轴线间的偏移，而且具有缓冲减振的性能。

2. 常用联轴器的结构、特点和应用

（1）刚性联轴器

1）套筒联轴器：套筒联轴器的结构简单，成本低廉，径向尺寸小，在机床中应用广泛。如图 6-26 所示，套筒与轴之间常用圆锥销联接或平键联接。采用套筒联轴器时，两轴轴线的允许径向偏移为 0.002～0.005mm，允许角向偏移不大于 0.05mm/m。

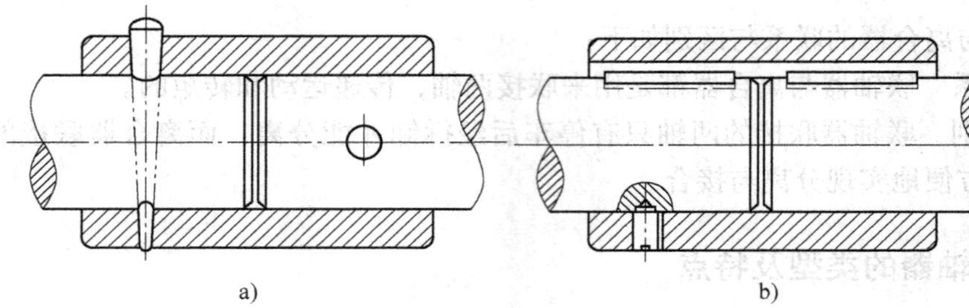

图 6-26　套筒联轴器

a）圆锥销联接　b）平键联接

2）凸缘联轴器：应用最广泛的固定式联轴器，由两个带有凸缘的半联轴器组成，半联轴器分别用键与轴联接，并用一组螺栓将它们联接在一起，属于刚性联接。凸缘联轴器有两种对中方法，一种是靠铰制孔用螺栓对中，另一种是靠一个半联轴器上的凸肩与另一个半联轴器上相应的凹槽相互嵌合而对中，如图 6-27 所示。后者对中的精度较高，但在装拆时需将轴做轴向移动；前者没有这个缺点，工作时靠螺栓受剪切及与铰制孔的挤压来传递转矩，因而装拆方便，另外，在相同尺寸下，所传递的转矩比后一种大，但对中较困难。

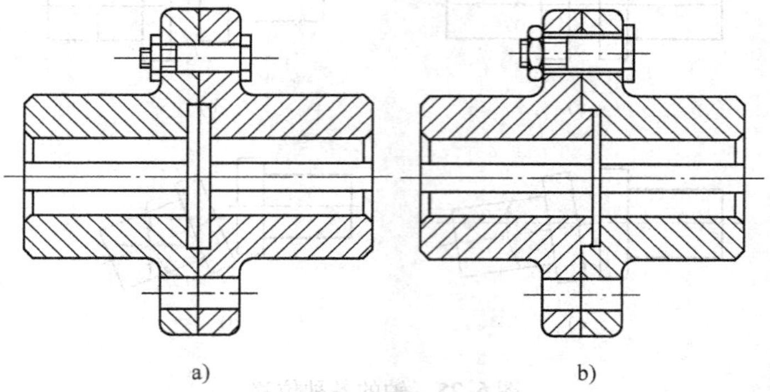

图 6-27　凸缘联轴器

a）铰制孔对中型　b）止口对中型

（2）可移式联轴器　可移式联轴器补偿两轴间位移的方法有两种：一种是利用联轴器中工作零件在某一个或某几个方向的相对滑动来补偿；另一种是利用联轴器中弹性元件的变形来补偿。前者被称为刚性可移式联轴器，后者被称为弹性可移式联轴器。

1）刚性可移式联轴器

① 滑块联轴器：由两个端面开有较宽凹槽的半联轴器和一个滑块组成，如图6-28所示。由于中间滑块的质量减少，又具有弹性，故允许较高的极限转速。由于滑块能在凹槽中滑动，故可补偿安装及运转时两轴间的偏移。这种联轴器结构简单，尺寸紧凑，适用于小功率、高转速且无剧烈冲击的场合。

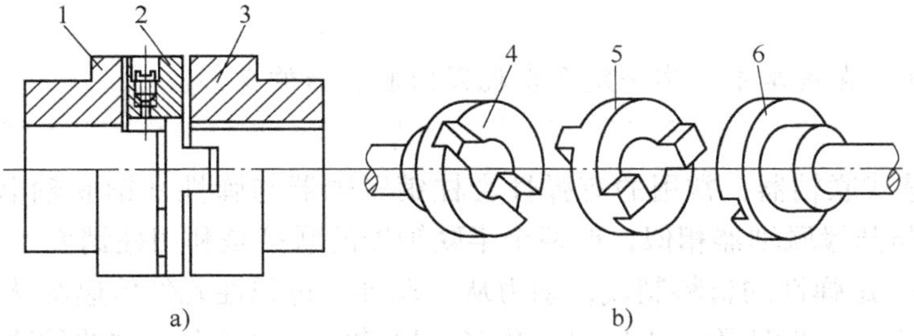

图6-28　滑块联轴器

a）组装图　b）分解示意图

1、3、4、6—半联轴器　2、5—滑块

② 齿轮联轴器：由两个具有外齿的半联轴器和两个具有内齿的外壳组成，内、外齿数相等，工作时靠啮合来传递运动和转矩，如图6-29所示。由于轮齿间留有较大的间隙且外齿轮的齿顶制成球形，所以能补偿两轴的不同心和偏斜。为了减少轮齿的磨损和相对移动时的摩擦阻力，在壳内储有润滑油。

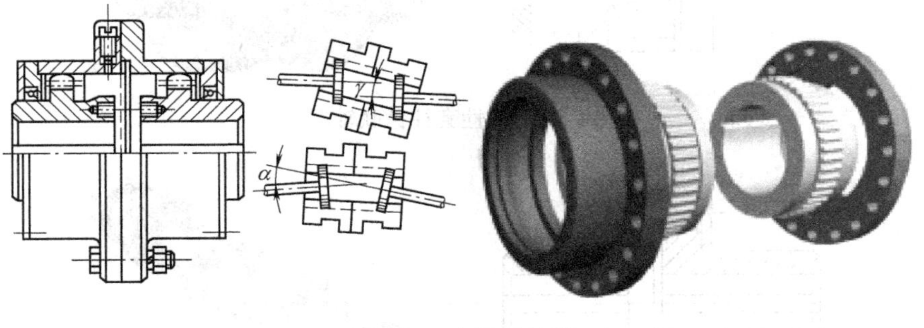

图6-29　齿轮联轴器

③ 万向联轴器：用单万向联轴器联接的两轴，当一轴位置固定时，另一轴可向任意方向旋转α角，夹角α最大可达35°~45°，而且不影响机器的正常运转，如图6-30a所示。但当α过大时，传动效率会明显下降。它一般适用于汽车、多轴钻床等机器的传动系统中。它的主要缺点是当两轴夹角不等于零时，会引起附加动负荷。为消除这一缺点，常将单万向联轴器成对使用，做成双万向联轴器，如图6-30b所示。此时必须保证主、从动轴与中间轴夹角相等，而且中间轴的两交叉面必须位于同一平面内，以保证主、从动轴的瞬时角速度相等。

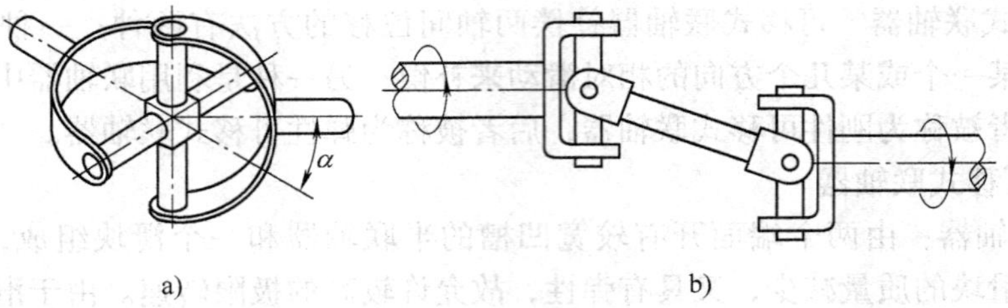

图 6-30　万向联轴器

a）单万向联轴器　b）双万向联轴器

仔细找一找，在汽车中，你一定会发现万向联轴器的身影。

2）弹性可移式联轴器：常用的有弹性套柱销联轴器与弹性柱销联轴器（见图 6-31 和图 6-32），结构与凸缘联轴器相似，但两个半联轴器的联接是利用柱销而不是利用螺栓。柱销通常是用具有一定弹性的材料制成，动力从主动轴通过弹性元件传递给从动轴，因此能缓和冲击，吸收振动，一般适用于正反向变化多、启动频繁的场合。这两种联轴器均能补偿较大的轴向位移，并且依靠弹性柱销的变形，允许有微量的径向位移和角位移，但若径向位移或角位移过大，就会引起弹性柱销的迅速磨损。因此，在使用这两种联轴器时，仍需仔细进行安装。

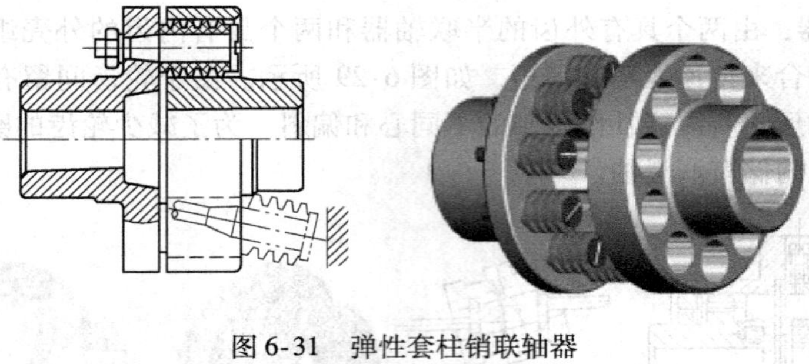

图 6-31　弹性套柱销联轴器

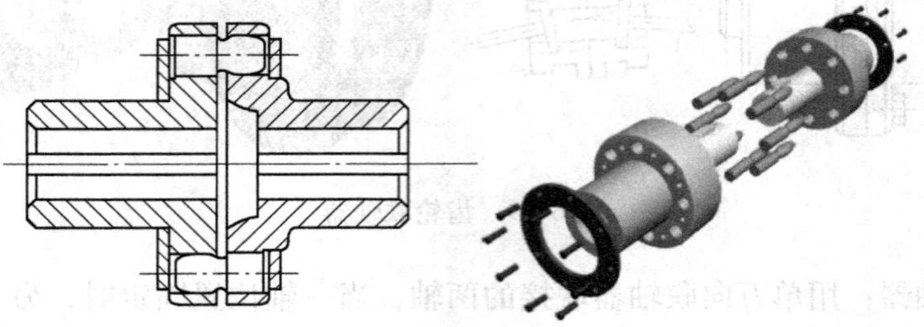

图 6-32　弹性柱销联轴器

3. 联轴器的使用与维护

1）应严格控制联轴器的安装误差，通常要求安装误差不得大于许用补偿量的 1/2。

2）注意检查所联接两轴运转后的对中情况，其相对位移不应大于许用补偿量；尽可能地减少相对位移量，或有效地延长被联接机械或联轴器的使用寿命。

3）对有润滑要求的联轴器（如齿轮联轴器等），要定期检查润滑油的油量、质量以及状况，必要时应予以补充或更换。

4）对于高速旋转机械上的联轴器，一般要经动平衡试验，并按标记组装。另外，对其联接螺栓之间的重量差有严格的限制，不得任意更换。

三、离合器的类型及特点

离合器在机器运转中可将传动系统随时分离或接合。对离合器的要求有：接合、分离迅速而平稳，调节和修理方便，外廓尺寸小，耐磨性好和有足够的散热能力，操纵方便省力。离合器的类型很多，常用的有牙嵌式和摩擦式两大类，另外还有用于过载保护的安全离合器。

想象一下，要是没有离合器，汽车换挡会有多麻烦啊。

1. 牙嵌离合器

牙嵌离合器是由两个端面上有牙的半离合器组成，常用的牙形有矩形、梯形和锯齿形，牙数一般为 3 ~7，如图 6-33 所示。牙嵌离合器结构简单，连接后两轴同速旋转没有滑动。离合器的嵌入动作应在两轴停止转动或转速较低时进行，否则牙受到冲击时可能会损坏。

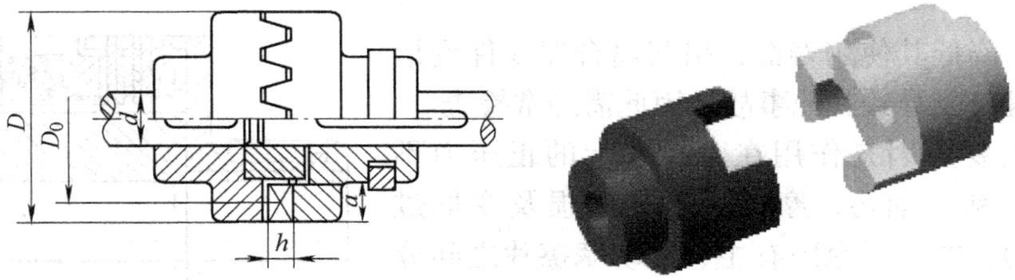

图 6-33　牙嵌离合器

2. 摩擦式离合器

摩擦式离合器主要靠接触面间的摩擦来传递转矩，如图 6-34 所示。摩擦式离合器的类型很多，常用的是圆盘式摩擦离合器，它又可分为单盘式和多盘式两种。单盘式摩擦离合器结构最简单，但摩擦力受到限制，一般很少使用。

3. 安全离合器

安全离合器用来防止因机器过载而损坏机件。摩擦式安全离合器如图 6-35 所示。当传递的转矩超过设计值时，离合器自行脱开或发生滑动，使连接中断，以保护机器中的重要零件不致损坏。摩擦式安全离合器结构类似于多盘式摩擦离合器，但没有操纵机构。摩擦面间的轴向压力靠弹簧及调节螺母调整到规定的载荷。当过载时，摩擦片打滑，以限制离合器传递的最大转矩。

4. 离合器的使用与维护

1）应定期检查离合器操纵杆的行程，主、从动摩擦片之间的间隙，摩擦片的磨损程度，必要时予以更换。

2）片式摩擦离合器在工作时，不得有打滑或分离不彻底的现象，否则，不仅会将加速

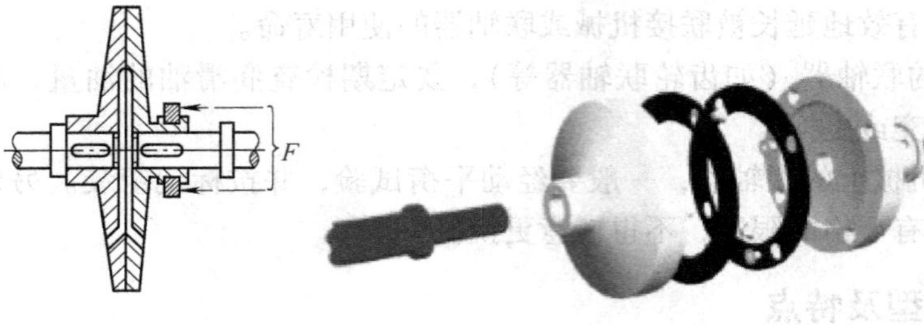

a)

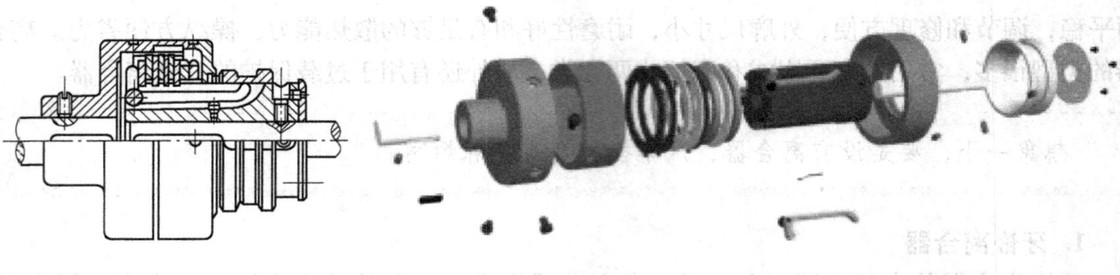

b)

图 6-34　摩擦式离合器

a）单盘式摩擦离合器　b）多盘式摩擦离合器

摩擦片磨损，降低其使用寿命，引起离合器零件变形退火等，而且可能导致其他事故，因此需经常检查。

打滑的主要原因是作用在摩擦片上的正压力不足，摩擦表面粘有油污，摩擦片过分磨损及变形过大。分离不彻底的主要原因有主、从动摩擦片之间分离间隙过小，主、从动摩擦片翘曲变形，回位弹簧失效等，应及时修理并排除。

3）定向离合器应密封严实，不得有漏油现象，否则会磨损过大，温度太高，损坏滚柱、星轮或外壳等。在运行中，若定向离合器有异常声，应及时停机检查。

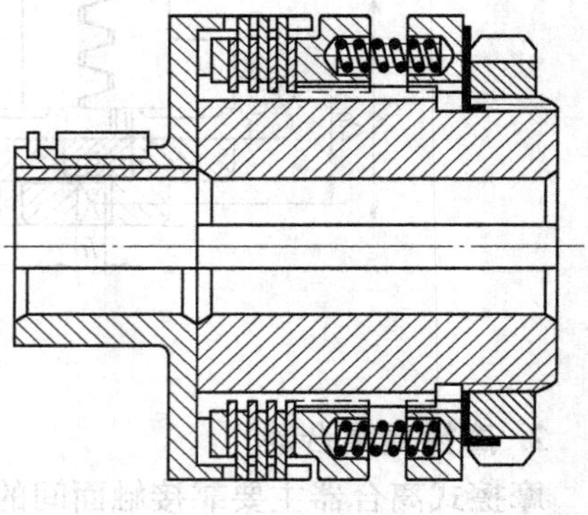

图 6-35　摩擦式安全离合器

思考：

1）联轴器和离合器的主要作用是什么？两者的根本区别是什么？

2）按结构特点不同，联轴器可以分为哪两类？

第二部分

液压与气压传动

驱动机械运动的机构以及各种传动和操纵装置有多种形式，根据所用的部件和零件，可分为机械、电气、气动、液压等传动装置，经常还将不同的形式组合起来运用。

液压传动与气压传动相对于机械传动来说是一门比较新的学科，然而由于液压传动和气压传动具有很多优点，使这种新技术发展得很快，特别是最近二三十年，其更广泛地应用于机械制造、工程建筑、石油化工、交通运输、军械、矿山冶金、航空航海、轻工、农林渔业等行业，在宇宙航行、海洋开发、核能建设、地震预测等新的技术领域中也得到应用。目前，该项技术正在向高压、高速、高效、大流量、大功率、低噪声、长寿命、高度集成化和模块化、高可靠性及污染控制的方向发展。

本部分简单介绍液压传动与气压传动的基本原理及常用的基础知识。

第七章

液压传动基础知识

第一节 液压传动系统的组成及工作原理

知识目标：

1. 液压系统的组成。
2. 液压系统的工作原理。
3. 液压传动系统的图形符号。

技能目标：

1. 了解液压系统的类型。
2. 了解液压系统的工作原理。

液压传动是用液体作为工作介质来传递能量和进行控制的传动方式。液压传动和气压传动称为流体传动，是根据17世纪帕斯卡提出的液体静压力传动原理而发展起来的一门新兴技术，是工农业生产中广为应用的一门技术。如今，流体传动技术水平的高低已成为一个国家工业发展水平的重要标志。

一、液压系统的组成

一个完整的液压系统由五个部分组成，即动力元件、执行元件、控制元件、辅助元件（附件）和液压油。

动力元件的作用是将原动机的机械能转换成液体的压力能。如液压系统中的液压泵，它向整个液压系统提供动力。液压泵的形式一般有齿轮泵（见图7-1）、叶片泵和柱塞泵（见图7-2）。

看一看：
图7-2所示就是液压系统的动力元件，当然还有其他类型的呀。

图 7-1　齿轮泵

图 7-2　柱塞泵

执行元件（如液压缸和液压马达，见图 7-3 和图 7-4）的作用是将液体的压力能转换为机械能，驱动负载做直线往复运动或回转运动。

图 7-3　液压缸

图 7-4　液压马达

控制元件（即各种液压阀）在液压系统中控制和调节液体的压力、流量和方向。根据控制功能的不同，液压阀可分为压力控制阀、流量控制阀和方向控制阀。压力控制阀又分为溢流阀（见图 7-5）、减压阀、顺序阀、压力继电器等；流量控制阀包括节流阀、调整阀、分流集流阀等；方向控制阀包括单向阀、液控单向阀、梭阀、换向阀（见图 7-6）等。根据控制方式的不同，液压阀可分为开关式控制阀、定值控制阀和比例控制阀。

图 7-5　溢流阀

图 7-6　换向阀

辅助元件包括油箱、过滤器（见图 7-7）、油管及管接头、密封圈、快换接头、高压球阀、胶管总成、测压接头、压力表（见图 7-8）、油位油温计等。

液压油是液压系统中传递能量的工作介质，有各种矿物油、乳化液和合成型液压油等几大类。

图 7-7　过滤器

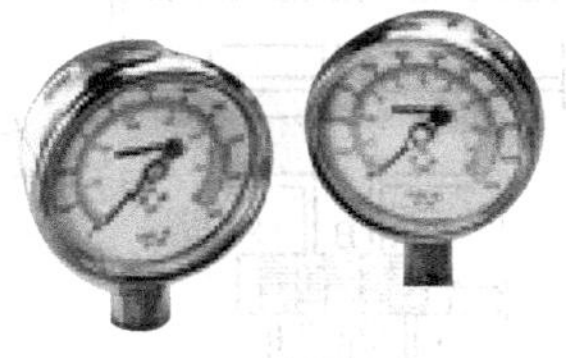

图 7-8　压力表

二、工作原理

1. 液压传动的定义

液压传动是用密封在系统中的**液体作为介质**，把液压能转换为**机械能**，这种只利用液体的压力能来传递或转换机械能的传动称为液压传动。

2. 工作原理

在液压传动中，其能量的传递是利用密闭容器中液体压力能的变化来实现的，其工作原理可以通过液压千斤顶的工作过程来说明，如图 7-9 所示。

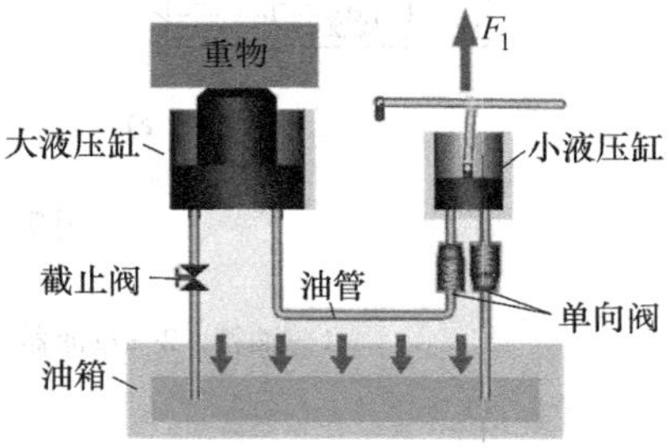

图 7-9　液压千斤顶的工作过程

看一看：
图 7-9 所示就是液压传动的工作过程，大家看看，它是怎么工作的呢？

通过液压千斤顶的工作过程可知：液压传动是依靠液体在密封容积变化中的压力能来实现运动和动力传递的。液压传动装置本质上是一种能量转换装置，它先将机械能转换为便于输送的液压能，然后又将液压能转换为机械能做功。

三、液压传动系统的图形符号

根据国家标准 GB/T 786.1—2009 的规定，每一类液压元件可以用一简单的符号来表示其职能，也称为职能符号。

在机床工作台液压传动系统（见图 7-10）中，以简易磨床液压系统为例说明液压传动系统图形符号的表示方法。换向阀使工作台换向，节流阀与溢流阀共同作用调节工作台的运动速度，再加上油箱、管道、过滤器等保证了系统正常工作。

关于符号的几点说明：

1）由 GB/T 786.1—2009 规定的图形符号为液压元件的标准职能符号。

2）以此符号所表示的液压系统图为液压系统原理图。

3）在液压系统原理图中，职能符号只表示液压元件的种类，不表示元件的实际安装位置，即性能种类。

4）对于具有特殊性能的非标准液压元件，允许用半结构图表示其结构特征。

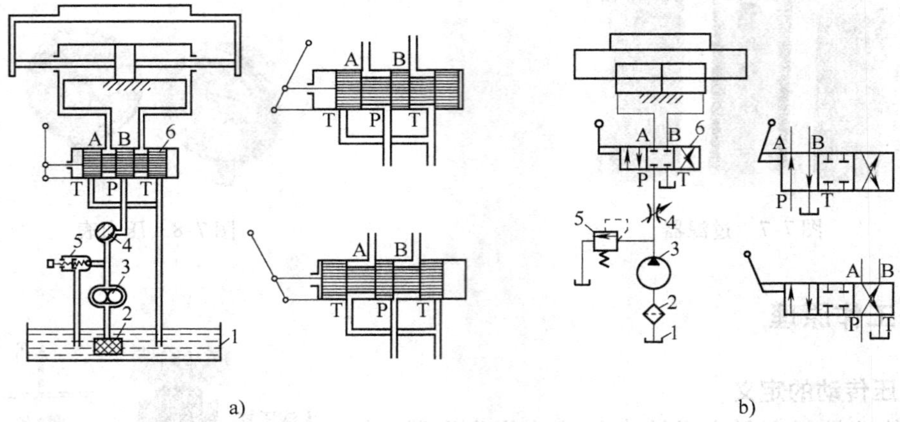

图 7-10　机床工作台液压传动系统

a）半结构图　b）图形符号

1—油箱　2—过滤器　3—液压泵　4—节流阀　5—溢流阀　6—换向阀

第二节　液压传动的特点及应用

知识目标：

1. 液压传动的特点。
2. 液压传动的发展及应用。

技能目标：

1. 了解液压传动的特点。
2. 了解液压传动的应用。

一、液压传动的特点

1. 液压传动的主要优点

与机械传动、电气传动相比，液压传动具有以下优点：

1）液压传动的各种元件可根据需要方便、灵活地来布置。

2）液压传动装置重量轻、体积小、运动惯性小、反应速度快。

3）操纵控制方便，可实现大范围的无级调速。

4）可自动实现过载保护。

5）一般采用矿物油为工作介质，相对运动面可自行润滑，使用寿命长。

6）很容易实现直线运动。

7）容易实现机器的自动化，当采用电液联合控制后，不仅可实现更高程度的自动控制过程，而且可以实现遥控。

2. 液压传动的主要缺点

1）由于流体流动的阻力损失和泄漏量较大，所以效率较低。如果处理不当，泄漏不仅污染场地，而且还可能引起火灾和爆炸事故。

2）工作性能易受温度变化的影响，因此不宜在很高或很低的温度条件下工作。

3）液压元件的制造精度要求较高，因而价格较贵。

4）由于液体介质的泄漏及可压缩性的影响，不能得到严格的定比传动。

5）液压传动出故障时不易找出原因。使用和维修要求有较高的技术水平。

6）油液易被污染。

7）液压传动的传动效率不高，在工作过程中有较多的能量损失。

二、液压传动的应用和发展

1. 应用

液压与气动技术应用在机床、工程机械、冶金机械、塑料机械、农林机械、汽车、船舶、航天航空等各行各业，是自动化技术不可缺少的手段。

2. 主要的发展方向

1）正向着高压、高速、大功率、高效、低噪声、经久耐用、高度集成化的方向发展。

2）与计算机科学相结合。

3）与其他相关科学结合，如污染控制技术、可靠性技术等方面也是当前液压技术发展和研究的方向。

4）开辟新的应用领域。

思考：

1）什么叫液压传动？其本质和特征是什么？

2）液压传动系统由哪些部分组成？其作用各是什么？

第八章

液压元件

第一节　液压动力元件

知识目标：

1. 液压动力元件的作用。
2. 液压动力元件的主要分类。

技能目标：

了解液压泵的工作原理。

液压动力元件起着向液压系统提供动力源的作用，是液压系统不可缺少的核心元件。液压系统以液压泵作为系统提供一定流量和压力的动力元件。液压泵将原动机（电动机或内燃机）输出的机械能转换为工作液体的压力能，是一种能量转换装置。

一、液压泵的工作原理及特点

1. 液压泵的工作原理

液压泵都是依靠密封容积变化的原理来进行工作的，故一般称为容积式液压泵。图 8-1

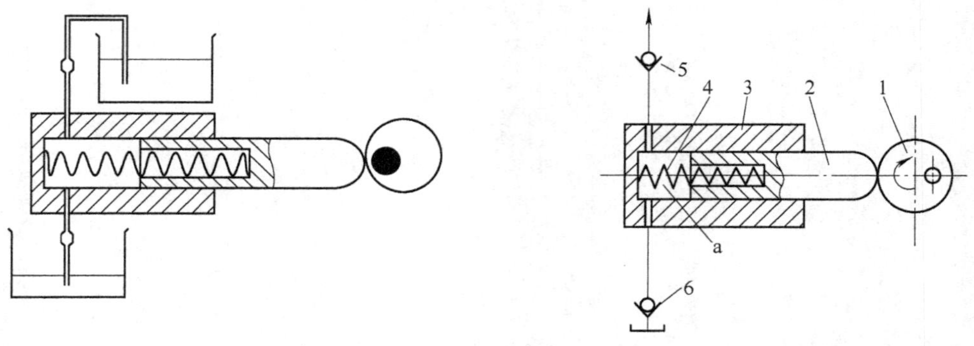

图 8-1　单柱塞液压泵的工作原理

所示为单柱塞液压泵的工作原理。当 a 由小变大时就形成部分真空，油箱中的液压油在大气压作用下，经吸油管顶开单向阀 6 进入油箱 a 而实现吸油；反之，当 a 由大变小时，a 腔中吸满的油液将顶开单向阀 5 流入系统而实现压油。这样液压泵就将原动机输入的机械能转换成液体的压力能，原动机驱动偏心轮不断旋转，液压泵就不断地吸油和压油。

齿轮泵是液压系统中广泛采用的一种液压泵，一般做成定量泵。按结构不同，齿轮泵分为外啮合齿轮泵和内啮合齿轮泵，其中外啮合齿轮泵应用较广。外啮合齿轮泵的工作原理如图 8-2 所示。它是分离三片式结构。

看一看：

大家看看图 8-2 所示的泵是由哪几部分组成的啊？

叶片泵的结构比齿轮泵复杂，但其工作压力较高，且流量脉动小，工作平稳，噪声较小，寿命较长。所以它被广泛应用于机械制造中的专用机床、自动线等中低液压系统中。但其结构复杂，吸油特性不太好，对油液的污染也比较敏感。

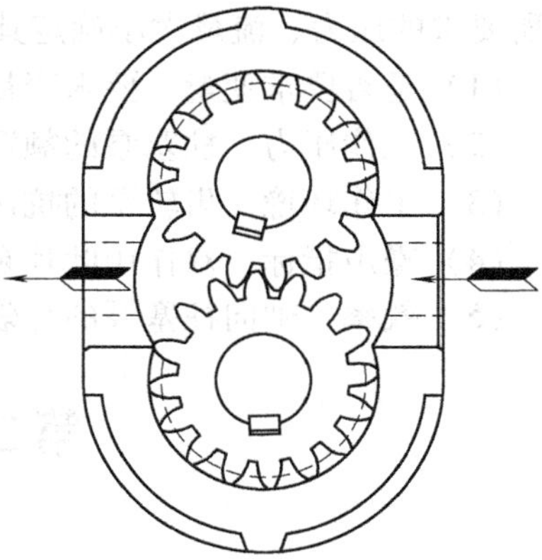

图 8-2　外啮合齿轮泵的工作原理

根据各密封工作容积在转子旋转一周过程中吸、排油液次数的不同，叶片泵分为两类，即完成一次吸、排油液的单作用叶片泵和完成两次吸、排油液的双作用叶片泵。

（1）单作用叶片泵　单作用叶片泵的工作原理如图 8-3 所示。这种叶片泵，转子每转一周，每个工作空间就完成一次吸油和排油，因此称为单作用叶片泵。转子不停地旋转，单作用叶片泵就不断地吸油和排油。

（2）双作用叶片泵　双作用叶片泵的工作原理如图 8-4 所示。双作用叶片泵也是由定子、转子、叶片和配油盘（图 8-4 中未画出）等组成。

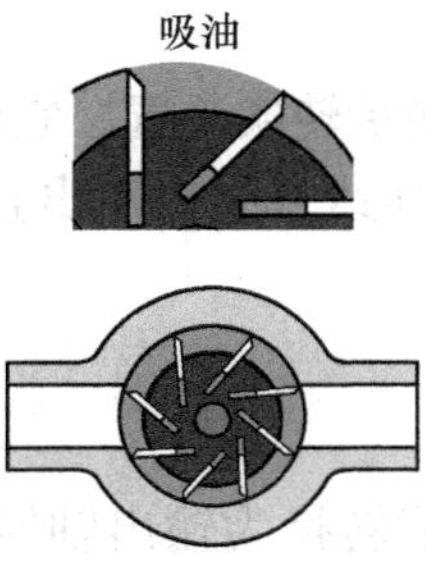

图 8-3　单作用叶片泵的工作原理

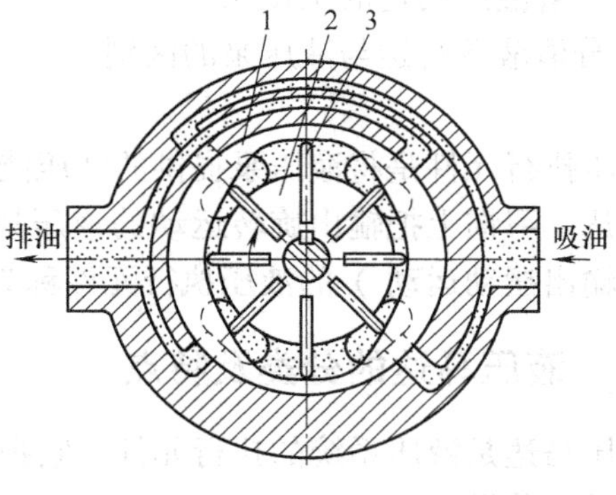

图 8-4　双作用叶片泵的工作原理

1—定子　2—转子　3—叶片

2. 液压泵的特点

1）具有若干个密封且又可以周期性变化的空间。

2）油箱内液体的绝对压力必须恒等于或大于大气压力。

3）具有相应的配流机构将吸油腔和排液腔隔开，保证液压泵有规律并连续地吸、排液体。

二、液压泵的分类和选用

1. 分类

按运动部件的形状和运动方式分为齿轮泵、叶片泵、柱塞泵、螺杆泵。

2. 选用原则

根据主机工况、功率大小和系统对工作性能的要求，首先确定液压泵的类型，然后按系统所要求的压力、流量大小确定其规格型号。

（1）是否要求变量　要求变量时选用变量泵。

（2）工作压力　柱塞泵的额定压力最高。

（3）工作环境　齿轮泵的抗污染能力最好。

（4）噪声指标　双作用叶片泵和螺杆泵属低噪声泵。

（5）效率　轴向柱塞泵的总效率最高。

第二节　液压执行元件

知识目标：

1. 了解液压执行元件的作用。
2. 了解液压执行元件的类型及特点。

技能目标：

1. 了解液压马达的工作原理。
2. 分清液压马达与液压泵的区别。

液压执行元件是将液压泵提供的液压能转变为机械能的能量转换装置，它包括液压缸和液压马达。习惯上把输出旋转运动的液压执行元件称为液压马达，而把输出直线运动（其中包括输出摆动运动）的液压执行元件称为液压缸。

一、液压马达的分类及特点

液压马达是液压系统的执行元件，它把输入油液的压力能转换为输出轴转动的机械能，用来推动负载做功。

1）按结构类型来分，液压马达可分为齿轮式、叶片式、柱塞式等形式，如图 8-5、图 8-6 和图 8-7 所示。

图 8-5　齿轮式液压马达

图 8-6　叶片式液压马达

图 8-7　柱塞式液压马达

2）按额定转速来分，液压马达可分为高速和低速两大类。额定转速高于 500 r/min 的属于高速液压马达，额定转速低于 500 r/min 的属于低速液压马达。

高速液压马达的主要特点是转速高，转动惯量小，便于起动和制动，灵敏度高等。通常高速液压马达输出转矩不大（仅几十牛·米到几百牛·米），所以又称为高速小转矩马达。

低速液压马达的主要特点是输入压力高，排量大，体积大，转速低（每分钟几转甚至零点几转，可在 10r/min 以下平稳运转），输出转矩大（可达几千牛·米到几万牛·米），所以又称为低速大转矩液压马达。

高速马达和低速马达都应用在哪些地方呢？

二、液压马达与液压泵的区别

1）液压马达在工作过程中需要正反转，在结构上具有对称性，并具有单独的泄油口。

2）液压泵由原动机驱动，而液压马达由具有一定压力的液压油驱动，因此时刻要求保证进油腔和排油腔可靠隔离。

3）液压马达不能仅靠切断进、出油口来实现制动，需依靠机械制动装置的辅助实现可靠制动。

4）液压马达必须有较大的起动转矩，要求保证初始密封性。例如，叶片式液压马达必须在叶片根部装上弹簧，使叶片始终贴紧定子内表面，以使液压马达能正常起动。

5）液压泵在结构上需保证具有自吸能力，而液压马达就没有这一要求。

现在大家知道液压马达与液压泵的区别了吧。

三、液压缸典型结构和组成

液压缸是液压系统中的一种执行元件，其功能就是将液压能转变成直线往复式运动的机械能。

图 8-8 所示为较常用的双作用单活塞杆液压缸。它是由缸底、缸筒、缸盖兼导向套、活塞和活塞杆等组成。

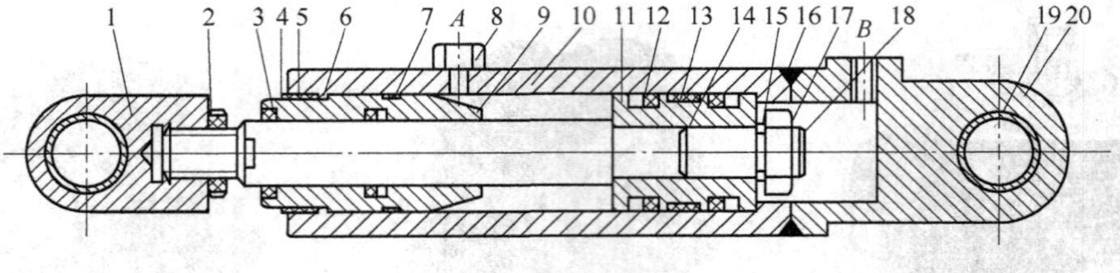

图 8-8　双作用单活塞杆液压缸

1—耳环　2—螺母　3—防尘圈　4、17—弹簧挡圈　5—套　6、15—卡键　7、14—O 形密封圈　8、12—Y 形密封圈　9—缸盖兼导向套　10—缸筒　11—活塞　13—耐磨环　16—卡键帽　18—活塞杆　19—衬套　20—缸底

从上面所述的液压缸典型结构中可以看到，液压缸的结构基本上可以分为缸体组件（缸体、端盖）、活塞组件（活塞和活塞杆等）、液压缸的密封装置、缓冲装置、排气装置五个部分。

思考：

1）液压泵分为哪几类?

2）液压缸由哪几部分组成?

3）液压缸与液压马达有哪些区别?

第三节　液压控制阀

知识目标：

1. 液压控制阀的作用。
2. 液压控制阀的类型及特点。

技能目标：

1. 了解液压控制阀的作用。
2. 了解液压控制阀的类型及特点。

一、液压控制阀的作用

液压控制阀是液压系统中用来控制液流方向、压力和流量的元件。借助于这些阀，能对液压执行元件的起动和停止、运动方向和运动速度、动作顺序和克服负载的能力等进行调节与控制，使各类液压机械都能按要求协调地工作。

二、压力控制阀

1. 概述

在液压传动系统中，控制油液压力高低或利用压力实现某些动作的液压阀统称为压力控制阀，简称为压力阀。

2. 溢流阀

溢流阀是通过阀口的溢流，使被控制系统或回路的压力维持恒定，实现稳压、调压或限压作用。

图 8-9a 所示为锥阀式直动型溢流阀的结构。当进油口 P 从系统接入的油液压力不高时，锥阀芯被弹簧紧压在阀体的孔口上，阀口关闭。当进口油压升高到能克服弹簧阻力时，便推开锥阀芯使阀口打开，油液就由进油口 P 流入，再从回油口 T 流回油箱（溢流），进油压力也就不会继续升高。

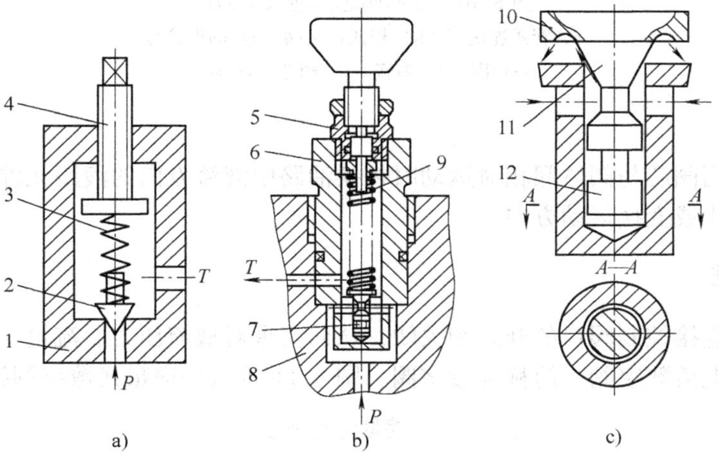

图 8-9 直动型溢流阀

a）锥阀式直动型溢流阀的结构 b）DBD 型直动型溢流阀的结构 c）阀芯局部放大图

1—阀体 2—锥阀芯 3、9—弹簧 4—调节螺钉 5—上盖 6—阀套 7—阀芯 8—插块阀体

10—偏流盘 11—阀锥 12—阻尼活塞

三、流量控制阀

流量控制阀通过改变节流口面积的大小来改变通过阀的流量。在液压系统中，流量控制阀的作用是对执行元件的运动速度进行控制。常见的流量控制阀有节流阀、调速阀等。

对流量控制阀的主要要求是：具有足够的调节范围，能保证稳定的最小流量，温度和压力变化对流量的影响要小，调节方便，泄漏量小等。

四、方向控制阀

方向控制阀是控制和改变液压系统中各油路之间液流方向的阀。方向控制阀可分为单向阀和换向阀两大类。

1. 单向阀

单向阀是用以防止油液倒流的元件。普通单向阀的作用是使液体只能向一个方向流动，反向截止。图 8-10a、b 所示均为普通直通式单向阀，只是连接方式不同。其工作原理为：当液压油从 P_1 口流入时，液压油推动阀芯，压缩弹簧，液压油从 P_2 口流出。当液压油从 P_2 口流入时，阀芯锥面紧压在阀体的结合面上，油液无法通过。图 8-10c 为普通单向阀的图形符号。

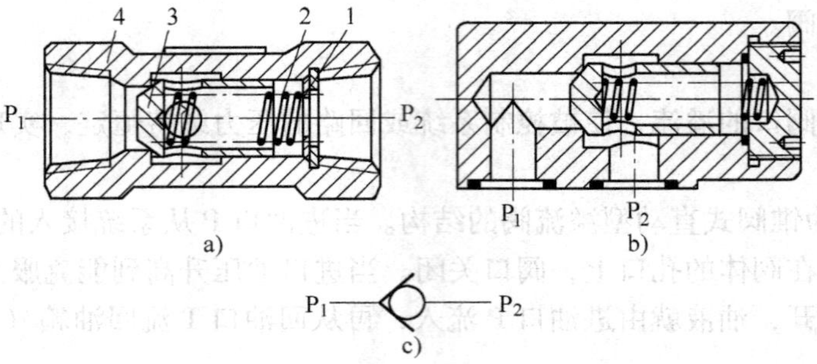

图 8-10　锥形阀芯直通式单向阀

a）管式连接阀　b）板式连接阀　c）图形符号

1—挡圈　2—弹簧　3—阀芯　4—阀体

2. 换向阀

换向阀是利用阀芯与阀体间相对运动时切换油路中液流方向的液压元件，用以使液压执行元件起动、停止或变换运动方向。

五、数字阀

用数字信息直接控制阀口的开启和关闭，从而实现对液流压力、流量、方向进行控制的液压控制阀称为电液数字阀，简称为数字阀。图 8-11 所示为增量式数字阀控制系统框图。

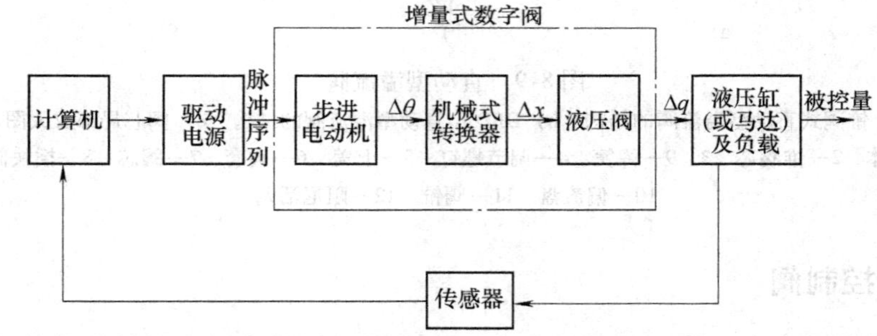

图 8-11　增量式数字阀控制系统框图

思考：

1）液压控制阀分为哪几类？

2）简述各种阀的区别。

第四节　辅 助 元 件

知识目标：

1. 了解辅助元件的作用。

2. 辅助元件的类型及特点。

技能目标：

1. 区分各种辅助元件。
2. 了解选用辅助元件的方法。

在液压系统中，蓄能器、过滤器、油箱、热交换器、管件等元件属于辅助元件。这些元件的结构比较简单，功能也较单一，但对液压系统的工作性能、噪声、温升、可靠性等，都有直接的影响。

一、油管

液压系统中使用的油管种类较多，有钢管、铜管、尼龙管、塑料管、橡胶管等（见图8-12），在选用时要考虑液压系统压力的高低、液压元件安装的位置、液压设备工作的环境等因素。

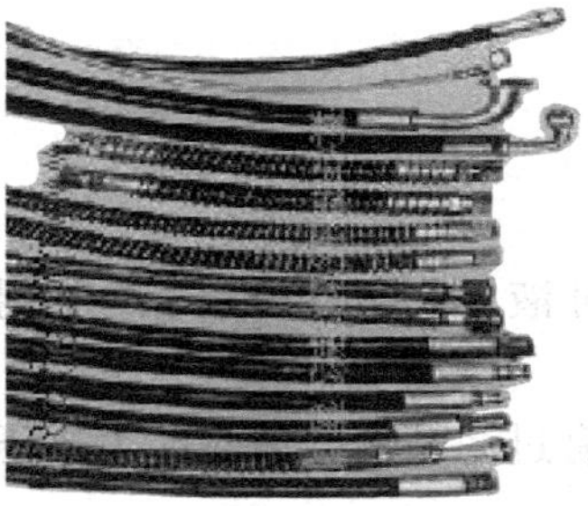
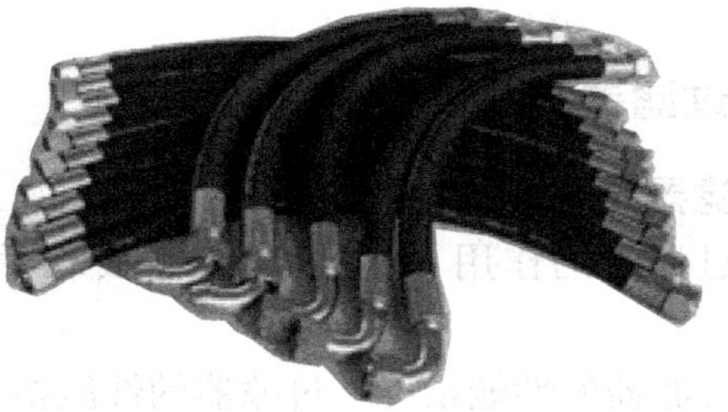

图 8-12 油管

二、管接头

管接头是连接油管与液压元件或阀板的可拆卸的连接件。管接头应满足拆装方便、密封性好、连接牢固、外形尺寸小、压降小、工艺性好等要求。

如图 8-13 所示的球形管接头具有密封性好、结构简单、耐压性强高等优点；缺点是焊接较麻烦，适用于高压厚壁钢管的连接。

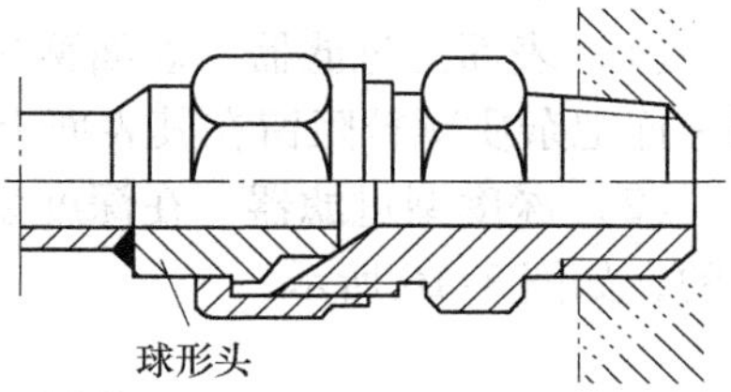

图 8-13 球形管接头

三、油箱

油箱的主要作用是储存油液，同时油箱体还具有散热、沉淀污物、析出油液中渗入的空气以及作为安装平台等作用。

油箱可分为开式结构和闭式结构两种。开式结构油箱中的油液具有与大气相通的自由液面，多用于各种固定设备；闭式结构油箱中的油液与大气是隔绝的，多用于行走设备及车辆。焊接式油箱如图 8-14 所示。

看一看：

大家看一看汽车上的油箱也是像图 8-14 所示的那样吗？

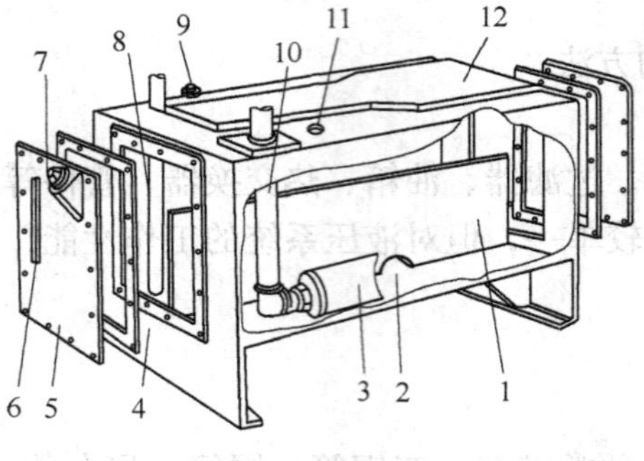

图 8-14　焊接式油箱

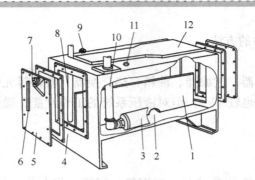

1—隔板　2—放油口　3—过滤器　4—侧板　5—侧盖板　6—油位计　7—注油口　8—回油管　9—排泄油管　10—吸油管　11—装空气滤清器通孔　12—安装台

四、过滤器

1. 过滤器的作用及性能

（1）过滤器的作用　过滤器的主要作用就是对液压油进行过滤，控制油的洁净程度。

（2）过滤器的性能指标　过滤器的性能指标主要有过滤精度、通流能力、压力损失等，其中过滤精度为主要指标。

2. 过滤器的类型

按过滤精度分为粗过滤器和精过滤器；按过滤方式可分为表面型过滤器、深度型过滤器和中间型过滤器。

（1）表面型过滤器　表面型过滤器的滤芯表面与液压介质接触，这种过滤器材料像筛网一样把杂质颗粒阻留在其表面上，如图 8-15 所示。

（2）深度型过滤器　在深度型过滤器中，油液要流经有复杂缝隙的路程以达到过滤的目的，如图 8-16 所示。

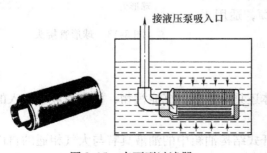

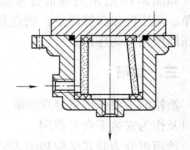

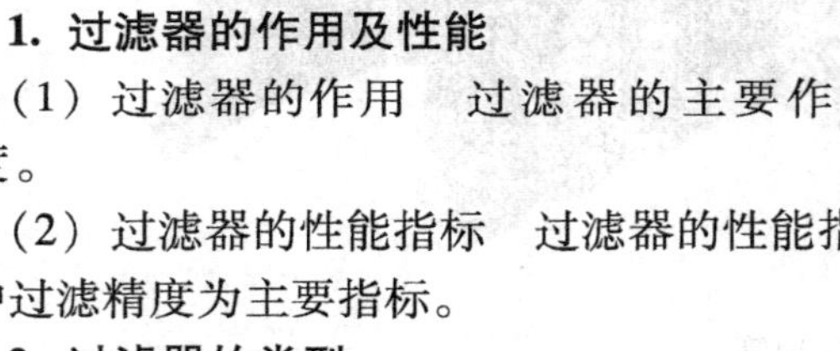

图 8-15　表面型过滤器

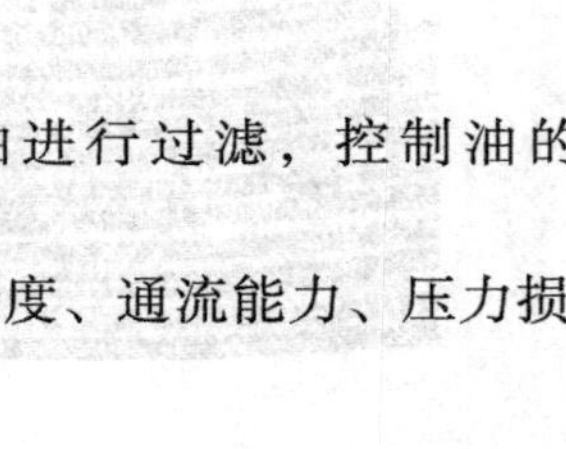

图 8-16　深度型过滤器

五、蓄能器

1. 蓄能器的作用

1）短时大量供油。

2）维持系统压力。

3）吸收液压冲击和脉动。

2. 蓄能器的类型与结构

（1）活塞式蓄能器　利用在缸筒中浮动的活塞把缸中液压油和气体隔开。如图 8-17 所示，活塞式蓄能器的活塞上装有密封圈，活塞的凹部面向气体，以增加气体室的容积。活塞式蓄能器结构简单，安装维修方便，但如果活塞的密封问题不能完全解决，气体就容易漏入液压系统中，并且会由于活塞的惯性和密封件的摩擦力而使活塞动作不够灵敏。

（2）囊隔式充气蓄能器　工作前，从充气阀向气囊内充一定压力的惰性气体（见图 8-18）。囊隔式充气蓄能器惯性小，反应灵敏，且结构小，重量轻，应用非常广泛。

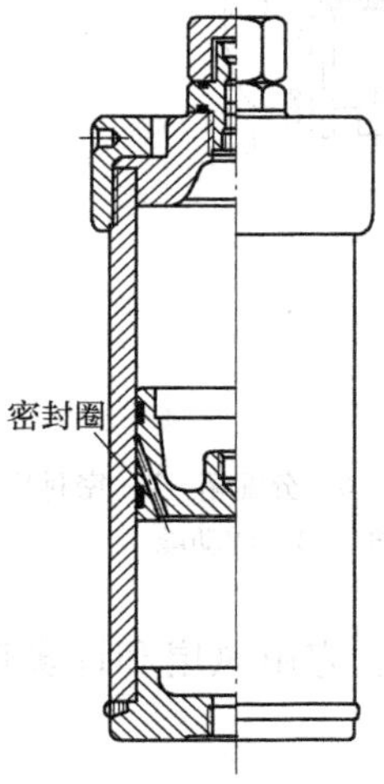

图 8-17　活塞式蓄能器

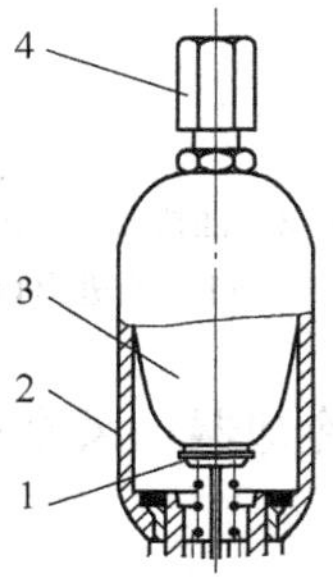

图 8-18　囊隔式充气蓄能器

1—菌形阀　2—壳体　3—气囊　4—充气阀

六、热交换器

在液压系统工作时，液压油的温度应保持在 15 ~ 65℃。油温过高时将使油液迅速变质，同时油液的粘度下降，系统的效率降低；油温过低时则使油液的流动性变差，系统压力损失加大，泵的自吸能力降低。因此，保持油温在正常范围是液压系统正常工作的必要条件。因受车辆负荷等因素的限制，有时靠油箱本身的自然调节无法满足油温的需要，需要借助外界设施满足设备油温的要求。热交换器就是最常用的温控设施。热交换器分为冷却器和加热器两类。

1. 冷却器

一般来说，油箱散热面积不够时必须采用冷却器来抑制油温的原因如下：

1）因机械整体的体积和空间使油箱的大小受到限制。

2）因经济上的原因，需要限制油箱的大小等。

3）要把液压油的温度控制得更低。

冷却器可分为水冷式和风冷式两大类。

（1）水冷式油冷却器　水冷式油冷却器通常都采用壳管式，由装置在一个外壳里的一束小管子（冷却管）构成。

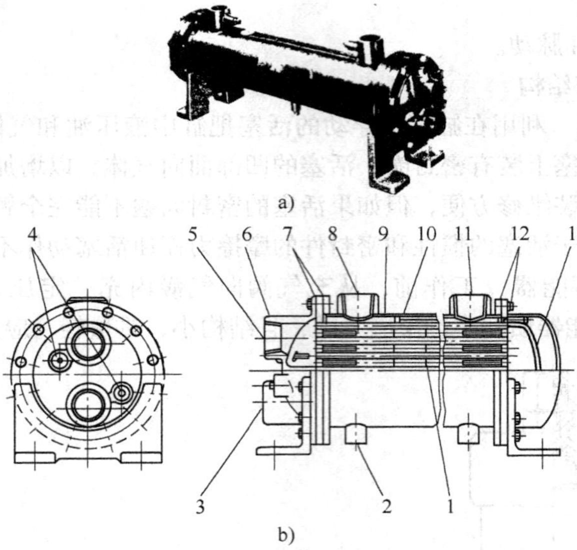

图 8-19　水冷式油冷却器

a）外形　b）结构

1—隔板　2—油排出口　3、5—冷却液进出口　4—防锈芯棒　6—分配箱　7—密封垫　8、11—油进出口　9—外壳　10—管束　12—密封垫　13—游动端

（2）风冷式油冷却器　风冷式油冷却器如图 8-20 所示。它由风扇和许多带散热片的管子构成。

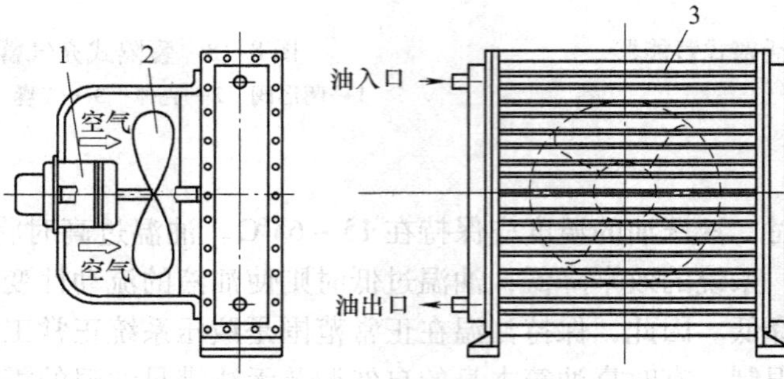

图 8-20　风冷式油冷却器

1—电动机　2—风扇　3—冷却管

看一看：

大家看一看，汽车的哪个部分用到的是图 8-20 所示的风冷式油冷却器呀？

水冷式油冷却器和风冷式油冷却器的区别是什么？哪种更好呢？

2. 加热器

液压系统中所使用的加热器一般采用电加热方式。电加热器结构简单，控制方便，可以设定所需温度，温控误差较小。但电加热器的加热管直接与液压油接触，易造成箱体内油温不均匀，有时还会加速油质裂化，因此，可设置多个加热器，并且控制箱体内油温不宜过高。

七、密封装置

密封是解决液压系统泄漏问题的有效手段之一。当液压系统的密封不好时，会因外泄漏而污染环境，还会造成空气进入液压系统而影响液压泵的工作性能和液压执行元件运动的平稳性。当内泄漏严重时，会造成系统容积效率过低及油液温升过高，以致系统不能正常工作。

思考：

1）液压控制系统辅助元件的种类有哪些？

2）油管的种类有哪些？

第九章

液压回路

第一节　压力控制回路

知识目标：

了解压力控制回路的作用、类型及特点。

技能目标：

能够区分各种控制回路。

压力控制回路用压力阀来控制和调节液压系统主油路或某一支路的压力，以满足执行元件速度换接回路所需力或力矩的要求。利用压力控制回路可对系统进行调压（稳压）、减压、增压、卸荷、保压与平衡等各种控制。

一、调压及限压回路

当液压系统工作时，液压泵应向系统提供所需压力的液压油，同时，又能节省能源，减少油液发热，提高执行元件运动的平稳性。

调压回路分为以下三类：

1）单级调压回路，如图 9-1a 所示。

2）二级调压回路，如图 9-1b 所示。

3）多级调压回路，如图 9-1c 所示。

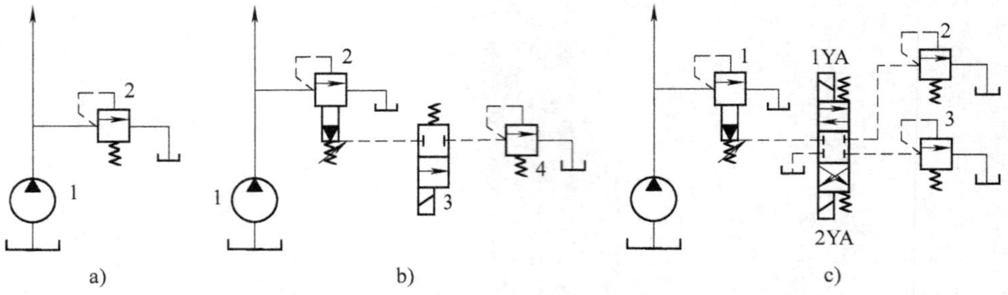

图 9-1　调压回路

二、减压回路

当泵的输出压力是高压而局部回路或支路要求低压时，可以采用减压回路。减压回路较为简单，一般是在所需低压的支路上串接减压阀。采用减压回路虽能方便地获得某支路稳定的低压，但液压油经过减压阀口时要产生压力损失，这是它的缺点。减压回路如图 9-2 所示。

三、增压回路

如果系统或系统的某一支油路需要压力较高但流量又不大的液压油，而采用高压泵又不经济，或者根本没有必要增设高压力的液压泵，就常采用增压回路。这样不仅易于选择液压泵，而且系统工作较可靠，噪声小。增压回路中提高压力的主要元件是增压器。

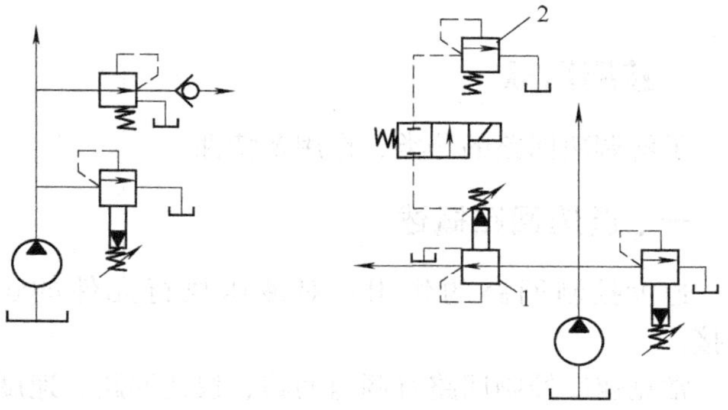

a)　　b)

图 9-2　减压回路

图 9-3a 所示为利用增压器的单作用增压回路。图 9-3b 所示的采用双作用增压器的增压回路。

四、卸荷回路

在液压系统工作过程中，有时执行元件短时间停止工作，在这种情况下，不需要液压泵输出液压油，或只需要很小流量的液压油，于是液压泵输出的液压油全部或绝大部分从溢流阀流回油箱，造成能量的无谓消耗，引起液压油发热，使液压油加快变质，而且还影响液压系统的性能及液压泵的寿命。为此，需要采用卸荷回路。

换向阀卸荷回路 M 型、H 型和 K 型中位机能的三位换向阀处于中位时，泵即卸荷。图 9-4 所示为采用 M 型中位机能的电液换向阀的卸荷回路。这种回路切换时压力冲击小，但回路中必须设置单向阀，以使系统能保持 0.3MPa 左右的压力，供操纵控制油路之用。

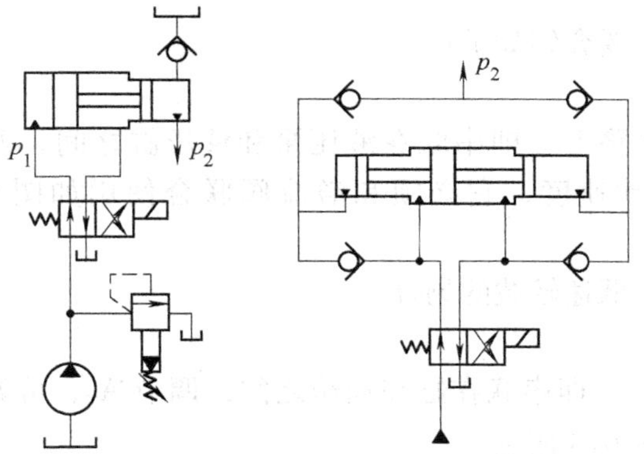

a)　　b)

图 9-3　增压回路

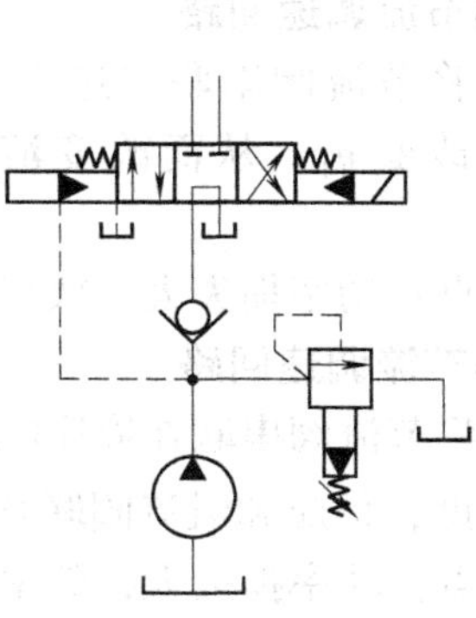

图 9-4　M 型中位机能卸荷回路

第二节　速度控制回路

知识目标：

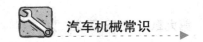

各种速度控制回路的作用、类型及特点。

技能目标：

了解调速回路的分类、作用及特性。

一、调速回路概述

速度控制回路的作用：对液压执行元件的运动速度进行调节、控制或进行速度换接。

常见速度控制回路有调速回路、快速回路、速度换接回路等。

调速回路的调速方法有节流调速、容积调速、联合调速（容积节流调速）。

节流调速按流量阀安装位置不同可分为进油路节流调速、回油路节流调速、旁油路节流调速。

容积调速按所用执行元件不同可分为变量泵与定量执行元件的容积调速、定量泵与变量马达的容积调速、变量泵与变量马达的容积调速。

> 呵呵，大家看看，调速回路是有很多分类方法的啊。

二、节流调速回路

节流调速回路由定量泵供油，用流量控制阀改变进入执行元件的流量来实现调速。

工作原理：通过改变流量控制阀阀口的通流面积来控制流进或流出执行元件的流量，以调节其运动速度。

采用节流阀的进油、回油节流调速回路主要介绍如下：

1. 进油节流调速回路

特征：将节流阀串联在进入液压缸的油路上，即串联在液压泵和液压缸之间，调节 A 节，即可改变 q_1，从而改变液压缸的运动速度，它必须和溢流阀联合使用如图 9-5 所示。

回路特点：功率损失大，效率低，适用于低速轻载的场合。

2. 回油节流调速回路

特征：将节流阀串联在液压缸的回油路上，即串联在缸和油箱之间，调节 A_T，可调节 q_2 以改变速度，仍应和溢流阀联合使用，如图 9-6 所示。

回路特点：功率损失大，效率更低，适用于低速轻载场合。

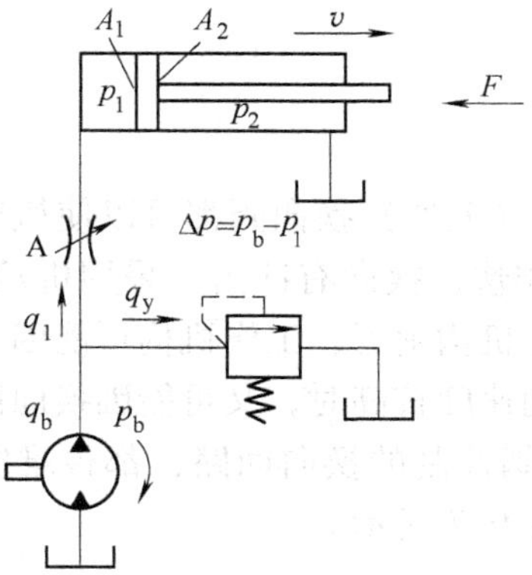

图 9-5 进油节流调速回路

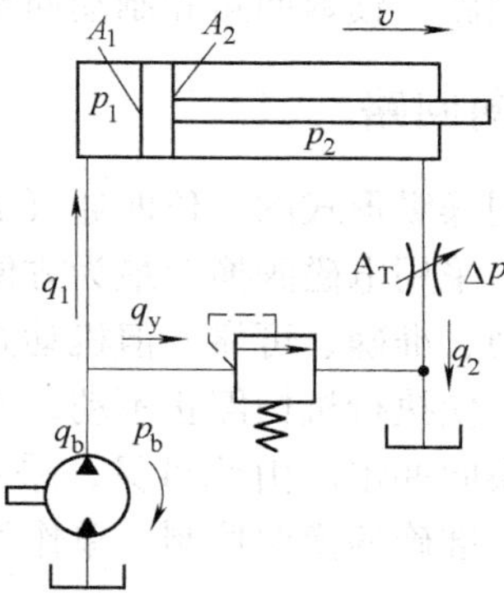

图 9-6 回油节流调速回路

大家想想，实际生产、生活中有哪些场合应用到这些节流调速回路了？进油和回油回路有哪些区别呢？

三、容积调速回路

容积调速回路是通过改变液压泵或液压马达的排量，使液压泵的全部流量直接进入执行元件来调节执行元件的运动速度的，适用于大功率液压系统。

容积调速回路按油路循环的方式不同分为开式回路和闭式回路。

思考：

1）压力控制回路的区别、种类有哪些？

2）各种调速回路的区别有哪些？

第三节 方向控制回路

知识目标：

1. 方向控制回路的作用、类型及特点。
2. 方向控制回路的种类。

技能目标：

了解各种方向控制回路的区别、作用。

液压执行元件除了在输出速度或转速以及输出力或转矩方面有要求外，对运动方向、停止及停止后的定位等性能也有不同的要求。通过控制进入执行元件液流的通断或变向来实现液压系统执行元件的起动、停止或改变运动方向的回路称为方向控制回路。常用的方向控制回路有换向回路、锁紧回路和制动回路。

一、换向回路

采用不同操纵形式的二位四通（五通）、三位四通（五通）换向阀都可以使执行元件直接实现换向。采用电磁阀换向最为方便，但电磁阀动作快，换向有冲击。采用机动阀换向，换向过程平稳、准确、可靠，但机动阀必须安装在工作机构附近，工作机构可能因失去动力而停止运动，使执行机构停止不动，而当工作机构运动速度较高时，又可能因换向阀芯移动过快而引起换向冲击。由此可见，采用任何单一换向阀控制的换向回路，都很难实现高性能、高精度、准确的换向控制。单作用缸换向回路如图 9-7 所示。

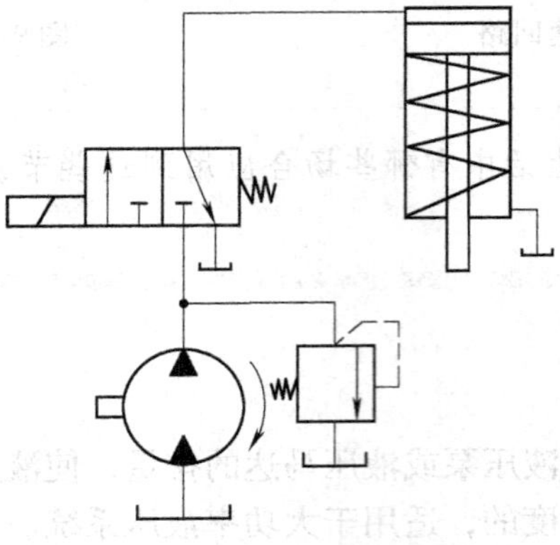

图 9-7　单作用缸换向回路

看一看：

大家看一看，图 9-7 所示换向油路和我们上一节学到的有什么区别呢？

二、锁紧回路

锁紧回路的功能是通过切断执行元件的进油、出油通道来使它停在任意位置，并防止停止运动后因外界因素而发生窜动、下滑现象。最常用的方法是采用液控单向阀作锁紧元件，如图 9-8 所示。

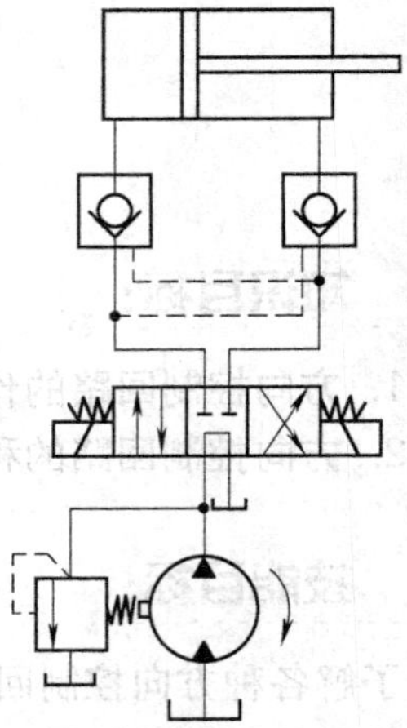

图 9-8　液控单向阀锁紧回路

三、制动回路

制动回路的功能在于使执行元件平稳地由运动状态转换成静止状态。要求其对油路中出现的异常高压和负压的情况能作出迅速反应，并应使制动时间尽可能短，冲击尽可能小。图 9-9a所示为采用溢流阀的液压缸制动回路。图 9-9b 所示为采用溢流阀的液压马达制动回路。

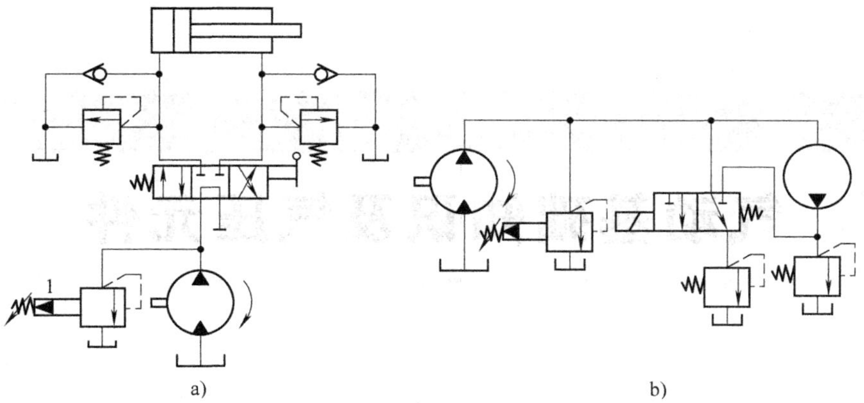

图 9-9　采用溢流阀的制动回路

思考:

1）方向控制回路是怎么分类的?

2）举例说明各种方向控制回路的实际应用。

第十章

气动基础知识及气压元件

第一节　气动基础知识

知识目标：

1. 了解空气的有关知识。
2. 了解气动系统的工作原理。

技能目标：

1. 了解空气性质。
2. 了解气动的优缺点。
3. 了解气动系统的组成和分类。

一、空气的物理性质

要了解和正确设计气压传动系统，首先必须了解空气的性质，掌握气压传动的基本概念及有关计算。

空气是我们每天都呼吸的，但是你们了解它吗？

1. 空气的组成

空气的主要成分有氮气、氧气，一般含有一定量的水蒸气。含水蒸气的空气称为湿空气，不含水蒸气的空气称为干空气。

2. 气体的基本状态参数

气体参数有温度 T、体积 V、压力 p、热力学能、焓、熵。气体基本状态参数有温度 T、体积 V、压力 p。

3. 空气的密度

空气密度是指单位体积内空气的质量，用 ρ 表示，即

$$\rho = \frac{m}{V}$$

式中　ρ——空气密度（kg/m^3）；

m——空气质量（kg）；

V——空气体积（m^3）。

4. 粘性

空气的粘性是指空气质点相对运动时产生阻力的性质。它主要受温度变化的影响，且随温度的升高而增大，压力变化的影响可忽略不计。

二、气压传动的组成及工作原理

气压传动是以压缩空气为工作介质进行能量传递和信号传递的一门技术。气压传动的工作原理是利用空压机把电动机或其他原动机输出的机械能转换为空气的压力能，然后在控制元件的作用下，通过执行元件把压力能转换为直线运动形式或回转运动形式的机械能，从而完成各种动作，并对外做功。由此可知，气压传动系统和液压传动系统类似。气压传动及控制系统的组成如图 10-1 所示。

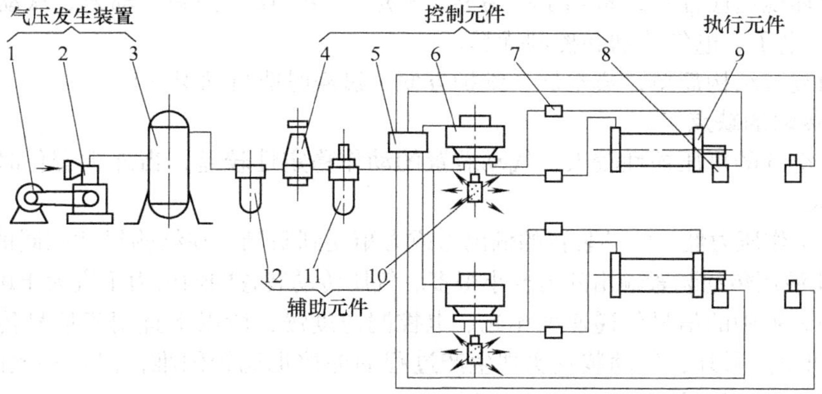

图 10-1　气压传动及控制系统的组成

1—电动机　2—空气压缩机　3—气罐　4—压力控制阀　5—逻辑元件　6—方向控制阀　7—流量控制阀　8—行程阀　9—气缸　10—消声器　11—油雾器　12—带手动排水分离器的过滤器

（1）气源装置　它是获得压缩空气的装置，其主体部分是空气压缩机。它将原动机供给的机械能转变为气体的压力能。

（2）控制元件　它是用来控制压缩空气的压力、流量和流动方向的，以便使执行机构完成预定的工作循环。它包括各种压力控制阀、流量控制阀和方向控制阀等。

（3）执行元件　它是将气体的压力能转换成机械能的一种能量转换装置。它包括实现直线往复运动的气缸和实现连续回转运动或摆动气马达等。

（4）辅助元件　它是保证压缩空气的净化、元件的润滑、元件间的连接及消声等所必需的。它包括过滤器、油雾器、管接头及消声器等。

我们平时玩的气枪也是利用气压传动原理，大家想想还有什么运用了气压传动原理。

三、气压传动的特点

气动技术在国外发展很快，在国内也被广泛应用于机械、电子、轻工、纺织、食品、医药、包装、冶金、石化、航空、交通运输等各个工业部门。气动机械手、组合机床、加工中心、自动生产线、自动检测和实验装置等已大量涌现，它们在提高生产效率、自动化程度、产品质量、工作可靠性和实现特殊工艺等方面显示出极大的优越性。这主要是因为气压传动与机械传动、电气传动、液压传动相比有以下特点：

1. 气压传动的优点

1）工作介质是空气，与液压油相比可节约能源，而且取之不尽、用之不竭。气体不易堵塞流动通道，使用以后可将其随时排入大气中，不污染环境。

2）相对液压传动而言，气压传动动作迅速、反应快。

3）气体压力具有较强的自保持能力。

4）气动元件可靠性高、寿命长，可运行2000～4000万次。

5）工作环境适应性好，特别是在易燃、易爆、多尘埃、强磁、辐射、振动等恶劣环境中，比液压、电子、电气传动和控制优越。

6）气动装置结构简单，成本低，维护方便，过载时能自动保护。

2. 气压传动的缺点

1）由于空气的可压缩性较大，气动装置的动作稳定性较差，当外载变化时，对工作速度的影响较大。

2）由于工作压力低，气动装置的输出力或力矩受到限制。在结构尺寸相同的情况下，气压传动装置比液压传动装置输出的力要小得多。气压传动装置的输出力不宜大于10～40kN。

3）气动装置中的信号传递速度比光、电控制速度慢，所以不宜用于信号传递速度要求较高的复杂回路。另外，气动装置实现生产过程的遥控也比较困难，但对一般的机械设备，气动信号的传递速度是能满足工作要求的。

4）噪声较大，在超音速排气时要加消声器。

第二节　气 源 装 置

知识目标：

了解几种气源装置。

技能目标：

1. 气动马达的作用。
2. 气源装置的选用。

驱动各种气动马达设备进行工作的动力是由气源装置提供的。气源装置的主体是空气压缩机。由于空气压缩机产生的压缩空气所含的杂质较多，因而不能直接为气动马达设备所用，因此，通常所说的气源装置还包括气源净化装置。

一、空气压缩机

1. 作用

空气压缩机是将机械能转换成气体压力能的装置。

2. 工作原理

图 10-2 所示为活塞式空气压缩机的工作原理图。图 10-2 中曲柄作回转运动，通过连杆、活塞杆，带动气缸活塞做直线往复运动。图 10-2 所示仅为一个活塞和一个缸的空气压缩机，大多数空气压缩机是多缸与多活塞的组合。

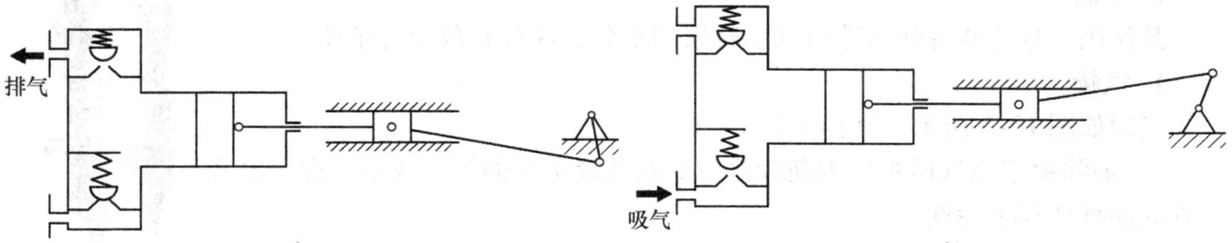

a)　　　　b)

图 10-2　活塞式空气压缩机的工作原理

a）排气过程　b）吸气过程

看一看：

图 10-2 活塞式空气压缩机是不是像发动机的气缸呢？

3. 结构类型

空气压缩机按工作原理可分为容积型和速度型两种类型。通过缩小气体的容积来提高气体压力的方法称为容积型空气压缩机。容积型空气压缩机按结构原理分为往复式（活塞式和膜片式等）和旋转式（滑片式和螺杆式等）。

（1）膜片式空气压缩机　膜片式空气压缩机（见图 10-3）能提供压力为 0.5MPa 的压缩空气。它由于完全没有油，因此广泛用于医疗器械等工业中。在工作时，膜片使气室容积发生变化，在下行程时吸进空气，上行程时压缩空气。

（2）螺杆式空气压缩机　螺杆式空气压缩机（见图 10-4）工作时，两个吻合的螺旋转子以相反的方向运动，它们中间的自由空间的容积沿轴向减少，从而压缩两个转子间的空气；利用喷油来润滑和密封两旋转的螺杆，油分离器将油与输出空气分开。

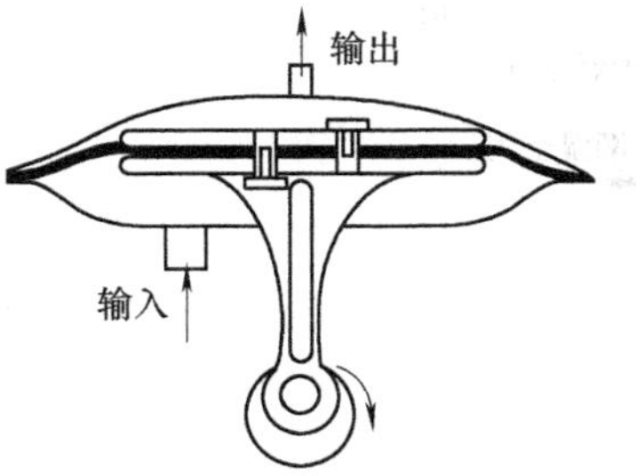

图 10-3　膜片式空气压缩机

图 10-4　螺杆式空气压缩机

二、气源净化装置

1. 作用

在气动马达传动中使用的低压空气压缩机多采用油润滑。它排出的压缩空气与吸入的灰尘混合，形成了水汽、油气和灰尘等混合杂质。如果将含有这些杂质的压缩空气直接输送给气动设备（如气动马达）使用，就会给整个系统带来极坏的影响。由此可见，在气动马达传动系统中，设置除水、除油、除尘和干燥等气源净化装置，对保证气动系统正常工作是十分必要的。在某些特殊场合，压缩空气还需经过多次净化后才能使用。

2. 除油器

其作用是分离并排除压缩空气中凝聚的水分、油分和灰尘等杂质。

3. 气罐

气罐如图 10-5 所示。其作用如下：

1）消除由于空气压缩机因断续排气而对系统引起的压力波动，保证输出气流的连续性和平稳性。

2）储存一定数量的压缩空气，以备发生故障或临时需要时应急使用。

3）进一步分离压缩空气中的油、水等杂质。

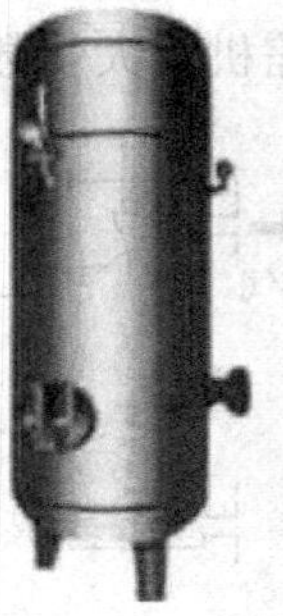

图 10-5　气罐

看一看：

大家看一看图 10-5 所示气罐像什么啊？

4. 空气干燥器

用于干燥空气的方法是降低露点，到这个温度后，空气湿度达到饱和（即 100% 相对湿度）。露点越低，留在压缩空气中的水分就越少。

空气干燥器有三种主要形式，即吸收式、吸附式和冷冻式，如图 10-6 所示。

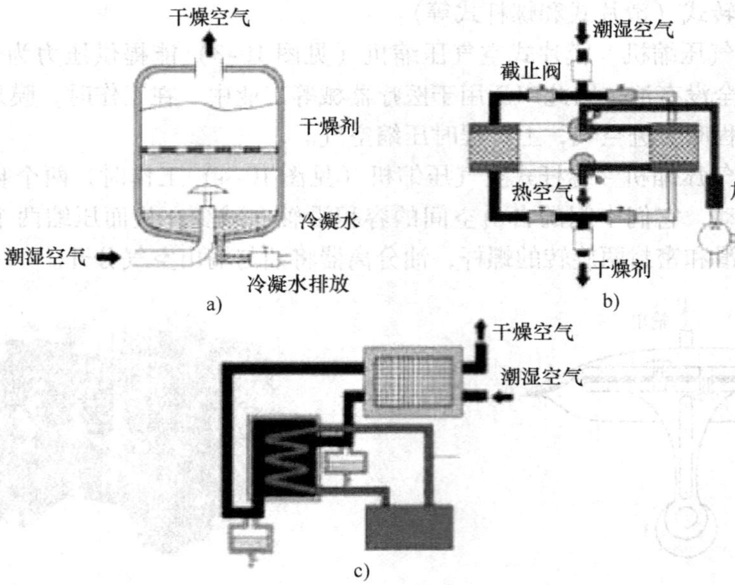

图 10-6　空气干燥器

a）吸收式空气干燥器　b）吸附式空气干燥器　c）冷冻式空气干燥器

气源净化装置和辅助元件的图形符号如图 10-7 所示。

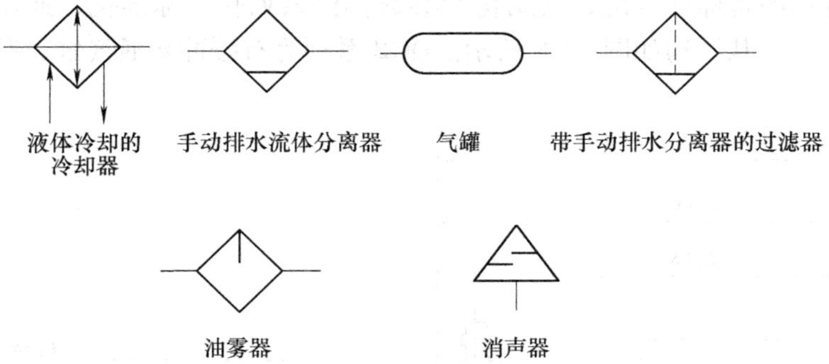

图 10-7　气源净化装置和辅助元件的图形符号

三、油雾器

油雾器是以压缩空气为动力，将润滑油喷射成雾状并混合于压缩空气中，使该压缩空气具有润滑气动元件的能力。目前，气动控制阀、气缸和气马达主要是靠这种带有油雾的压缩空气来实现润滑的，其优点是方便、干净，润滑质量高。

思考：

1）气动系统是由哪几部分组成的？如何分类？

2）气源装置分为哪几类？

3）如何选用空气压缩机？

第三节　气动执行元件

知识目标：

了解几种气动执行元件。

技能目标：

1. 区分气缸和气马达。
2. 了解气马达的特点。

气动执行元件是将压缩空气的压力能转换为机械能的装置。它包括气缸和气马达。气缸用于直线往复运动或摆动，气马达用于实现连续回转运动。

一、气缸

气缸是气动系统的执行元件之一。气缸按活塞承受气体压力是单向还是双向可分为单作用气缸和双作用气缸，按安装形式可分为固定式气缸、轴销式气缸和回转式气缸。

目前最常选用的是标准气缸，其结构和参数都已系列化、标准化、通用化。QGA 系列为无缓冲普通气缸，其结构如图 10-8 所示。QGB 系列为有缓冲普通气缸，其结构如图 10-9 所示。

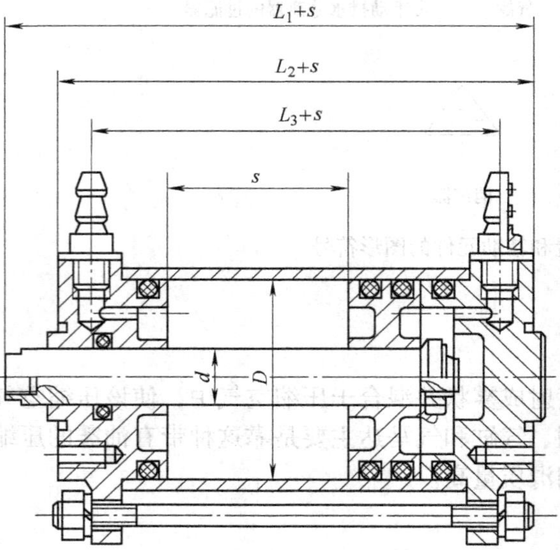

图 10-8　QGA 系列无缓冲普通气缸的结构

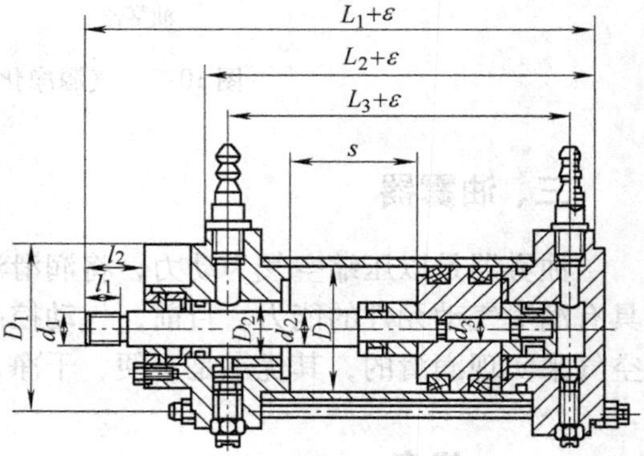

图 10-9　QGB 系列有缓冲普通气缸的结构

思考：

两种气缸有什么区别呢?

二、气马达

气马达也是气动执行元件的一种。它的作用相当于电动机或液压马达，即输出力矩，拖动机构做旋转运动。

1. 气马达的分类及特点

气马达按结构可分为叶片式气马达、活塞式气马达和齿轮式气马达等。其中，最为常见的是活塞式气马达和叶片式气马达。

与液压马达相比，气马达具有以下特点：

1）工作安全，可以在易燃易爆的场所工作，同时不受高温和振动的影响。

2）可以长时间满载工作而温升较小。

3）可以无级调速。

4）具有较高的起动力矩，可以直接带负载运动。

5）结构简单，操纵方便，维护容易，成本低。

6）输出功率相对较小，最大只有 20kW 左右。

7）耗气量大，效率低，噪声大。

2. 气马达的工作原理

图 10-10a 所示为叶片式气马达的工作原理。叶片式气马达的主要结构和工作原理与叶片式液压马达相似。它主要包括一个径向装有 3～10 个叶片的转子，偏心安装在定子内，转子两侧有前后盖板（图 10-10a 中未画出），叶片在转子的槽内可径向滑动，叶片底部通有压缩空气，转子转动时靠离心力和叶片底部气压将叶片紧压在定子内表面上。定子内有半圆形的切沟，提供压缩空气及排出废气。当压缩空气从 A 口进入定子内时，会使叶片带动转子做逆时针旋转，产生转矩。废气从排气口 C 排出，而定子腔内残留的气体则从 B 口排出。当压缩空气从 B 口进入定子内时，会使叶片带动转子做顺时针旋转，产生转矩。废气从排气口 C 排出，而定子腔内残留的气体则从 A 口排出。如需改变气马达的旋转方向，只需改变进、排气口即可。

图 10-10b 所示为径向活塞式气马达的工作原理。压缩空气经进气口进入分配阀（又称为配气阀）后再进入气缸，推动活塞及连杆组件运动，使曲柄旋转。曲柄在旋转的同时，带动固定在曲轴上的分配阀同步转动，使压缩空气随着分配阀角度位置的改变而进入不同的缸内，依次推动各个活塞运动，由各活塞及连杆带动曲轴连续运转。与此同时，与进气缸相对应的气缸则处于排气状态。

图 10-10c 所示为薄膜式气马达的工作原理。它实际上是一个薄膜式气缸，当它做往复运动时，通过推杆端部的棘爪使棘轮转动。

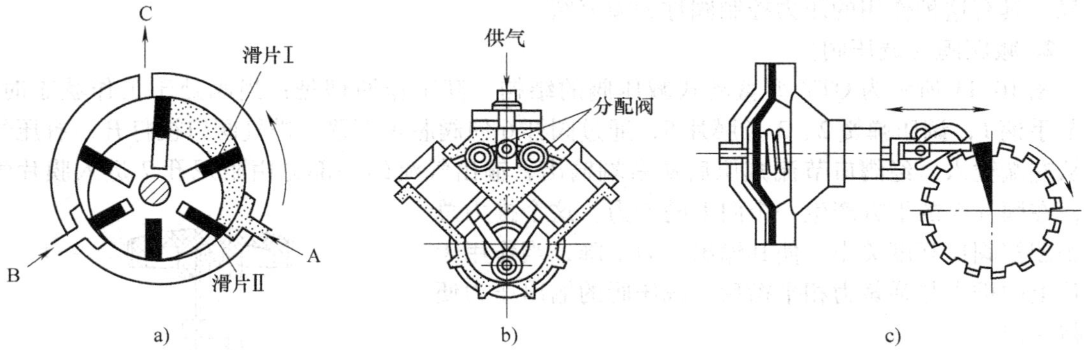

图 10-10　气马达的工作原理
a）叶片式气马达　b）径向活塞式气马达　c）薄膜式气马达

第四节　气压控制阀

知识目标：

1. 了解几种气压控制阀。
2. 了解气动控制阀的分类。

技能目标：

1. 了解气动控制阀和液压阀的区别。

2. 了解各种阀的使用。

一、气动控制阀的分类

气动控制阀是指在气动系统中控制气流的压力、流量和流动方向，并保证气动执行元件或机构正常工作的各类气动元件。控制和调节压缩空气压力的元件称为压力控制阀。控制和调节压缩空气流量的元件称为流量控制阀。改变和控制气流流动方向的元件称为方向控制阀。

二、压力控制阀

1. 压力控制阀的作用及分类

气动系统不同于液压系统。在气动系统中，一般由空气压缩机先将空气压缩，储存在气罐内，然后经管路输送给各个气动装置使用。气罐中的空气压力往往比各台设备实际所需要的压力高一些，同时其压力波动值也较大，因此需要用减压阀（调压阀）将其压力减到每台装置所需的压力，并使减压后的压力稳定在所需压力值上。

有些气动回路需要依靠回路中压力的变化来实现控制两个执行元件的顺序动作，所用的这种阀就是顺序阀。顺序阀与单向阀的组合称为单向顺序阀。

为了安全起见，当所有的气动回路或气罐的压力超过允许压力值时，需要实现自动向外排气，具有这种作用的压力控制阀称为溢流阀。

2. 减压阀（调压阀）

图 10-11 所示为 QTY 型直动式减压阀的结构。其工作原理是：当阀处于工作状态时，调节手柄 1，调压弹簧 2、3 及膜片 5，通过阀杆 6 使阀芯 8 下移，进气阀口被打开，有压气流从左端输入，经阀口节流减压后从右端输出，输出气流的一部分由阻尼孔 7 进入膜片气室，在膜片 5 的下方产生一个向上的推力，这个推力总是企图把阀口开度关小，使其输出压力下降，当作用于膜片上的推力与弹簧力相平衡后，减压阀的输出压力便保持一定。

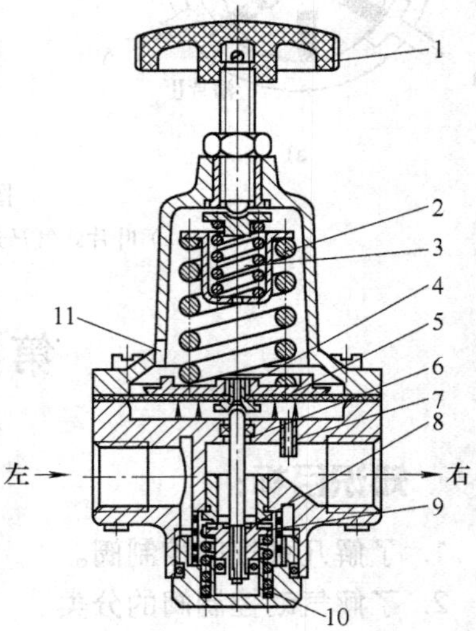

图 10-11 QTY 型直动式减压阀的结构
1—手柄 2、3—调压弹簧 4—溢流口 5—膜片 6—阀杆 7—阻尼孔 8—阀芯 9—阀座 10—复位弹簧 11—排气孔

当输入压力发生波动时，如输入压力瞬时升高，输出压力也随之升高，作用于膜片 5 上的气体推力也随之增大，破坏了原来力的平衡，使膜片 5 向上移动，有少量气体经溢流口 4、排气孔 11 排出。在膜片上移的同时，因复位弹簧 10 的作用，使输出压力下降，直到新的平衡为止。重新平衡后的输出压力又基本上恢复至原值。反之，输出压力瞬时下降，膜片 5 下移，进气口开度增大，节流作用减小，输出压力又基本上回升至原值。

调节手柄 1 使弹簧 2、3 恢复自由状态，输出压力降至零，阀芯 8 在复位弹簧 10 的作用下关闭进气阀口，这样，减压阀便处于截止状态，无气流输出。

安装减压阀时，要按气流的方向和减压阀上所示的箭头方向，依照带手动排水分离器的过滤器、减压阀、油雾器的安装次序进行安装。调压时应由低向高调，直至规定的调压值为止。阀不用时应把手柄放松，以免膜片因经常受压而变形。

3. 顺序阀

顺序阀是依靠气路中压力的作用而控制执行元件按顺序动作的压力控制阀，如图 10-12 所示。它根据弹簧的预压缩量来控制其开启压力。当输入压力达到或超过开启压力时，顶开弹簧，于是 P 到 A 才有输出，反之 A 无输出。

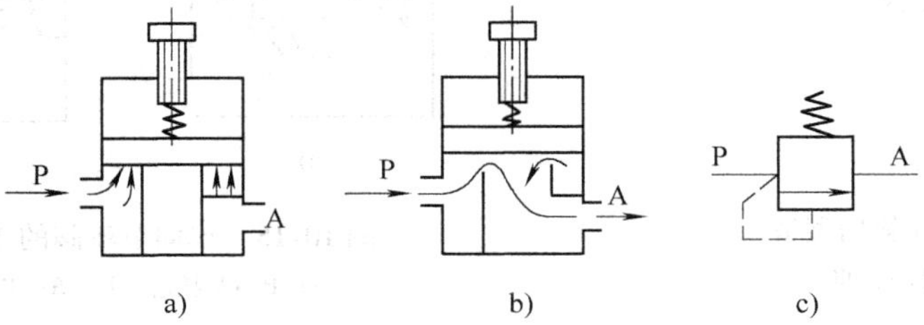

图 10-12　顺序阀工作原理图

a）关闭状态　b）开启状态　c）图形符号

4. 溢流阀

当气罐或回路中压力超过某调定值，要用溢流阀向外放气。溢流阀在系统中起过载保护作用。工作原理如图 10-13 所示。

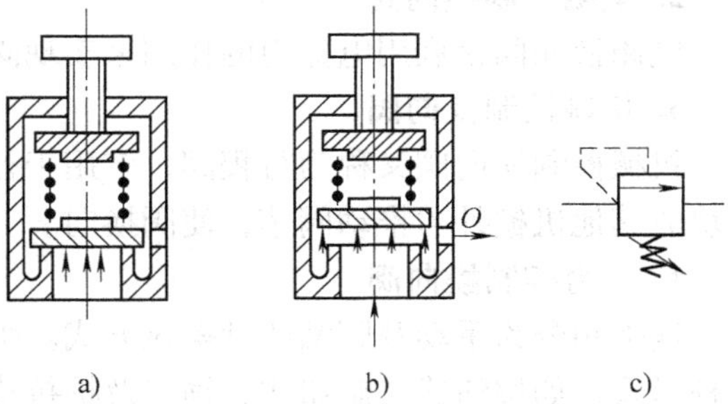

图 10-13　溢流阀工作原理图

a）关闭状态　b）开启状态　c）图形符号

三、流量控制阀

在气压传动系统中，有时需要控制气缸的运动速度，有时需要控制换向阀的切换时间和气动信号的传递速度，这些都需要通过调节压缩空气的流量来实现。流量控制阀就是通过改变阀的通流截面积来实现流量控制的元件。流量控制阀包括节流阀、单向节流阀、排气节流阀和快速排气阀等。

1. 节流阀

图 10-14 所示为圆柱斜切型节流阀的工作原理。压缩空气由 P 口进入，经过节流后，由 A 口流出。旋转阀芯螺杆，就可改变节流口的开度，这样就调节了压缩空气的流量。由于这种节流阀的结构简单、体积小，故应用范围较广。

2. 单向节流阀

单向节流阀是由单向阀和节流阀并联而成的组合式流量控制阀，如图 10-15 所示。当气流沿着一个方向，例如 P→A 方向（见图 10-15a）流动时，经过节流阀节流；反方向（见图 10-15b）流动时，单向阀打开，不节流。单向节流阀常用于气缸的调速和延时回路。

四、方向控制阀

方向控制阀是气压传动系统中通过改变压缩空气的流动方向和气流的通断，来控制执行

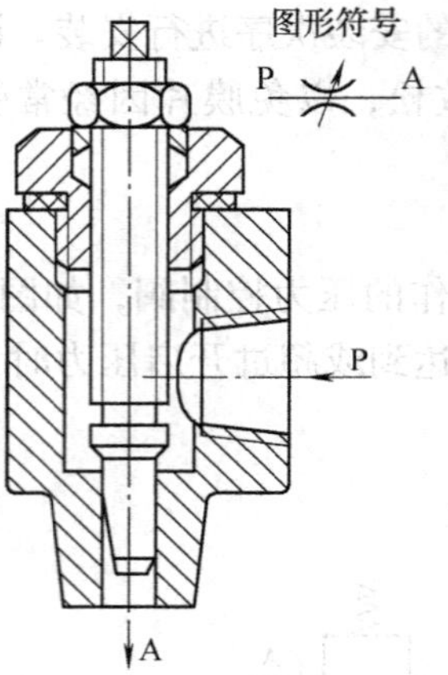

图 10-14　圆柱斜切型节流阀的工作原理

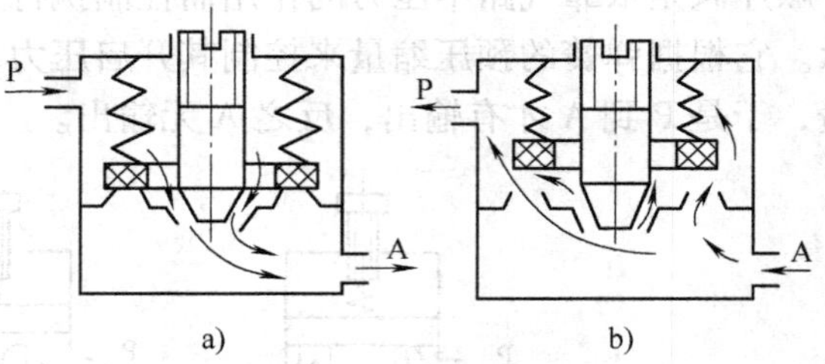

图 10-15　单向节流阀的工作原理

a）P→A 状态　b）A→P 状态

元件起动、停止及运动方向的气动元件。

下面仅介绍几种典型的方向控制阀。

1. 气压控制换向阀

气压控制换向阀是以压缩空气为动力切换气阀，使气路换向或通断的阀。

2. 电磁控制换向阀

电磁换向阀是利用电磁力的作用来实现阀的切换，以控制气流的流动方向。

3. 机械控制换向阀

机械控制换向阀又称为行程阀，多用于行程程序控制，作为信号阀使用，常依靠凸轮、挡块或其他机械外力推动阀芯，使阀换向。

4. 人力控制换向阀

这类阀分为手动及脚踏两种操纵方式。手动阀的主体部分与气控阀类似，其操纵方式有多种形式，如按钮式、旋钮式、锁式及推拉式等。

思考：

1）气动马达的特点有哪些？

2）气缸分为哪几类？

第十一章

气压回路及应用

第一节　气动基本回路

知识目标：

各种气动基本回路。

技能目标：

了解各种气动基本回路的区别。

一、方向控制回路

1. 单作用气缸换向回路

图 11-1 所示为单作用气缸换向回路。图 11-1a 所示为用二位三通电磁阀控制的单作用气缸上、下回路，该回路中，当电磁铁得电时，气缸向上伸出，失电时气缸在弹簧作用下返回。图 11-1b 所示为三位四通电磁阀控制的单作用气缸上、下和停止回路，该阀在两电磁铁均失电时能自动对中，使气缸停于任何位置，但定位精度不高，且定位时间不长。

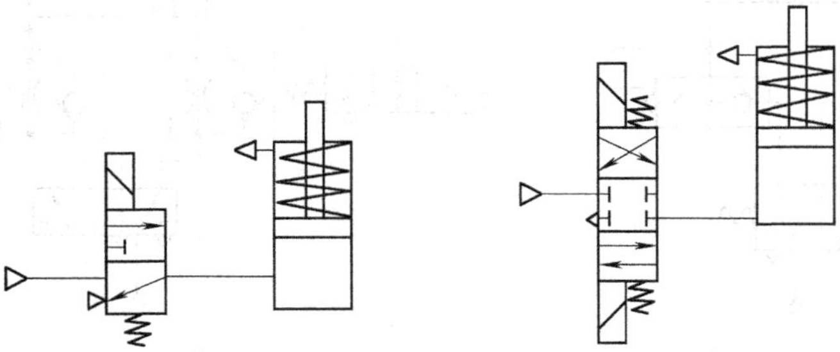

a)　　　　b)

图 11-1　单作用气缸换向回路

2. 双作用气缸换向回路

图 11-2 所示为各种双作用气缸的换向回路。图 11-2a 所示为比较简单的换向回路，图 11-2d、e、f 所示的两端控制电磁铁线圈和按钮不能同时操作，否则将出现误动作，其回路

相当于双稳的逻辑功能。在图 11-2b 所示回路中，当 A 有压缩空气时气缸推出，反之，气缸退回。

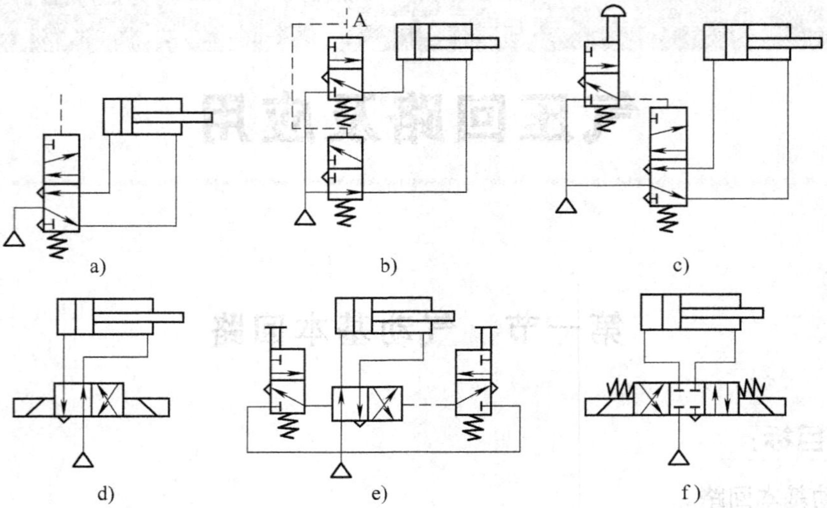

图 11-2　各种双作用气缸的换向回路

3. 快速往复运动回路

快速往复运动回路如图 11-3 所示。若欲实现气缸单向快速运动，可只采用一只快速排气阀。

4. 速度换接回路

图 11-4 所示的速度换接回路利用两个二位二通阀与一个单向节流阀并联，当撞块压下行程开关时，发出电信号，使二位二通阀换向，改变排气通路，从而使气缸速度改变。行程开关的位置可根据需要选定。图 11-7 中的二位二通阀也可改用行程阀。

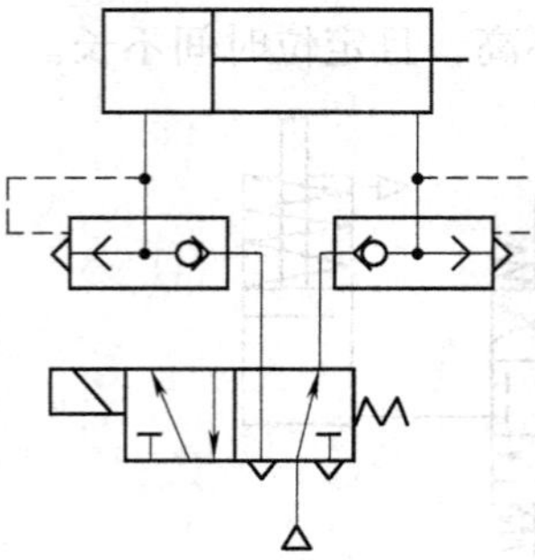

图 11-3　快速往复运动回路

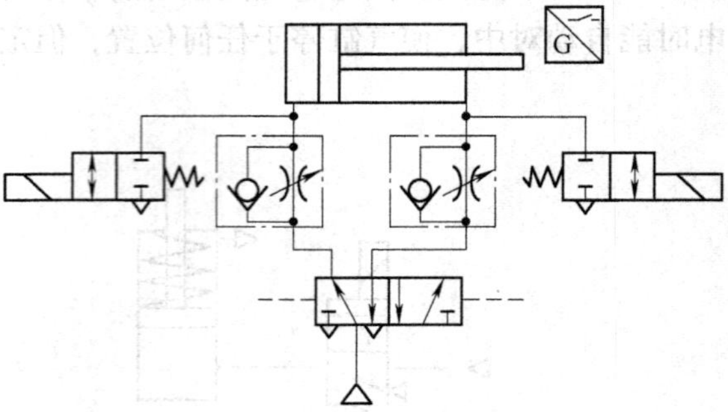

图 11-4　速度换接回路

5. 缓冲回路

要获得气缸行程末端的缓冲，除采用带缓冲的气缸外，往往需要采用缓冲回路来满足气缸运动速度的要求，特别是在行程长、速度快、惯性大的情况下，常用的方法如图 11-5 所示。图 11-5a 所示回路能实现快进—慢进缓冲—停止快退的循环，行程阀可根据需要来调整缓冲开始位置，这种回路常用于惯性力大的场合。图 11-5b 所示回路的特点是，当活塞返回到行程末端时，其左腔压力已降至打不开顺序阀2的程度，余气只能经节流阀1排出，因此活塞得到缓冲，这种回路都只能实现一个运动方向上的缓冲，若两侧均安装此回路，可达到双向缓冲的目的。

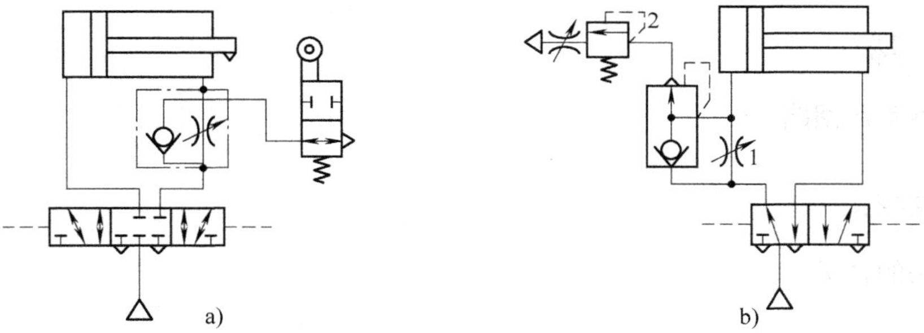

图11-5 缓冲回路

二、压力控制回路

压力控制回路的作用是使系统保持在某一规定的压力范围内。常用的有一次压力控制回路、二次压力控制回路和高低压转换回路。

1. 一次压力控制回路

一次压力控制回路如图11-6所示。这种回路用于控制气罐的气体压力，常用外控溢流阀1保持供气压力基本恒定或用电接点压力表2控制空气压缩机启停，使气罐内的压力保持在规定的范围内。

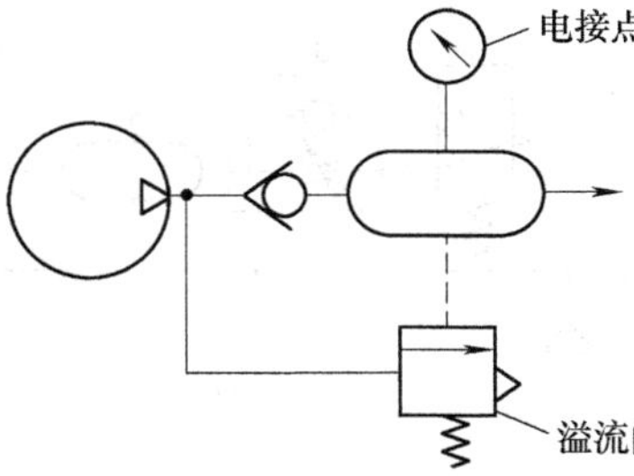

图11-6 一次压力控制回路

2. 二次压力控制回路

为保证气动系统使用的气体压力为一稳定值，多用图11-7所示的由手动排水过滤器→手动调节式溢流调压阀→油雾器（气源处理装置）组成的二次压力控制回路，但要注意，供给逻辑元件的压缩空气不要加入润滑油。

3. 高低压转换回路

该回路利用两只减压阀和一只换向阀间或输出低压或高压气源（见图11-8），若去掉换向阀，就可同时输出高压和低压两种压缩空气。

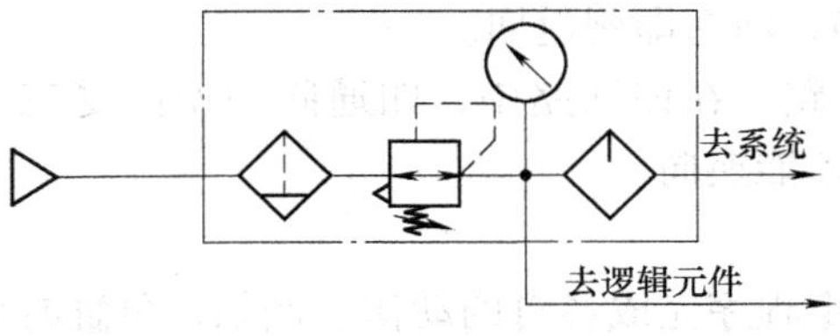

图11-7 二次压力控制回路

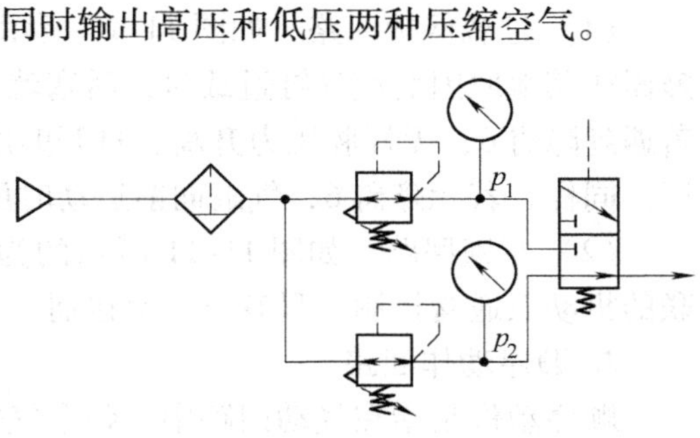

图11-8 高低压转换回路

第二节 常用回路

知识目标：

了解几种常用回路。

技能目标：

常用回路的种类。

常用基本气动回路

1. 延时回路

图 11-9 所示为延时回路。图 11-9a 所示为延时输出回路，当控制信号切换阀 4 后，压缩空气经单向节流阀 3 向气罐 2 充气。当充气压力经延时升高至使阀 1 换位时，阀 1 就有输出。

在图 11-12b 所示回路中，按下阀 8，则气缸向外伸出，当气缸在伸出行程中压下阀 5 后，压缩空气经节流阀到气罐 6 延时后才将阀 7 切换，气缸退回。

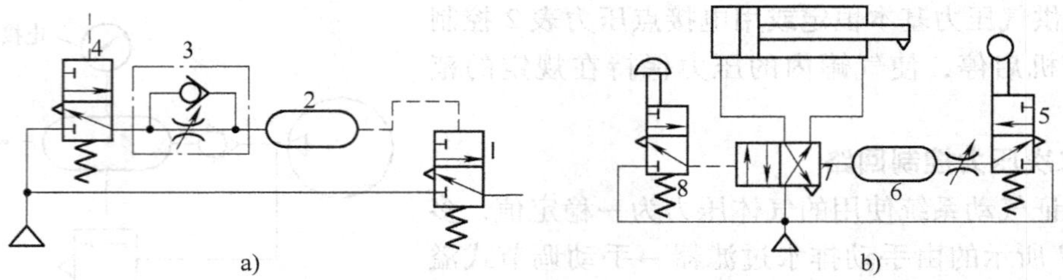

图 11-9 延时回路

2. 安全保护和操作回路

气动机构负荷的过载、气压的突然降低以及气动执行机构的快速动作等都可能危及操作人员或设备的安全，因此在气动回路中，常常要加入安全回路。

（1）过载保护回路 如图 11-10 所示的过载保护回路，当活塞杆在伸出途中遇到偶然障碍或其他原因而使气缸过载时，活塞就立即缩回，实现过载保护。在活塞伸出的过程中，若遇到障碍 6，无杆腔压力升高，打开顺序阀 3，使阀 2 换向，阀 4 随即复位，活塞立即退回。同样，若无障碍 6，气缸向前运动时压下阀 5，活塞即刻返回。

（2）互锁回路 如图 11-11 所示的为互锁回路。在该回路中，四通阀的换向受三个串联的机动三通阀控制，只有三个都接通，主控阀才能换向。

3. 顺序动作回路

顺序动作是指在气动回路中，各个气缸按一定程序完成各自的动作。例如，单缸有单往

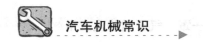

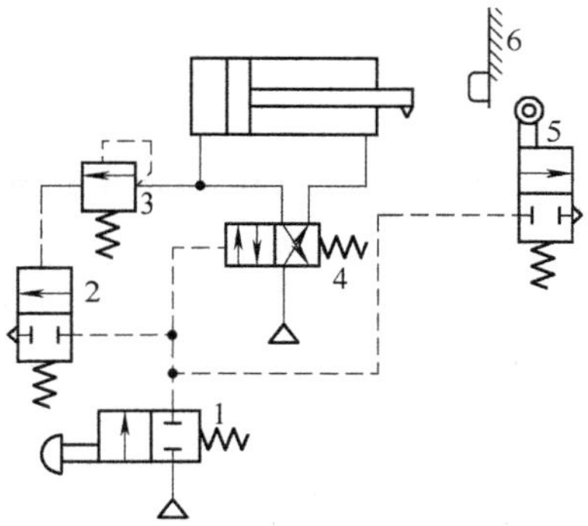

图 11-10　过载保护回路

1—手动换向阀　2—气控换向阀　3—顺序阀
4—二位四通换向阀　5—机控换向阀　6—障碍物

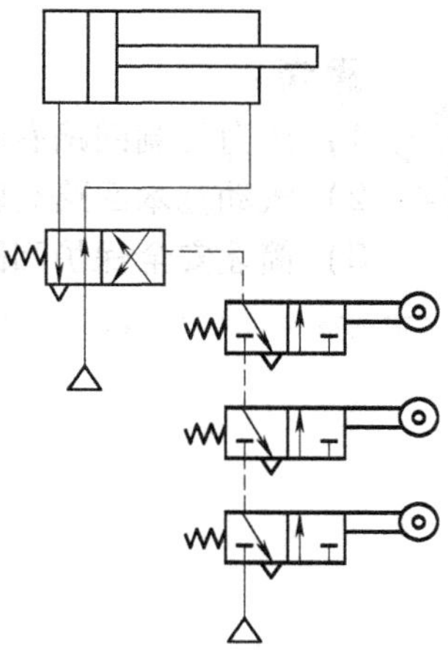

图 11-11　互锁回路

复动作、二次往复动作、连续往复动作等，双缸及多缸有单往复及多往复顺序动作等。下面以单缸往复动作回路进行简略介绍。

单缸往复动作回路可分为单缸单往复动作回路和单缸连续往复动作回路。前者指输入一个信号后，气缸只完成 A_1 和 A_0 一次往复动作（A 表示气缸，下标“1”表示 A 缸活塞伸出，下标“0”表示活塞缩回动作），而单缸连续往复动作回路指输入一个信号后，气缸可连续进行 $A_1A_0A_1A_0\cdots A_1A_0$ 动作。

图 11-12 所示为三种单往复动作回路，其中图 11-12a 所示为行程阀控制的单往复动作回路。当按下阀 1 的手动按钮后，压缩空气使阀 3 换向，活塞杆前进，当凸块压下行程阀 2 时，阀 3 复位，活塞杆返回，完成 A_1A_0 循环。图 11-12b 所示为压力控制的单往复动作回路，按下阀 1 的手动按钮后，阀 3 阀芯右移，气缸无杆腔进气，活塞杆前进，当活塞行程到达终点时，气压升高，打开顺序阀 2，使阀 3 换向，气缸返回，完成 A_1 A_0 循环。图 11-12c 所示为利用阻容回路形成的时间控制单往复动作回路，当按下阀 1 的按钮后，阀 3 换向，气缸活塞杆伸出，当压下行程阀 2 后，需经过一定的时间后，阀 3 才能换向，再使气缸返回完成动作 A_1A_0 的循环。由以上可知，在单往复动作回路中，每按动一次按钮，气缸可完成一个 A_1A_0 的循环。

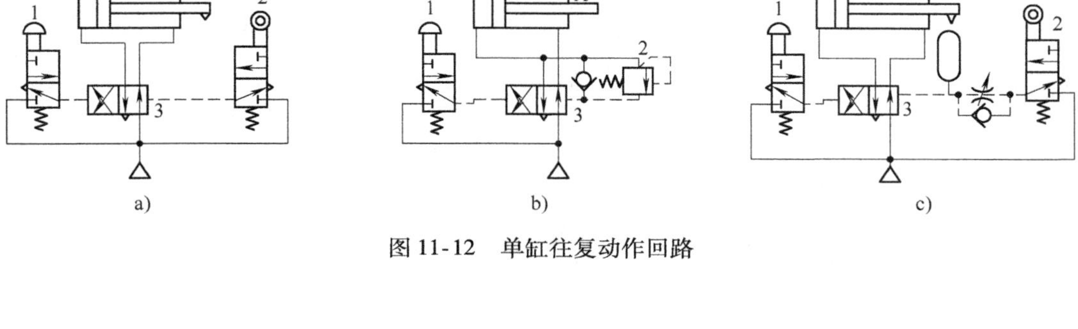

图 11-12　单缸往复动作回路

思考：

1）压力控制回路有哪些作用?

2）气动基本回路有哪些?

3）简述安全保护回路。

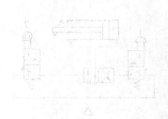

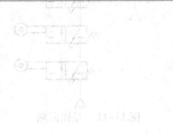

第三部分

汽车常用材料

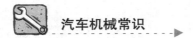

通常，一辆汽车由约 3 万个零件组成，每个汽车零件的生产制造都涉及材料问题。据统计，汽车上的零件采用了 4000 余种不同的材料加工制造。以现代轿车为例，钢材重量占汽车自重的 55% ~60%，铸铁占 5% ~12%，非铁金属占 6% ~10%。目前，汽车材料仍以金属材料为主，塑料、橡胶、陶瓷等非金属材料占一定的比例。

工程材料主要是指用于机械、车辆、船舶、建筑、化工、能源、仪器仪表、航空航天等工程领域中的材料。它既包括用于制造工程构件和机械零件的材料，也包括用于制造工具的材料和具有特殊性能的材料。汽车工程材料是指用于制造汽车零部件的材料。

本部分将系统地介绍汽车应用材料的基础知识，以对汽车上应用的各种材料有大致的了解。

第十二章

金属材料的性能

第一节　金属材料的物理性能

知识目标：

金属材料的物理性能。

技能目标：

了解金属材料的物理性能。

常见的钢、铸铁、铜及铜合金、铝及铝合金等都是金属材料。

金属材料的特点：具有金属光泽；较好的延展性，容易加工成形；易导电、导热，是热和电的良导体。

金属材料的物理性能包括密度、熔点、导热性、热胀性、磁性和耐磨性等。

1. 密度

密度是物体单位体积内所具有的质量，单位为 kg/m^3。常用金属材料的密度大致为：铸钢为 $7.8\times1000kg/m^3$，灰铸铁为 $7.2\times1000kg/m^3$，碳钢为 $7.85\times1000kg/m^3$，铜为 $8.9\times1000kg/m^3$，黄铜为 $8.85\times1000kg/m^3$，铝为 $2.7\times1000kg/m^3$。

2. 熔点

金属材料在缓慢加热的条件下，由固态开始熔化为液态时的温度称为该金属的熔点，单位为摄氏度（℃）。在工业常用金属中，锡的熔点最低，为231.9℃，而钨的熔点最高，为3410℃。大多数合金材料在熔化时，其熔化过程是在一个温度范围内进行的，即它们没有一个固定的熔点。

3. 导热性

金属材料传导热量的能力称为导热性。一般用热导率来表示金属材料导热性能的优劣。金属的导热性越差，在其加热或冷却时，表面和内部的温度差就越大，由此产生的内应力也就越大，就越易产生裂纹。一般来说，导电性好的材料，其导热性也好。银的导热性最好，其次是铜和铝。

4. 导电性

金属材料传导电流的能力称为材料的导电性。衡量金属材料导电能力的指标是电导率。

金属的电导率越大，其导电性能就越好。银的导电性为最好，其次是铜和铝。金属材料的导电性还与温度有关。合金的导电性一般比纯金属的导电性差。

5. 膨胀性

金属材料在加热时体积增大的一种性能称为热胀性。一般用线胀系数来表示金属材料热胀性的大小。在生产实践中，必须考虑金属材料热胀性所产生的影响。例如，汽轮机转子与定子之间要留有足够的间隙，以防止机组起动加热时，因其膨胀的差异而产生转子与定子损坏事故。紧固件则要求与被紧固件的线胀系数相近。在异种材料焊接时，也要考虑它们的线胀系数是否相近，否则会因为热膨胀而使零件变形或损坏。

6. 耐磨性

金属抵抗磨损的性能称为耐磨性，它可以用磨损量来表示。磨损量越小，耐磨性越高。磨损量可以用试样表层的磨损厚度衡量，也可以根据试样体积或重量的减少来衡量。在火电厂中，风机叶片、磨煤机在工作过程中都会受到磨损。水电站的水轮机涡轮，因受水流及泥沙的冲刷也会产生磨损。

第二节　金属材料的力学性能

知识目标：

1. 金属材料的刚度、强度、塑性及硬度。
2. 金属材料的冲击韧度。

技能目标：

1. 了解金属材料的刚度、强度、塑性及硬度。
2. 了解金属材料的冲击韧度。

金属材料都是通过各种加工方法（铸造、压力加工、焊接等）制造成所需的构件或零件，在使用中都会受到各种力的作用，因此，金属材料要有较好的力学性能。

金属材料在外力作用下所表现出来的性能称为力学性能，包括弹性、塑性、刚度、强度、硬度、冲击韧度、断裂韧度、疲劳强度、蠕变强度等。

一、刚度、强度、塑性

刚度、强度和塑性是材料承受静载荷的性能，可通过拉伸试验进行测定。

如图 12-1 所示的标准试样（尺寸和形状按国家 GB/T 228.1—2002 规定的统一标准制作），在拉伸试验机上缓慢拉伸，使试样两端承受轴向静拉力 F，试样缓慢伸长，试验机自动绘制出载荷 F 与变形量ΔL的关系曲线。若将载荷 F 除以试样原始截面积 S_0（F/S_0为单位截面上的拉力，即应力 σ），将变形量ΔL除以标准长度 L_0（$\Delta L/L_0$为单位长度上的伸长量，即应量 ε），载荷与变形关系曲线则成为应力（σ）-应变（ε）曲线。

由图 12-1 可知，当载荷未达到 E 点前，试样只产生弹性变形，故 σ_e 为材料所承受的不产生永久变形的最大应力，称为弹性极限（或称为弹性变形）。

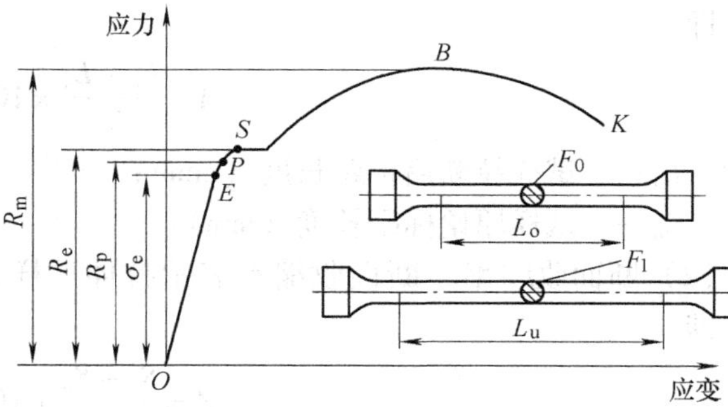

图 12-1　标准试样和应力-应变曲线

图 12-1 中 OP 是直线，表示应力与应变成正比，P 点是保持这种关系的最高点。R_P 称为规定非比例延伸强度。σ_e 与 R_p 很接近，在实际使用时，两者常取同一数值（OP 的斜率为试样材料的弹性模量）。

当应力达到 R_e 时，增加很小的或不增加载荷就会产生较大的变形。当卸载后，试样则存在一定的残余应力，即塑性变形，这种现象称为屈服。R_e 就是试样开始产生屈服时的应力，称为屈服强度。随后继续增加载荷，试样继续伸长，至 B 点时试样开始产生缩颈，变形速度超过加载速度，曲线开始下弯，在 K 点试样断裂。R_m 为试样断裂前的最大应力，称为抗拉强度。

1. 弹性模量（刚度）

在弹性变形范围内，应力与应变的比值（OP 的斜率）称为材料的弹性模量，工程上称为刚度，即

$$E=\frac{\sigma}{\varepsilon}$$

弹性模量 E 是衡量材料产生弹性变形难易程度的指标。材料的 E 越大，则使其产生一定量弹性变形的应力也应越大。金属材料弹性模量 E 主要取决于金属材料本身的性质，是金属材料最稳定的性能之一。各种加工工艺对其影响很小，在室温下，钢的弹性模量大都为 $(19\sim22)\times10^4$MPa。弹性模量随温度的升高而逐渐降低。

2. 屈服强度

屈服强度是静拉伸过程中开始产生塑性变形时的应力，即为拉伸曲线上 S 点的载荷大小与试棒原始截面积之比，用 R_e 表示。有上屈服强度和下屈服强度之分，分别用 R_{eH} 和 R_{eL} 表示。

但有些材料没有明显的屈服点 S，因此，规定以试样产生 0.2% 残余延伸时的应力值作为该材料的条件屈服强度，以 $R_{r0.2}$ 表示。对于有些零件在工作中不允许发生塑性变形，所以 R_e 是设计中材料强度的主要参数，是材料的重要力学性能指标之一。

3. 抗拉强度

抗拉强度是静拉伸过程中试样被拉断前的最大应力，即材料拉伸曲线上 B 点时的载荷大小与原始截面之比，用 R_m 表示。

抗拉强度表示材料在拉力作用下抵抗断裂的能力，是设计和选材的重要力学性能指标之一。

合金化、热处理、冷热加工对材料的 R_e、R_m 会产生很大的影响。

4. 塑性

材料在外力作用下，发生不能恢复原状的变形称为塑性变形，产生塑性变形而不断裂的性能称为塑性。金属的塑性常用断后伸长率 A 和断面收缩率 Z 来表示。

（1）断后伸长率　断后伸长率表示拉伸试样被拉断时的相对塑性变形量，用 A 表

示，即

$$A=\frac{L_u-L_o}{L_o}\times 100\%$$

式中　L_u——试样拉断后标距长度（mm）；

L_o——试样原始标距长度（mm）。

（2）断面收缩率　断面收缩率表示拉伸试样被拉断时的截面积相对减缩量，用 Z 表示，即

$$Z=\frac{S_o-S_u}{S_o}\times 100\%$$

式中　S_o——试样原始截面积（mm^2）；

S_u——试样被拉断后的截面积（mm^2）。

A、Z 越大，表示材料的塑性越好（A 值与试样尺寸有关，一般规定 $L_o=5d_o$ 或 $L_o=10d_o$，分别以 A_5 或 A_{10} 来表示，同一种材料测得的 A_5 一般比 A_{10} 要大一些）。

通常以断后伸长率 A 的大小来衡量金属材料塑性的好坏，$A>2\%\sim5\%$ 的材料为塑性材料，$A<2\%\sim5\%$ 的材料为脆性材料。

二、硬度

硬度是金属材料抵抗硬物压入的能力，也是材料局部塑性变形的抗力。在生产上，对硬度的测定最为广泛和方便，所以硬度常作为设计零件的技术指标之一，常用的有布氏硬度、洛氏硬度和维氏硬度等。

1. 布氏硬度（HBW）

布氏硬度是在布氏硬度计上测定的。如图 12-2 所示，其原理是：在一定的压力 F 下，将一定直径的硬质合金球垂直地压入金属材料的表面，并在一定的压力下保持一定时间（约 10s）后卸载，测得压痕直径，然后用压力 F 与压痕面积 S 的比值来表示硬度，用 HBW 表示，即

$$\text{HBW}=0.102\times\frac{2F}{\pi D(D-\sqrt{D^2-d^2})}$$

式中　F——载荷（N）；

D——刚球直径（mm）；

d——压痕平均直径（mm）。

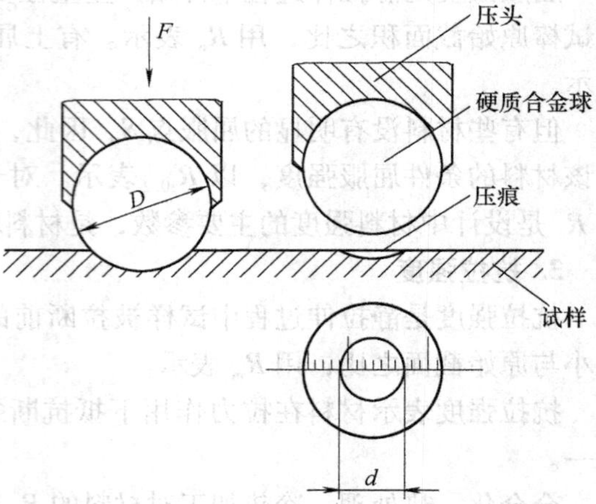

图 12-2　布氏硬度测试原理

HBW 的数值一般不需要计算，而用带有刻度盘的放大镜测量出压痕的直径，直接由表中查得 HBW 的大小。HBW 一般只标大小而不标单位。

如常用 $D=10\text{mm}$，$F=30\text{kN}$，$t=10\text{s}$，测得硬度为 380，布氏硬度表示为 380HBW。其他条件下测得的硬度值，则要在 HBW 后面注明，如 $D=2.5\text{mm}$，$F=62.5\text{kgf}(612.5\text{N})$，$t=20\text{s}$，测得硬度为 120，则表示为 120HBW 2.5/62.5/20。

布氏硬度常用于测定铸铁、非铁合金及退火钢的硬度。在不能用布氏硬度测定时，可用洛氏硬度测定。

2. 洛氏硬度（HRC）

洛氏硬度是在洛氏硬度计上测定的。其原理与布氏硬度一样（见图 12-3），利用一定的压力将坚硬的压头压入金属表面，它不是根据压痕直径，而是用压痕的深度来确定硬度值，并直接从硬度盘上读出。它是用金刚石圆锥体压头（锥角为 120°）或直径为 1.588mm 的淬火钢球，在一定的压力下压入金属表面，并保持一定时间后卸除主载荷以消除弹性变形，根据压痕直径的深度确定硬度值，常用 HR 来表示。

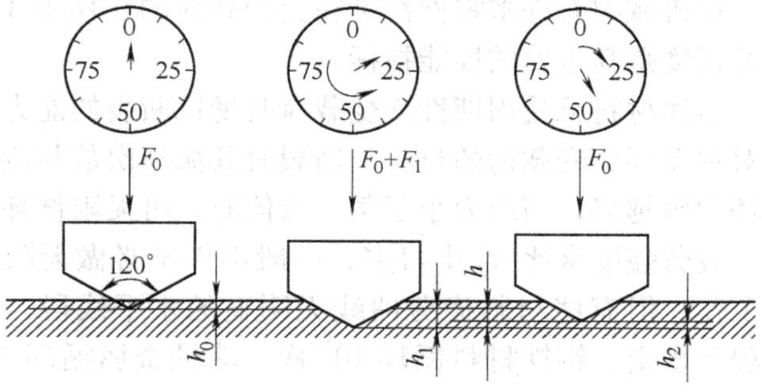

图 12-3 洛氏硬度

洛氏硬度有三种规范，常用的是 HRC，主要用于测量淬火钢的硬度，用途最为广泛；HRA 用于测量表面层或高硬度材料，如硬质合金；HRB 适用于硬度较低的材料。洛氏硬度三种规范应用值见表 12-1。

表 12-1 洛氏硬度三种规范应用值

符号	压头形式	总载荷/N（kgf）	硬度值有效范围
HRA	120° 金刚石圆锥体	588.4（60）	70 ~ 85
HRB	ϕ 1.588 淬火钢球	980.7（100）	25 ~ 100
HRC	120° 金刚石圆锥体	1471（150）	20 ~ 67

洛氏硬度测试压痕小，直接读数，操作方便，可测低硬度和高硬度的材料，应用广泛，用于测试各种钢铁原材料、非铁合金、淬火后的工件、表面热处理工件及硬质合金等。如用锥角为 120° 的金刚石压头，$F = 150$kgf（1470N），测得淬火钢硬度为 58，洛氏硬度表示为 58HRC。

三、冲击韧度

按 GB/T 229—2007 规定，吸收能量 U 型缺口以 KU 表示，V 型缺口以 KV 表示。冲击韧度是金属材料抵抗冲击载荷的能力。

将一摆锤举到一定的高度 H_1，然后来冲击带有 U 型缺口的标准试样，试样冲断后，摆锤又升至一定的高度 H_2，如试样断口处的截面积为 S（cm^2），则冲击韧度 a_K 为（即以试样冲断时消耗的功表示材料的冲击韧度）

$$a_K = \frac{mH_1 - mH_2}{S} \times 9.8(\text{J/cm}^2)$$

式中 m——摆锤的质量（kg）；

H_1、H_2——分别为冲击前、后摆锤的高度（m）；

S——为试样断口处的截面积（cm^2）。

对于脆性材料（如铸铁、模具钢等），做冲击弯曲试验时，试样不开缺口，因为开缺口的材料冲击韧度太低，难以比较不同材料冲击韧度的差异。

材料的冲击韧度一般不作为设计零件的直接依据，只是作为材料的韧性指标。

四、疲劳强度

在机械中有许多零件都是在交变载荷的作用下工作的，如曲轴、齿轮、连杆、弹簧等，疲劳强度是其重要的性能指标。

金属材料承受周期性交变载荷时抵抗断裂的能力称为疲劳强度。试验证明，能承受周期性对称循环交变载荷的材料，断裂时其循环次数与应力之间有一定的规律。即应力越小，其循环次数越多，当应力小于某一数值时，可无限循环而不破坏，此应力称为疲劳强度。

疲劳强度常比 R_e 小得多，一般零件不必做无限循环工作，但有些材料疲劳曲线无明显的水平线段，故工程上规定：钢铁材料循环 10^7 次、非铁金属循环 10^8 次不发生断裂的最大应力，作为该材料的疲劳强度，用 S 表示。钢铁材料的疲劳曲线如图 12-4 所示。

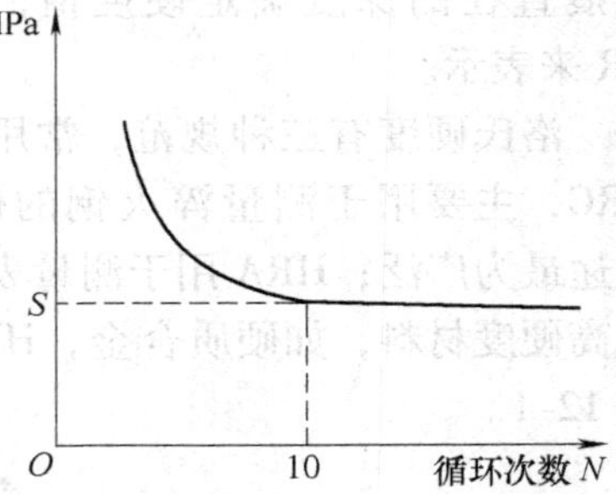

图 12-4　钢铁材料的疲劳曲线

产生疲劳破坏的原因一般认为是材料内部有夹杂物、表面有划痕及能引起应力集中的缺陷，导致产生微裂纹。为了避免疲劳破坏的产生，除改善零件的结构形状以及避免应力集中外，还可采用表面强化的方法，如降低零件的表面粗糙度等。

第三节　金属材料的工艺性能

知识目标：

1. 金属材料的铸造性能、压力加工性能、焊接性能。
2. 金属材料的切削加工性能、热处理性能等。

技能目标：

1. 了解金属材料的铸造性能、压力加工性能、焊接性能。
2. 了解金属材料的切削加工性能、热处理性能等。

一、铸造性能

铸造俗称为翻砂。金属材料可以通过铸造工艺制成各种形状的零件。轿车上的曲轴、凸轮轴、转向器壳体、气缸套均是铸造而成的。

铸造性能是指金属在铸造成型过程中所表现出来的性能。它包括液体金属的流动性、凝固过程的收缩率、吸气性和成分偏析倾向等。设计铸造工艺时，必须考虑材料的铸造性能。铸造性能好，可以铸造出形状准确、结构复杂、强度较高的铸件，并可简化工艺过程，提高成品率。

二、压力加工性能

锻造即为压力加工，是对坯料施加外力，使其产生塑性变形，改变其尺寸、形状，并改善性能，使金属材料在冷、热状态下经压力加工成形的工艺。按重量比率计，汽车上70%的零件均由锻压加工方法制造，如轿车的车体外板就是冷轧钢板经过压力加工成形的。

金属的锻造性能是指材料对采用压力加工方法成形的适应能力，是衡量材料通过塑性加工获得优质零件难易程度的工艺性能。金属的可锻性好，表明该金属适合于塑性加工成形；可锻性差，说明该金属不宜选用塑性加工方法成形。

纯金属的可锻性比合金的好，纯铁比碳素钢的锻造性能好，铸铁的锻造性能则很差，根本不能采用锻造工艺加工，而铜合金、铝合金在室温状态下就有良好的锻造性能。

三、焊接性能

焊接工艺是指通过加热或加压，或两者并用，且可用或不用填充材料使接触面处于熔融状态，将两个接触面连接起来的工艺。

焊接性能是指金属材料在一定焊接工艺条件下获得优质焊接接头的难易程度。

焊接性能包括工艺焊接性能和使用焊接性能两个方面。前者主要是指焊接接头产生工艺缺陷的倾向，尤其是出现各种裂缝的可能性；后者主要是指焊接接头在使用中的可能性，包括焊接接头的力学性能及其他特殊性能（如耐热、耐蚀性等）。

四、切削加工性能

切削加工是指通过机械加工设备加工工件的工艺。切削加工主要有车削、刨削、铣削、磨削等。

切削加工性能是指对材料进行切削加工的难易程度和切削加工后表面质量的好坏程度。切削加工工艺性能通常通过四个方面来衡量：切削时消耗的动力，刀具的磨损程度，表面粗糙度，切削形态。切削加工的性能高低常用切削加工指数来表示，该指数越高，则切削性能越好。

五、热处理性能等

热处理工艺是指对材料加热、保温、冷却，改变其材料内部结构和性能的工艺。热处理工艺性包括淬透性、变形开裂倾向、过热敏感性、回火脆性倾向、氧化脱碳倾向等。

设计零件时，设计者应该根据零件的使用要求，提出热处理的技术条件并标注在图样上。技术条件包括热处理工艺名称、硬度要求、表面热处理要求等。

思考：

1）金属材料的性能有哪些？它包括哪些主要的性能指标？

2）结合汽车专业特点，说明选用材料时，如何综合考虑材料各方面的性能？

第十三章

钢铁材料

第一节　铁碳合金

知识目标：

1. 铁碳合金的定义。
2. 铁碳相图。

技能目标：

1. 了解铁碳合金的含义。
2. 了解铁碳相图。

一、定义

铁碳合金就是以铁和碳为组元的二元合金。铁基材料中应用最多的碳素钢和铸铁就属于工业铁碳合金材料。钢铁材料适用范围广的原因，首先在于可用的成分跨度大，从近于无碳的工业纯铁到碳质量分数为4%左右的铸铁，在此范围内合金的相结构和微观组织都发生很大的变化；另外，还在于可采用各种热加工工艺，尤其是金属热处理技术。铁碳合金中的组元是铁和碳，铁具有同素异构（晶）转变，低于912℃呈体心立方晶格（α-Fe），在912～1394℃呈面心立方晶格（γ-Fe），在1394～1538℃呈体心立方晶格（δ-Fe）；在770℃以下有磁性，770℃以上无磁性。

金属在固态下随着温度的改变，由一种晶格转变为另一种晶格的现象，称为同素异构（晶）转变。同素异构转变与液态结晶相似，故称为二次结晶或重结晶。纯铁的冷却曲线，如图13-1所示。碳可进入铁形成固溶体，也可形成化合物，还可以游离态的石墨形式存在。

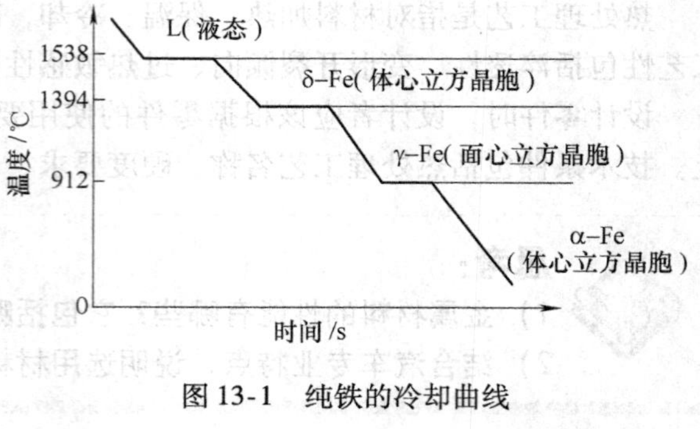

图13-1　纯铁的冷却曲线

1. 石墨（C）

C 为游离态，具有简单的密排六方结构，原子排列呈层片状，层间结合力弱，受外力作用时易发生滑移。其强度、硬度极低，近于零。

2. 铁素体（F）

C 在 α-Fe 中形成间隙固溶体，称为铁素体，用符号 F 表示，呈体心立方晶格，是铁碳合金中的基本相。其碳的质量分数在 727℃时为 0.0218%，600℃时为 0.0057%，室温时约为 0.0008%。由于其碳的含量较少，故强度、硬度低，塑性好，性能接近于纯铁。

3. 奥氏体（A）

C 在 γ-Fe 中形成间隙固溶体，称为奥氏体，用符号 A 表示，呈面心立方晶格。奥氏体是高温区（>727℃）存在的基本相。其碳的最大质量分数在 1148℃为 2.11%。由于其溶碳能力较大，其性能为抗拉强度和布氏硬度较低（170～220HBW），塑性好（$A=40\%\sim50\%$）。

4. 渗碳体（Fe_3C）

C 与 Fe 的化合物称为渗碳体（Fe_3C），呈密排六方晶格。其碳的质量分数为 6.69%，熔点为 1227℃。其性能为：$R_m=30$MPa，布氏硬度为 800HBW，A、Z、a_K 均趋近于 0。渗碳体的存在形式有片状、球状、细板条状。其形状、数量和分布状况对钢和铸铁的性能影响很大。渗碳体是一个亚稳定相，可分解为铁和石墨，即 $Fe_3C \rightarrow 3Fe + C$。

5. 珠光体（P）

F 和 Fe_3C 的机械混合物称为珠光体（P），是铁碳合金中的组织组成物。用高倍金相显微镜观察珠光体，可看到渗碳体以片状形式存在于铁素体基体上；用低倍显微镜观察时珠光体呈片状。珠光体中碳的质量分数为 0.77%，F 和 Fe_3C 的质量比为 7.8∶1。其性能介于 F 和 Fe_3C 之间，$R_m=800\sim850$MPa，$R_{r0.2}=600$MPa，布氏硬度为 160～280HBW，塑性低，$A=20\%\sim25\%$，$Z=12\%\sim15\%$，$a_K=24\sim32$J。

6. 莱氏体（L_d 或 L'_d）

莱氏体在高温下是 Fe_3C 和 A 的机械混合物，用 L_d 表示；在低温下是 Fe_3C 和 P 的机械混合物，用 L'_d 表示。它是铁碳合金中的组织组成物，其碳的质量分数为 4.3%。室温下，P 和 Fe_3C 的质量比为 2∶3，其性能介于 P 和 Fe_3C 之间，接近于 Fe_3C，布氏硬度为 700HBW，脆性大。

另外，还有碳溶于 δ-Fe 中形成的固溶体，用 δ 表示，呈体心立方晶格。在 1495℃时，碳在 δ-Fe 中的最大溶解度为 0.09%。

二、铁碳相图分析

1. 铁碳相图

铁碳相图是研究铁碳合金的基本图表。但 Fe 与 C 能形成一系列不同的碳化物，所以它也由许多个相图组成。

由于碳的质量分数高于 6.69% 的铁碳合金脆性很大，在工程上没有实用价值，因而，我们对铁碳合金只讨论碳的质量分数在 6.69% 以下的铁碳相图，如图 13-2 所示。

在铁碳相图中，碳的质量分数小于或等于 2.11% 的铁碳合金称为钢，碳的质量分数为 2.11%～6.69% 的铁碳合金称为铁。

铁碳相图中各临界点的碳质量分数、温度及含义见表13-1。

在铁碳相图中有许多直线和曲线，它们分别代表铁碳合金在不同成分和温度下所处状态的分界线，分别表示为：

1）ABCD为液相线，其上合金均为液态。冷却时从CD线析出一次渗碳体（$Fe_3C_Ⅰ$）。

2）AHJECF为固相线，其下合金为固态。液相线与固相线之间为液、固两相并存区。

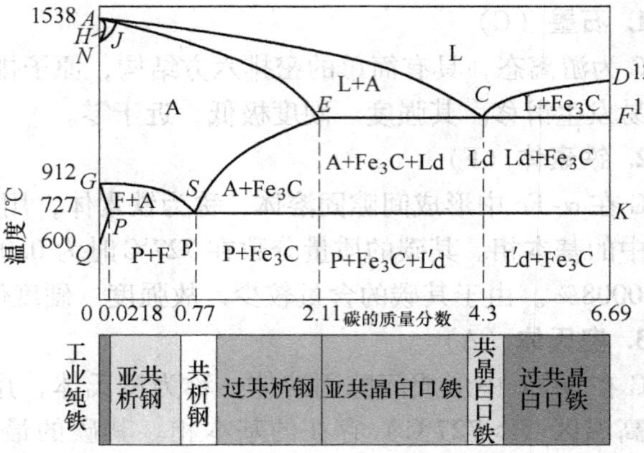

图13-2　铁碳相图

表13-1　铁碳相图中各临界点的碳质量分数、温度及含义

符　号	碳质量分数（%）	温度/℃	含　义
A	0	1538	纯铁的熔点
B	0.53	1495	包晶转变时液态合金的成分
C	4.30	1148	共晶点：$L_C \rightleftharpoons A_E + Fe_3C$
D	6.69	1227	渗碳体的熔点
E	2.11	1148	碳在γ-Fe中的最大溶解度
F	6.69	1148	渗碳体的成分
G	0	912	α-Fe与γ-Fe的同素异构转变点
H	0.09	1495	碳在δ-Fe中的最大溶解度
J	0.17	1495	包晶点：$L_B + \delta_H \rightleftharpoons A_J$
K	6.69	727	渗碳体的成分
N	0	1394	δ-Fe与γ-Fe同素异构转变点
P	0.0218	727	碳在α-Fe中的最大溶解度
S	0.77	727	共析点：$A_S \rightleftharpoons F_P + Fe_3C$
Q	0.0057	600	600℃时碳在α-Fe中的溶解度

3）水平线HJB为包晶转变线，$L_B + \delta_H \rightleftharpoons A_J$。包晶反应结果为A，碳质量分数为0.09%～0.53%。

4）水平线ECF为共晶转变线，$L_C \xrightleftharpoons{1148℃} Ld\ (A + Fe_3C)$。共晶反应结果为Ld，碳质量分数为2.11%～6.69%。

5）水平线PSK为共析转变线，$AS \xrightleftharpoons{727℃} P\ (FP + Fe_3C)$。共析反应结果为P，碳质量分数为0.0218%～6.69%。

6）ES线为碳在奥氏体中的固溶线，A的最大溶解度是*E*点（1148℃），为2.11%，S点为0.77%。凡是碳质量分数大于0.77%的铁碳合金在自1148℃冷至727℃的过程中，均会从奥氏体中析出过饱和的碳与铁形成的二次渗碳体（$Fe_3C_Ⅱ$）。

7）GS线为碳质量分数小于0.77%的合金在冷却过程中，由奥氏体析出铁素体的转变线。

8）PQ线为碳在铁素体中的固溶线，F中碳的最大质量分数是在P点（727℃），为0.0218%，600℃时为0.005%，室温时仅为0.0008%。故一般铁碳合金自727℃冷却至室温时，均会从F中析出过饱和的碳和铁形成的三次渗碳体（$Fe_3C_{Ⅲ}$）。因F中碳的含量很少，故$Fe_3C_{Ⅲ}$的数量也极少，可忽略。

9）HN线为碳在δ-Fe中的固溶线。

10）JN线为碳在奥氏体中的固溶线。

2. 典型成分合金结晶后的组织转变

根据成分的不同，铁碳合金可分为三类：

（1）工业纯铁　碳质量分数小于0.0218%。

（2）钢　碳质量分数在0.0218%～2.11%之间。

（3）白口铸铁　碳质量分数在2.11%～6.69%之间。

思考：

1）试在铁碳相图中找出包晶、共晶、共析三个基本相变的特征线。

2）试述金属结晶的条件和过程。

第二节　碳　素　钢

知识目标：

结构钢、工具钢、铸钢的含义和用途。

技能目标：

了解结构钢、工具钢、铸钢的含义和用途。

一、结构钢

1. 碳素结构钢

碳素结构钢的牌号由钢屈服强度的拼音字首“Q、屈服强度的数值、质量等级符号、脱氧方法符号组成。为区分质量等级，在数值后加A、B、C、D四个等级。为区分脱氧方法，在等级后加F（沸腾钢）、b（半镇静钢）、Z（镇静钢）、TZ（特殊镇静钢），Z、TZ在牌号中不标出。例如：Q215-AF表示屈服强度为215MPa，质量为A级的沸腾钢；Q235-Bb表示屈服强度为235MPa，质量为B级的半镇静钢。

这类钢只保证力学性能，一般情况下在热轧状态使用，不再进行热处理。

2. 优质碳素结构钢

一般用平炉或电炉进行冶炼。其中$w(S)<0.035\%$、$w(P)<0.035\%$，化学成分加以严

格控制，塑性、韧性较高，碳的含量根据不同要求而定。这类钢既保证化学成分，又保证力学性能。其布氏硬度、屈服强度、抗拉强度高，经热处理后力学性能较好，多用于制造重要的零件。

优质碳素结构钢的牌号用两位数字表示，数字表示钢的平均含碳量的万分数。如 08 钢表示碳的平均质量分数为 0.08%；数字后加 F 的为沸腾钢，如 08F；数字后加 Mn 的为含锰量较高的钢，如 45Mn。

二、工具钢

碳素工具钢中碳的质量分数较高，为 0.65% ~1.35%。

碳素工具钢牌号用 T + 数字表示，数字表示钢中碳的平均质量分数的千分数，如 T12 表示钢中碳的平均质量分数为 1.2% 的碳素工具钢。若是高级优质碳素工具钢，则在钢号数字后加一个“A”，如 T8MnA，表示碳的平均质量分数为 0.8%，含 Mn 量较高的高级碳素工具钢。

碳素工具钢一般经淬火 + 低温回火后使用，硬度大于 64HRC。随着碳质量分数的增加，热处理后钢的耐磨性提高，而塑性、韧性降低。由于碳素工具钢的淬透性不高，故适用于小尺寸的模具、刀具和量具等。

三、铸钢

用于铸造的碳素钢称为铸造铸钢，简称为铸钢。

对于形状复杂而性能要求较高的零件，可选用铸钢件来制造。铸钢一般是亚共析钢，碳的质量分数在 0.15% ~0.60% 之间。

铸钢的牌号是用铸钢两字的拼音首字“ZG”加两组数字组成，第一组数字表示屈服强度，第二组数字表示抗拉强度。如 ZG230—450 表示铸钢屈服强度为 230MPa，抗拉强度为 450MPa。

第三节　合　金　钢

知识目标：

合金结构钢、合金工具钢、特殊性能钢的牌号。

技能目标：

了解合金结构钢、合金工具钢、特殊性能钢的牌号。

一、合金结构钢

合金结构钢牌号前面的数字表示钢中碳的平均质量分数的万分数，元素符号表示钢中所含的合金元素，直接用化学符号（或汉字）表示，化学符号后面的数字表示合金元素平均含量的百分数。合金元素的平均质量分数大于或等于 1.5%、2.5%、3.5% 等时，则相应以

2、3、4 表示。如碳的质量分数为 0.37% ~0.45%，铬的质量分数为 0.80% ~1.10% Cr 的铬钢，以 40Cr 表示。含 S、P 量较低的高级优质钢，则在钢号的末尾加以符号“A”，如 20Cr2Ni4A 表示碳的平均质量分数为 0.20%，Cr 质量分数为 2.0%，Ni 质量分数为 4.0% 的高级优质合金钢。

二、合金工具钢

合金工具钢牌号的表示方法与合金结构钢相似，区别是碳的平均质量分数大于或等于 1.0% 时不标出，小于 1.0% 时以千分数表示。如 9SiCr 表示碳的平均质量分数为 0.9%，Si、Cr 的平均质量分数小于 1.5%；CrMn 表示碳的平均质量分数大于或等于 1.0%，Cr、Mn 的平均质量分数小于 1.5%。对于高速钢，不论碳的质量分数是多少，都不标出。如 W18Cr4V 表示碳的平均质量分数为 0.7% ~0.8%，钨的平均质量分数为 18%，铬的平均质量分数为 4%，钒的平均质量分数小于 1.5%。

思考：

1）合金钢和碳素钢相比，各具有哪些特点？

2）查资料，试论述合金元素在钢中的作用。

第四节 铸 铁

知识目标：

铸铁、灰铸铁、球墨铸铁及其他铸铁的成分、特性和分类。

技能目标：

了解铸铁、灰铸铁、球墨铸铁及其他铸铁的成分、特性和分类。

一、铸铁

1. 铸铁的成分

铸铁是碳质量分数较高的铁碳合金。铸铁中碳的质量分数，按 Fe-Fe_3C 系结晶时为 2.11% ~6.69%，按 Fe-C 系结晶时为 2.08% ~6.69%。铸铁常含有 C、Si、Mn、S、P 五大元素，可看作是多元合金。常用铸铁的成分大致为：$w(C)=2.5\%\sim4.0\%$、$w(Si)=1.0\%\sim3.0\%$、$w(Mn)=0.5\%\sim1.4\%$、$w(S)=0.02\%\sim0.2\%$、$w(P)=0.01\%\sim0.5\%$。与钢相比，铸铁含 C、Si、Mn、S、P 量较多，此外，还含有一定量的合金元素，如 Cr、Mo、V、Cu、Al 等。含有合金元素的铸铁称为合金铸铁。

2. 铸铁的特性

铸铁的强度、塑性、韧性比钢差，不能进行锻造，但具有优良的铸造性能和切削加工性能，良好的减摩性、耐磨性、消振性以及缺口敏感性低等优点，并且生产工艺及设备简单，价格低廉。因此，铸铁被广泛地应用于机械制造、冶金、石油化工、交通等工业部门。

3. 铸铁的分类

根据铸铁中碳的存在形式不同，将铸铁分为灰铸铁（石墨呈片状）、球墨铸铁（石墨呈球状）、可锻铸铁（石墨呈团絮状）、蠕墨铸铁（石墨呈蠕虫状）。根据断口颜色不同，铸铁可分为白口铸铁和灰铸铁。根据性能不同，铸铁可分为耐磨铸铁、耐热铸铁、耐蚀铸铁。

4. 铸铁的石墨化

（1）Fe-C 相图　在钢和白口铸铁中，碳除了能溶于 Fe 外，都以 Fe_3C 的形式存在于铁碳合金中。高碳部分（碳的质量分数为2.11%～6.69%）结晶后，碳大部分以 Fe_3C 的形式存在于莱氏体中，属于白口铸铁。白口铸铁硬而脆，实际应用极少。在常用铸铁中，碳除了存在于基体外都形成石墨，用符号“C”表示。实践证明，含 C、Si 量较高的液态合金在冷却时，可自液态中直接析出石墨，渗碳体经高温长时间的停留也能分解为铁的固溶体和石墨。因此，铁碳合金的结晶过程具有双重相图，即 Fe-Fe_3C 相图和 Fe-C 相图（铁碳合金复线相图），如图 13-3 所示。图 13-3 中，实线表示 Fe-Fe_3C 相图，虚线表示 Fe-C 相图，重合部分用实线表示。从图 13-3 中可看出，虚线位于实线的上方和左上方，这表明 Fe-C 相图比 Fe-Fe_3C 相图更稳定，也就是说石墨比渗碳体具有更稳定的相。石墨呈简单六方晶格（见图 13-4），层片结合力小，容易滑动，因此石墨的强度、硬度和塑性都很低，所以石墨的特性对铸铁的性能有很大的影响。

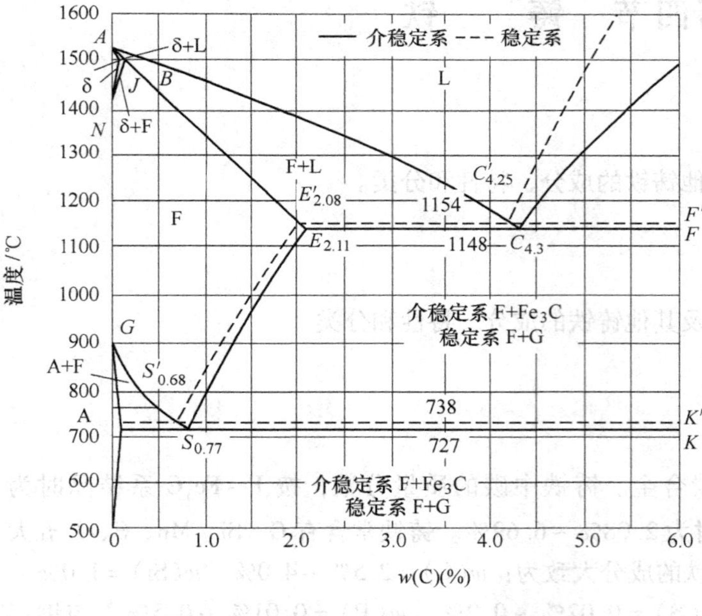

图 13-3　Fe-Fe_3C 相图和 Fe-C 相图

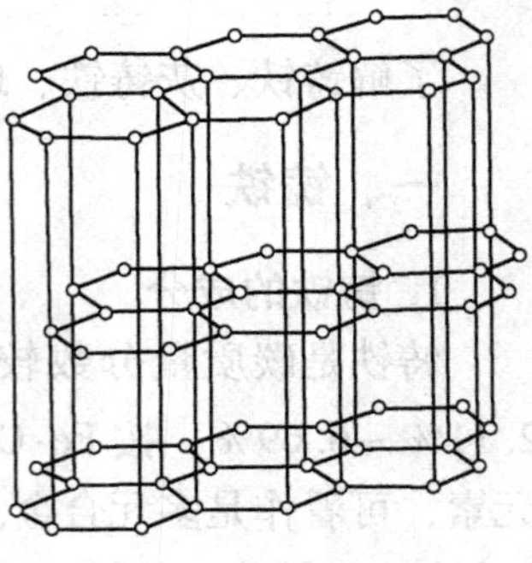

图 13-4　简单六方晶格

（2）铸铁的石墨化过程　铸铁中的碳以石墨形式析出的过程称为石墨化。铸铁中的石墨可以从液态合金中直接结晶，或从过饱和奥氏体中析出碳原子结晶，也可在共析时转变而成。有时则先形成 Fe_3C，然后很快分解成固溶体和石墨，整个过程可分为两个阶段。

1）从共析转变温度以上进行的石墨化称为第一阶段石墨化，包含过共晶铸铁从液态中直接结晶出一次石墨，共晶转变结晶的石墨和由过饱和奥氏体中析出的二次石墨，有时先形成 Fe_3C 然后又分解为固溶体和石墨。

2）共析转变形成的石墨称为第二阶段石墨化过程，包含共析转变形成的石墨和过饱和铁素体析出的三次石墨。这一阶段石墨化进行的程度决定于铸铁的基体类型。

（3）石墨化程度对铸铁组织的影响　石墨化进行的程度决定了各类铸铁的组织。影响石墨化的主要因素是铸铁的化学成分和冷却速度。石墨化程度对铸铁组织的影响（亚共晶铸铁）见表 13-2。

表 13-2　石墨化程度对铸铁组织的影响（亚共晶铸铁）

石墨化		显微组织	铸铁种类
第一阶段	第二阶段		
不进行	不进行	$L'_d + P + Fe_3C_{II}$	白口铸铁
部分进行	不进行	$L'_d + P + Fe_3C_{II} + C$ 或 $P + Fe_3C_{II} + C$	麻口铸铁
充分进行	不进行	P + C	珠光体基体灰铸铁
	部分进行	F + P + C	珠光体-铁素体基体灰铸铁
	充分进行	F + C	铁素体基体灰铸铁

二、灰铸铁

1. 组织与性能

灰铸铁的组织可看作钢的基体加片状石墨。其基体分为三种，即 P 基体、P + F 基体、F 基体。灰铸铁显微组织如图 13-5 所示。

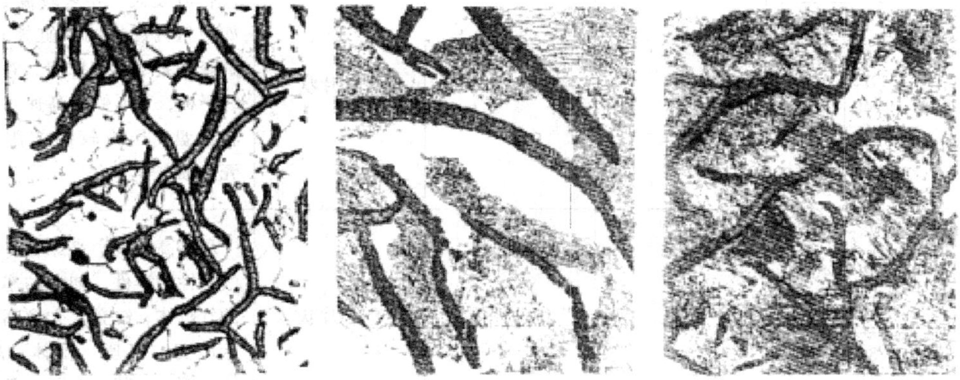

a)　　b)　　c)

图 13-5　灰铸铁显微组织

a）铁素体基体 + 片状石墨　b）珠光体 + 铁素体 + 片状石墨　c）珠光体基体 + 片状石墨

一般灰铸铁的抗拉强度只有碳素结构钢的 1/3。灰铸铁的切削加工性良好，但抗拉强度、塑性和韧性极低。由于石墨能起润滑作用以及石墨脱落后的孔洞能起储油作用，故使灰铸铁有优良的减摩性，并具有良好的减振性和低的缺口敏感性。

2. 牌号与应用

灰铸铁的牌号用“灰铁”拼音字首“HT”表示，后面数字表示最低抗拉强度（MPa）的值。如HT200表示灰铸铁最低抗拉强度为200MPa。灰铸铁的牌号、性能及应用见表13-3。

表13-3　灰铸铁的牌号、性能及应用

牌　号	铸件壁厚/mm	单铸试棒最小抗拉强度 R_m/MPa	显微组织特性		应用举例
			基　体	石　墨	
HT100	5～40	100	铁素体	粗片状	载荷小的不重要零件，如手轮、外罩、箱盖、支架、底座、不重要的壳体、重锤等
HT150	5～10	150	铁素体 珠光体	较粗片状	中等载荷零件及压力不大的摩擦件，如一般机床的底座、支架、箱体、床身，轴承座，转速不高的带轮、飞轮，一般的壳体、法兰等
	>10～20				
	>20～40				
	>40～80				
	>80～150				
	>150～300				
HT200	5～10	200	珠光体	中等片状	一般机械中较重要的零件，如小型内燃机的气缸体、缸盖，中速飞轮、齿轮、带轮、联轴器盘，中等精度机床床身、箱体，中等压力的泵体、阀体等
	>10～20				
	>20～40				
	>40～80				
	>80～150				
	>150～300				
HT250	5～10	250	细珠光体	较细片状	载荷较大、要求较高的零件，如中型内燃机的气缸体、缸盖、缸套，大型机床床身、箱体，划线平板，V形铁，高速飞轮，联轴器盘，压力较高的阀体，泵壳，油缸等
	>10～20				
	>20～40				
	>40～80				
	>80～150				
	>150～300				
HT300	10～20	300	细珠光体	细小片状	承受高载荷、高摩擦，要求高气密性的零件，如大功率发动机的气缸体、缸盖，大型高精度机床床身、底座、箱体，高压泵体、阀体及其他液压件等
	>20～40				
	>40～80				
	>80～150				
	>150～300				
HT350	10～20	350	细珠光体	细小片状	要求高强度、高耐磨性、高气密性的零件，如重型高精度机床床身，大型发动机曲轴、缸体、缸盖，高压油缸、水缸，泵体，阀体，冷、热锻模
	>20～40				
	>40～80				
	>80～150				
	>150～300				

三、球墨铸铁

1. 组织与性能

石墨形状呈球状的铸铁称为球墨铸铁，即金属基体加球状石墨。铸态球墨铸铁是 F + P 基体，经各种处理后，可得到 F、P 和下贝氏体基体。常用球墨铸铁为 F、F + P、P 三种基体，其显微组织如图 13-6 所示。

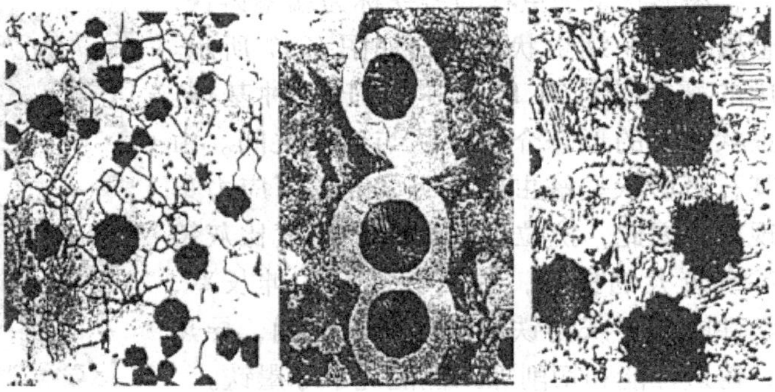

a)　　b)　　c)

图 13-6　球墨铸铁显微组织

a) F 基体　b) F + P 基体　c) P 基体

球墨铸铁具有许多优异性能，除灰铸铁具有的基本性能外，球墨铸铁的主要特点是抗拉强度和屈服强度较高，并有一定的塑性和韧性，有较高的疲劳强度，屈强比（R_e/R_m）可达 0.7（优质碳素结构钢的屈强比为 0.5 ~ 0.7）。

2. 牌号与应用

球墨铸铁的牌号用“球铁”拼音首字“QT”表示，后面接两组数字，第一组为抗拉强度，第二组为最低伸长率。如 QT 400—15 表示球墨铸铁抗拉强度不低于 400MPa，伸长率不低于 15%。GB/T 1348—2009 规定球墨铸铁有 8 个牌号见表 13-4。

表 13-4　球墨铸铁的牌号、性能及应用（摘自 GB/T 1348—2009）

牌号	抗拉强度 R_m/MPa	屈服强度 $R_{P0.2}$/MPa	伸长率（%）	基体组织	应用举例
QT400—18	400	250	18	铁素体	承受冲击载荷，要求具有一定强度的零件，如农机具的犁铧、犁柱，汽车轮毂、驱动桥壳体、离合器壳、拨叉，中低压阀体，压缩机高低压气缸，电机机壳，齿轮、飞轮壳等
QT400—15	400	250	15	铁素体	
QT450—10	450	310	10	铁素体	
QT500—7	500	320	7	铁素体 + 珠光体	内燃机的机油齿轮、汽轮机中温气缸隔板、机车车辆轴瓦、机泵底座、传动轴、飞轮、电动机架等
QT600—3	600	370	3	铁素体 + 珠光体	要求高强度并有一定韧性的零件，如内燃机或压缩机的曲轴、凸轮轴、气缸套、连杆，部分机床的主轴，小型轧辊，球磨机齿轮，小型水轮机主轴等
QT700—2	700	420	2	珠光体	
QT800—2	800	480	2	珠光体或索氏体	
QT900—2	900	600	2	回火马氏体或托氏体 + 索氏体	要求高强度、高耐磨性的零件，如内燃机曲轴、凸轮轴，汽车拖拉机减速齿轮，弧齿锥齿轮，万向节等

四、其他铸铁简介

1. 蠕墨铸铁

石墨形状呈蠕虫状的铸铁称为蠕墨铸铁，即金属基体 + 蠕虫状石墨，如图 13-7 所示。常用的蠕墨铸铁有 F、F + P、P 三种基体。蠕虫状石墨的形态介于片状与球状之间。由于其石墨形状呈蠕虫状，明显改善了应力集中现象，因此，抗拉强度和屈服强度比灰铸铁都有较大的提高，并具有一定的伸长率，力学性能介于灰铸铁和球墨铸铁之间，导热性、铸造性能和切削加工性能优于球墨铁。

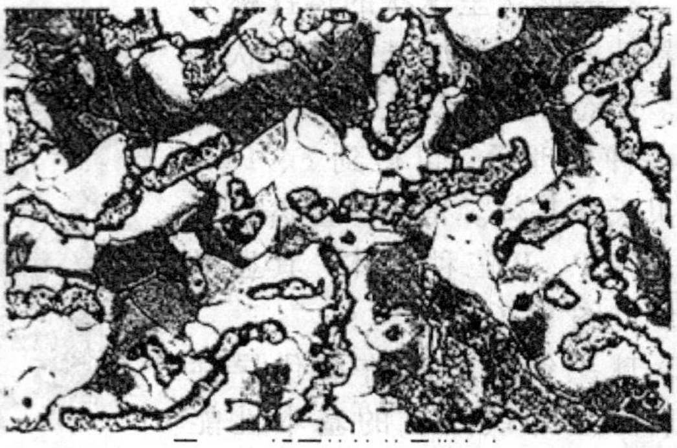

图 13-7　蠕墨铸铁的显微组织

蠕墨铸铁用“蠕铁”拼音首字“RuT”表示，后面数字表示最低抗拉强度。蠕墨铸铁有五个牌号，即 RuT260、RuT300、RuT340、RuT380、RuT420。RuT200 表示蠕墨铸铁抗拉强度不低于 200MPa。

蠕墨铸铁目前主要用于制造要求强度高、组织致密、承受热疲劳载荷、形状复杂的零件，如制动盘、排气管、气缸盖、活塞环、钢锭模等。

2. 冷硬铸铁

冷硬铸铁实质上是由高碳低硅，再加入少量硼、铬、钼等合金元素的低合金铸铁经表面激冷处理（工艺中采用冷的金属铸型成型即可）获得的，其表面有一定深度的白口组织，而心部均为灰口组织的铸铁。要求表面层具有高硬度和耐磨性，且心部又具有一定韧性的零件，可采用冷硬铸铁制造，如轧辊、滚筒、列车轮、凸轮等。

3. 耐磨铸铁

耐磨铸铁按耐磨机理分为抗磨铸铁和减摩铸铁两种。

抗磨铸铁的抗磨作用是通过表层的高硬度组织抵抗磨粒磨损来实现的。白口铸铁和冷硬铸铁都属于抗磨铸铁。白口铸铁脆性较大，不能承受冲击载荷。在白口铸铁中加入少量 Cr、Mo、Cu、V、B 等元素后，在铸铁中形成合金渗碳体，可进一步提高抗磨性。抗磨铸铁主要用于制造在干摩擦条件下工作的零件，如球磨机磨球、煤粉机锤头、挖掘机斗齿、抛丸机衬板、轧辊及犁铧等。

减摩铸铁的减摩作用是通过适当的组织减少摩擦磨损来实现的。实际应用的减摩铸铁是在灰铸铁的基础上加入适量的 Cu、Mo、V、Ti、B 等元素，用以强化基体和形成高硬度的碳化物、氮化物和硼化物；加入适量的 Cu、Ti、P 等元素，形成高硬度的磷共晶组织，可显著提高耐磨性。减摩铸铁一般用于制造在润滑条件下工作的零件，如机床床身、气缸套、活塞环、凸轮轴等零件。

4. 耐热铸铁

耐热铸铁是指在高温下具有较好的抗氧化和抗生长的能力。铸铁中加入 Al、Si、Cr 等元素，使铸铁在高温时表层形成一层致密的 Al_2O_3、SiO_2、Cr_2O_3 氧化膜，保护内层不再被氧化，从而提高铸铁的抗氧化能力。耐热铸铁主要用于制造退火罐、炉条、换热器元件、水泥熔烧炉、玻璃窑零件及高温工作的零件。

5. 耐蚀铸铁

在腐蚀介质中使用的有耐蚀能力的铸铁称为耐蚀铸铁。铸铁的腐蚀形式有化学腐蚀和电化学腐蚀。提高铸铁耐蚀性的主要途径是合金化。向铸铁中加入 Si、Al、Cr 等合金元素，能在铸铁表面形成一层连续致密的保护膜，可提高耐化学腐蚀的能力。向铸铁中加入 Cr、Si、Mo、Ni、P 等合金元素形成单相铁素体并提高其电极电势，可减少铸铁中因形成微电池而造成的电化学腐蚀。耐蚀铸铁广泛用于制造化工管道、阀门、泵、容器等零件。

耐磨铸铁、耐热铸铁、耐蚀铸铁等都可以通过合金化达到所需的性能，故统称为合金铸铁。

思考：

1）什么是铸铁的石墨化？

2）影响铸铁性能的主要因素有哪些？

3）球墨铸铁有什么性能特点？

第五节　钢的热处理

知识目标：

1. 退火工艺。
2. 正火、淬火、回火、表面淬火、化学热处理的原理和方法。

技能目标：

1. 了解退火工艺。
2. 了解正火、淬火、回火、表面淬火、化学热处理的原理和方法。

一、退火工艺

将金属和合金加热到适当温度，保持一定时间，然后缓慢冷却，以获得接近平衡组织的热处理工艺称为退火。经退火后可使晶粒均匀细化，降低硬度，提高塑性，消除内应力。生产上退火的种类很多，如图 13-8 所示。

1. 完全退火

完全退火又称为重结晶退火，是将工件加热到 Ac_3 以上 30～50℃，保温一定时间后，随炉缓慢冷却，以获得接近平衡组织的热处理工艺。亚共析钢经完全退火后得到的组织是 F＋P。完全退火主要适用于亚共析钢和合金钢的铸件、焊接件、锻件及热轧型材。其目的是细化晶粒，均匀组织，降低硬度，便于切削加工并为加工后工件的淬火做好组织准备。

2. 等温退火

等温退火的加热规范和处理目的与完全退火相同，只是冷却过程不是随炉冷却，而是从

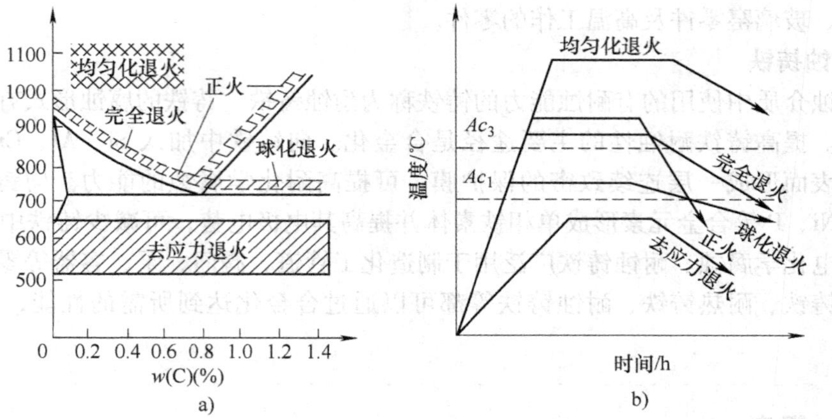

图 13-8　金属和合金的各种退火加热温度范围和工艺曲线

a）加热温度范围　b）工艺曲线

奥氏体化温度比较快地冷却至 Ar_1 以下珠光体转变区，并在此温度等温至珠光体转变完成，再以一定的速度冷却至室温。其目的是缩短退火时间，并使组织比较均匀。等温退火主要用于过冷奥氏体比较稳定的合金钢。

3. 球化退火

球化退火是使钢中碳化物球化的退火工艺，又称为不完全退火。球化退火工艺规范为：一般采用随炉加热至 Ac_1 以上 20～30℃，保持一定的时间，使片状渗碳体发生不完全溶解，形成许多细小点状渗碳体。在冷却过程中以细点状渗碳体为核心，自发形成卷曲状渗碳体，又称为球状渗碳体。在奥氏体发生共析转变时，应缓慢冷却，以使析出的渗碳体以未溶渗碳体为核心自发球化，最后获得铁素体基体上均匀分布球状渗碳体的组织。通过球化退火，使钢组织中的网状二次渗碳体和珠光体中的片状渗碳体转变为颗粒状（球状），并均匀地分布在铁素体基体上。这种铁素体基体上均匀分布着球状渗碳体的组织，称为球状珠光体，如图 13-9 所示。球状珠光体与片状珠光体相比，强度与硬度降低，而塑性、韧性提高，有利于改善切削加工性。球化退火主要用于过共析钢，如碳素工具钢、合金工具钢、轴承钢等。

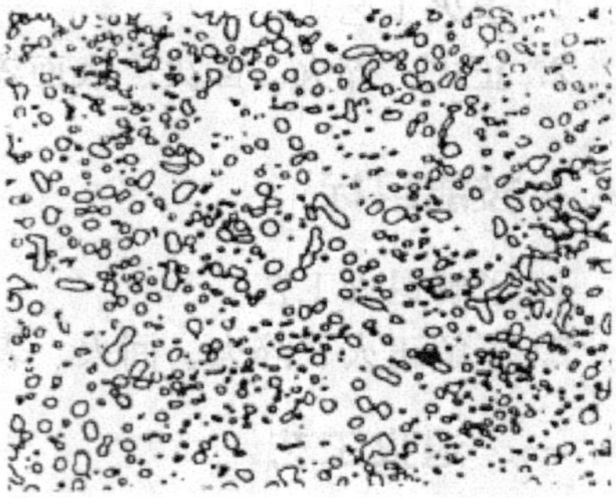

图 13-9　球状珠光体

4. 均匀化退火

均匀化退火是指将工件加热至该成分合金的熔点以下 100～200℃，进行较长时间的保温，以使成分与组织均匀化。均匀化退火因加热温度高，保温时间长，而使退火后晶粒粗大，因此，均匀化退火后一般还应进行完全退火或正火处理，以细化晶粒，提高力学性能。均匀化退火主要用于改善铸钢件化学成分和组织的不均匀性。

5. 再结晶退火

再结晶退火是指将工件加热至最低结晶温度以上 100～200℃，并通过适当保温来使金属发生再结晶。由于再结晶温度低于相变温度，在冷却过程中不会再发生组织转变，所以冷却速度可以比一般退火快一些。再结晶的目的是消除加工硬化。再结晶退火主要用于经冷变形而产生加工硬化的材料或零件。

6. 去应力退火

消除内应力退火是指将工件加热至低于 Ac_1 的某一温度（一般为 500～650℃），保温足够的时间后，缓慢冷却。去应力退火主要用于消除铸件、锻件、焊接件及冷变形零件的内应力，降低硬度，稳定尺寸，减少和防止使用过程中的变形，但不改变零件的内部组织。

二、正火

将钢件加热至 Ac_3 或 Ac_{cm} 以上 30～50℃或更高一些，经奥氏体化保温后，在空气中冷却的热处理工艺称为正火。正火与退火的明显不同是正火冷却速度较快，获得的组织细小而均匀。正火后的组织：亚共析钢为 F＋S，共析钢为 S，过共析钢为 S＋Fe_3C。正火后所得组织比退火所得组织细小，因此，力学性能也比退火高。

三、淬火

将钢件加热至临界点 Ac_3 或 Ac_1 以上 30～50℃，保温一定时间后，快速冷却至室温，以获得马氏体或贝氏体组织的热处理工艺称为淬火。淬火的目的是为了得到马氏体，但马氏体不是热处理所要得到的最终组织，淬火必须与回火配合，才能达到预期的目的。例如各种工具、模具、量具、轴承等都要求硬而耐磨，一般都采用高碳钢制造，淬火形成马氏体后再经低温回火后，便可达到要求。所以淬火是强化钢件的主要手段之一。淬火加热温度范围如图 13-10 所示。

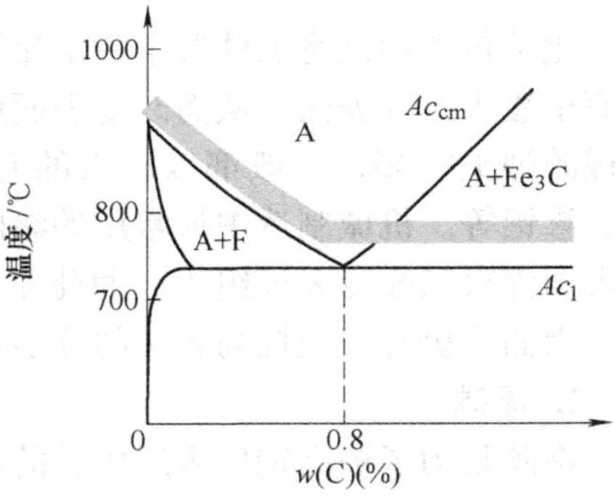

图 13-10　淬火加热温度范围

四、回火

将淬火钢件重新加热至 Ac_1 以下某一温度，保温一定时间，然后出炉空冷（某些合金钢可采用水冷或油冷）的热处理工艺称为回火，如图 13-11 所示。

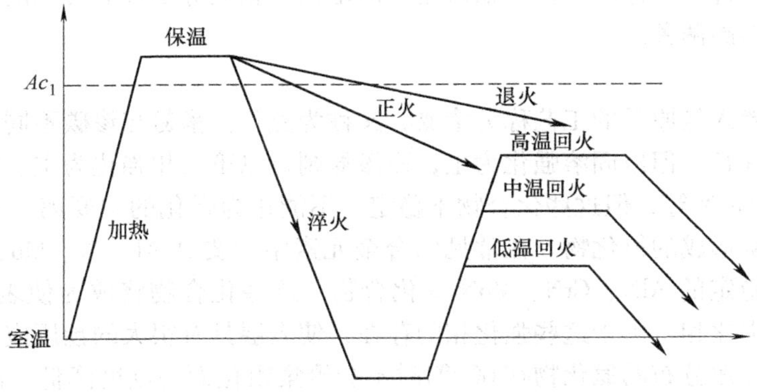

图 13-11　回火工艺曲线

回火的目的是为了降低脆性和内应力，促进淬火马氏体和残留奥氏体的转变，稳定组织和工件尺寸，获得所要求的力学性能。因此，钢件经淬火后应立即进行回火处理，控制不同的回火温度，可使材料具有不同的性能。

淬火钢回火实质上是淬火马氏体中析出碳化物，以及碳化物聚集长大的过程。

五、表面淬火

仅对工件表层进行淬火的工艺称为表面淬火。表面淬火的目的是提高工件表面层的硬度，从而提高耐磨性。表面淬火时采用快速加热使表层很快达到奥氏体化温度，而心部未被加热，然后立即冷却。表面淬火后的表层为细马氏体组织，而心部仍为韧性较好的原始组织，从而使工件具有高的硬度、耐磨性、冲击韧度和疲劳强度的综合力学性能。根据加热方式不同，表面淬火可分为火焰淬火、感应淬火（高频、中频、工频）、接触电阻加热淬火及激光淬火等。

六、化学热处理

化学热处理是将工件置于一定化学活性介质中加热与保温，使介质中的一种或几种元素的原子渗入工件表面，从而改变表面层的化学成分、组织和性能的一种热处理工艺。化学热处理的种类很多，一般都以渗入的元素来命名的，如渗碳、渗氮（氮化）、碳氮共渗、渗硼、渗铝等。机械制造中最常用的渗碳和渗氮。化学热处理与表面淬火都属于表面热处理，但表面淬火只改变表层组织，而化学热处理不仅使表层改变组织而且还改变表层的化学成分，因而能更有效地提高表层的性能。

1. 渗碳

渗碳是为了提高钢件表层中碳的质量分数和一定的碳浓度梯度，在经淬火后表层具有很高的硬度，而心部具有较高的塑性、韧性。因此，渗碳用钢都采用低碳钢和低碳合金钢，以保证心部的性能要求。渗碳是向低碳（碳的质量分数为0.1%～0.25%）的碳素钢或合金钢的表面渗入碳原子的过程。渗碳后还应进行淬火和低温回火处理。渗碳的目的是提高工件的硬度、耐磨性和疲劳强度，同时保证心部的良好塑性和韧性。渗碳主要用于承受较大冲击载荷和在严重磨损条件下工作的零件，如齿轮、活塞销、轴类等零件。常用的渗碳工艺可分为气体渗碳和固体渗碳两种。

2. 渗氮

向钢件表面渗入氮原子的工艺称为渗氮，又称为氮化。渗氮与渗碳不同。渗碳时固溶强化与第二相强化并存，但以固溶强化为主，而渗氮则是以第二相强化为主。氮与铁能形成化合物，如Fe_4N、Fe_2N等，但这些化合物不稳定，不能作为强化的主要第二相。氮化的第二相是氮与其他元素形成的氮化物。在常见的合金元素中主要是Al、Cr、Mo、W、V、Ti等，可形成硬度高且稳定的AlN、CrN、MoN等化合物。这些化合物将成为使表层具有高硬度、高耐磨性的第二强化相。由于这些强化相的存在，使表层具有很大的预压应力，从而大大提高了疲劳强度。弥散分布的氮化物在600℃时不会聚集粗化而使硬度降低，故渗氮后钢具有很高的热硬性，同时，氮化物能在表层形成一层致密组织，使钢具有良好的耐蚀性。

思考：

1）钢退火、正火、淬火和回火的目的各是什么？

2）正火和退火的主要区别是什么？生产中应该如何选用正火和退火工艺？

3）简述各种淬火的方法及适用范围。

第十四章

非铁金属及非金属材料在汽车上的运用

第一节　铝及铝合金

知识目标：

1. 铝合金的物理、化学性能及在汽车上的应用。
2. 变形铝合金、铸造铝合金的牌号及性能。

技能目标：

1. 了解铝合金的物理、化学性能及在汽车上的应用。
2. 了解变形铝合金、铸造铝合金的牌号及性能。

一、纯铝的物理、化学性能

纯铝呈银白色，密度为 $2.7g/cm^3$，面心立方晶格，熔点为 660.24℃。纯铝强度低，但导电、导热性好，仅次于银和铜，主要用于制造电线、电缆，一般不用作结构材料。

纯铝没有同素异晶转变，故不能用热处理方法强化，一般采用固溶强化或冷变形强化来提高其强度。纯铝不耐酸、碱的腐蚀。

纯铝的铸造性能、锻造性能及切削加工性能优良。

二、铝合金的物理、化学性能及在汽车上的应用

以铝为主要元素，加入少量其他元素形成的合金称为铝合金。铝合金比纯铝强度高，可作为工程结构材料。铝合金中，常用的合金化元素有 Si、Cu、Mg、Zn、Mn 等，这些元素与铝形成有限固溶体，根据铝合金的成分及生产工艺特点，可分为变形铝合金和铸造铝合金两大类。

1. 变形铝合金的牌号及性能

变形铝合金可分为防锈铝合金、硬铝合金、超硬铝合金、锻造铝合金。变形铝合金常用牌号、性能及应用见表 14-1。

表 14-1　变形铝合金常用牌号、性能及应用

类别	代号	化学成分（质量分数,%）						热处理性能	力学性能			应用举例
		Cu	Mg	Mn	Zn	其他	Al	状态	R_m/MPa	A/(%)	HBW	
防锈铝合金	5A05	0.1	4.8～5.5	0.3～0.6	0.2	Si0.5	余量	退火	280	20	70	焊接油箱、油管、焊条、铆钉及中载零件
	3A21	0.2	0.05	1.0～1.6	0.1	Si0.6	余量	退火	130	20	30	焊接油箱、油管、铆钉及轻载零件
硬铝合金	2A01	2.2～3.0	0.2～0.5	0.2	0.1	Si0.5	余量	淬火+自然时效	300	24	70	工作温度不超过 100℃，常用作铆钉
	2A11	3.8～4.8	0.4～0.8	0.4～0.8	0.3	Si0.7	余量	淬火+自然时效	420	18	100	中载强度结构件，如骨架、螺旋桨、叶片、铆钉等
	2A12	3.8～4.9	1.2～1.8	0.3～0.9	0.3	Si0.5	余量	淬火+自然时效	470	17	105	高强度结构件、航空模锻件及 150℃以下工作的零件
超硬铝合金	7A04	1.4～2.2	2.0～2.6	0.1	5.5～6.7	Cr0.05	余量	淬火+人工时效	600	12	150	主要受力构件，如飞机大梁、桁架等
	7A09	1.2～2.0	2.0～3.0	0.15	5.1～6.1	Cr0.16～0.30	余量	淬火+自然时效	680	7	190	主要受力构件，如飞机大梁、桁架、起落架等
锻造铝合金	2A50	1.8～2.6	0.4～0.8	0.4～0.8	0.3	Si0.7～1.2	余量	淬火+自然时效	420	13	105	形状复杂、中等强度的锻件
	2A70	1.9～2.5	1.4～1.8	0.2	0.3	Ti0.02～0.1 Ni0.9～1.5 Fe0.9～1.5	余量	淬火+自然时效	415	13	120	高温下工作的复杂锻件及结构件
	2A90	3.5～4.5	0.4～0.8	0.2	0.3	Si0.5～1.0	余量	淬火+自然时效	480	19	135	承受重载荷的锻件

2. 铸造铝合金

铸造铝合金具有良好的铸造性能，但塑性差。按主加合金元素不同，可分为 Al-Si、Al-Cu、Al-Mg、Al-Zn 等四类，应用最广泛的是 Al-Si 合金。铸造铝合金的代号以“铸铝”的拼音首字“ZL”加 3 位数字表示，第 1 位数字表示合金系列，1 表示铝硅合金，2 表示铝铜合金，3 表示铝镁合金，4 表示铝锌合金；后面 2 位数为顺序号，如 ZL101、ZL201、ZL301、ZL401 等。铸造铝合金常用牌号、性能及应用见表 14-2。

第二节 铜及铜合金

知识目标：

1. 铜及铜合金的分类。
2. 工业纯铜、黄铜、青铜的分类、牌号及在汽车上的应用。

技能目标：

1. 了解铜及铜合金的分类。
2. 了解工业纯铜、黄铜、青铜的分类、牌号及在汽车上的应用。

一、铜合金的分类及牌号

1. 按化学成分分类

- 铜合金
  - 黄铜
    - 普通黄铜
    - 特殊黄铜
  - 白铜（机械工程中应用少，本书从略）
  - 青铜
    - 锡青铜
    - 特殊青铜（无锡青铜）

2. 按生产工艺分类

- 铜合金
  - 加工铜合金
    - 加工黄铜
    - 加工青铜
  - 铸造铜合金
    - 铸造黄铜
    - 铸造青铜

3. 铜合金的牌号

普通黄铜的牌号以“黄”字的拼音首字“H”表示，后面的数字表示铜的平均质量分数，如 H80，表示 Cu 的质量分数为 80% 的普通黄铜。

特殊黄铜的牌号以代号用 H + 主加元素符号 + 铜的平均质量分数 + 主加元素的平均质量分数表示，如 HSn62-1，表示 Cu 的质量分数为 62%，Sn 的质量分数为 1%，其余为 Zn 的锡黄铜。

青铜牌号以代号 Q + 主加元素符号 + 主加元素的平均质量分数 + 辅加元素的平均质量分数表示，如 QSn7-0.2，表示 Sn 的质量分数为 7%，P 的质量分数为 0.2% 的锡青铜。

表 14-2　铸造铝合金常用牌号、性能及应用

类别	牌号	代号	化学成分（质量分数,%）							铸造方法	热处理性能	力学性能			应用举例
			Si	Cu	Mg	Mn	Ti	Al	其他			R_m/MPa	A/(%)	HBW	
铝硅合金	ZAlSi7Mg	ZL101	6.50 ~ 7.50	—	0.25 ~ 0.45	—	—	余量	—	金属型	淬火 + 自然时效	190	41	50	飞机、仪器零件
										砂型变质	淬火 + 人工时效	230		70	
	ZAlSi12	ZL102	10.0 ~ 13.0	—	—	—	—	余量	—	砂型变质		143	4	50	仪表、抽水机壳体等外形复杂件
										金属型		153	2	50	
	ZAlSi5Cu1Mg	ZL105	4.50 ~ 5.50	1.00 ~ 1.50	0.40 ~ 0.60	—	—	余量	—	金属型	淬火 + 不无完全时效	240	0.5	70	风冷发动机气缸头，油泵壳体
										金属型	淬火 + 稳定回火	180	1	65	
	ZAlSi12Cu1Mg1Ni1	ZL109	11.00 ~ 13.00	0.50 ~ 1.50	0.80 ~ 1.30	—	—	余量	Ni0.80 ~ 1.50	金属型	人工时效	200	0.5	90	活塞及高温工作零件
										金属型	淬火 + 人工时效	250	—	100	
铝铜合金	ZAlCu5Mg	ZL201	—	4.50 ~ 5.30	—	0.60 ~ 1.00	0.15 ~ 0.35	余量	—	砂型	淬火 + 自然时效	300	8	70	内燃机气缸头、活塞等
										砂型	淬火 + 不无完全时效	340	4	90	
	ZAlCu10	ZL202	—	9.00 ~ 11.00				余量		砂型	淬火 + 人工时效	170	—	100	高温不受冲击的零件
										金属型	淬火 + 人工时效	170	—	100	

（续）

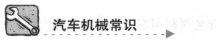

类别	牌号	代号	化学成分（质量分数,%）							铸造方法	热处理性能	力学性能			应用举例
			Si	Cu	Mg	Mn	Ti	Al	其他			R_m/MPa	A/(%)	HBW	
铝镁合金	ZAlMg10	ZL301	—	—	9.50～11.00	—	—	余量	—	砂型	淬火+自然时效	280	9	60	舰船配件
铝镁合金	ZAlMg5Si1	ZL303	0.80～1.30	—	4.50～5.50	0.10～0.40	—	余量	—	砂型或金属型	—	150	1	55	氨用泵体
铝锌合金	ZAlZn11Si7	ZL401	6.00～8.00	—	0.10～0.30	—	—	余量	Zn9.00～13.00	金属型	人工时效	250	1.5	90	结构、形状复杂的汽车、飞机仪表零件
铝锌合金	ZAlZn6Mg	ZL402	—	—	0.50～0.60	—	0.15～0.25	余量	Zn5.00～6.50 Cr0.40～0.60	金属型	人工时效	240	4	70	结构、形状复杂的汽车、飞机仪表零件

铸造铜合金牌号以 ZCu + 主要合金元素及其平均质量分数表示。如 ZCuZn38，表示 Zn 的质量分数为 38%，其余为铜的铸造黄铜；又如 ZCuZn16Si4，表示 Zn 的质量分数为 16%，Si 的质量分数为 4%，其余为铜的铸造黄铜。

二、工业纯铜

纯铜的密度为 8.94g/cm^3，面心立方晶格，熔点为 1083℃。纯铜无同素异构（晶）转变，因此不能用热处理方法进行强化，具有良好的导电、导热及耐蚀性，塑性很好，可进行各种冷、热加工。抗拉强度低，经冷、热加工后提高其强度，但断面收缩率显著降低，所以常用合金化方法强化。纯铜易产生冷、热脆性，因此，要严格控制杂质的含量。

常用纯铜的代号以“铜”的拼音首字“T”表示，后面数字为序号，数字越大纯度越低。常见纯铜牌号、力学性能和应用见表 14-3。

表 14-3　常见纯铜牌号、力学性能和应用

牌　号	代　号	力学性能			应用举例
		R_m/MPa	A/(%)	HBW	
一号铜	T1	退火状态			导电、导热、耐蚀器材，如电线、蒸发器、雷管、储藏器等
二号铜	T2				
三号铜	T3	200～400	45～50	35～40	一般用铜材，如电器开关、铆钉等
一号无氧铜	TU1	冷弯状态			电真空器件
二号无氧铜	TU2	400～500	4～6	100～130	
一号脱氧铜	TP1	铸造状态			汽油管、气体管、冷凝管等焊接用铜材
二号脱氧铜	TP2	170	17	40	

三、黄铜

Cu-Zn 合金为黄铜。Cu-Zn 二元合金为普通黄铜。除 Zn 外，还含有其他元素的黄铜，称为特殊黄铜。

1. 普通黄铜

普通黄铜中 Zn 的质量分数小于 45%。当 Zn 的质量分数小于 36% 时，室温下的组织为 α 固溶体单相组织，如 H96、H80、H68 等。普通黄铜有一定的强度，色泽美观，塑性很好，可进行冷、热加工，适用于制作各种冲压零件，如弹壳、套筒等。

2. 特殊黄铜

为改善普通黄铜的耐蚀性、切削加工性，提高其力学性能，可在黄铜中加入 Al、Sn、Mn、Pb、Si、Sb、Fe 等元素。这些元素可溶入 Cu 中形成固溶体，提高合金的强度、耐磨性，改善其耐蚀性及切削加工性，并可细化晶粒。特殊黄铜可分为锡黄铜、铝黄铜、锰黄铜、铅黄铜等。常用黄铜代号、力学性能和应用见表 14-4。

表 14-4 常用黄铜代号、力学性能和应用

类别	代号	力学性能		应用举例
		R_m/MPa	A/(%)	
普通黄铜	H96	240	50	散热器、冷凝器管道及导电零件等
	H80	320	52	金属网、薄壁管等
	H68	320	53	冷凝器管、工业用各种零件
	H62	330	49	散热器、垫圈、弹簧、螺钉等
	H59	390	44	热压零件、电器、机器零件
特殊黄铜	HSn90-1	280	45	汽车、拖拉机弹性套管
	HSn62-1	400	40	船舶零件
	HAl60-1-1	450	45	在海水中工作的高强度零件等
	HMn58-2	400	40	弱电流工业用零件
	HPb63-3	370	45	分流器、导电排等
铸造黄铜	ZCuZn38	295	30	一般结构和耐蚀零件，如法兰、阀座、支架、手柄等
	ZCuZn16Si4	345	15	在海水中工作的管配件及在空气、淡水、油、燃料以及在4.5MPa和250℃以下蒸汽中工作的铸件
	ZCuZn40Mn2	345	20	在空气、海水、淡水和各种液体燃料中工作的零件
	ZCuZn31Al2	295	12	适用于压力铸造，如电动机、仪表等压铸件以及造船和机械制造业的耐蚀件
	ZCuZn33Pb2	180	12	煤气和给水设备的壳体，机械、电子、仪表的配件

四、青铜的分类、牌号及在汽车上的应用

青铜是Cu-Sn合金，但由于铜合金的发展，现已把除Cu-Zn、Cu-Ni合金以外的铜基合金统称为青铜，包括锡青铜、铝青铜、铍青铜、硅青铜、铅青铜等。

1. 锡青铜

以锡为主加元素的铜合金称为锡青铜。锡青铜具有耐磨、耐蚀性能。锡青铜可用于制造弹性元件、轴瓦、轴套、齿轮及艺术品等零件。

2. 铝青铜

以铝为主加元素的铜合金称为铝青铜。铝青铜由于不含锡，故价格低廉，又可进行热处理强化，所以铝青铜是一种重要的结构材料。铝青铜的耐蚀性、耐磨性均高于黄铜和锡青铜，还具有冲击无火花等特性，常用于制造齿轮、蜗轮、轴套及要求耐蚀的弹性元件。

3. 铍青铜

以铍为主加元素的铜合金称为铍青铜。铍青铜不但强度、硬度、弹性和耐磨性很高，而且耐蚀性、导热性、导电性、耐寒性也非常好，还具有无磁性，冲击时无火花等特性，可进行冷、热加工及铸造成型，可用于制造具有各种重要用途的弹簧、弹性元件，以及钟表、仪

表、航海罗盘仪器中的零件，防爆工具及电焊机电极等。因为铍青铜价格高，限制了它在工业上的应用。常用青铜的牌号、力学性能和应用见表 14-5。

表 14-5 常用青铜的牌号、力学性能和应用

类 别	牌 号	力学性能		应用举例
		R_m/MPa	A/(%)	
加工青铜	QSn4-3	350	40	弹簧、抗磁及耐蚀零件
	QSn7-0.2	360	64	弹性元件、仪表用管材、耐磨零件
	QAl9-4	550	40	齿轮、轴套等
	QAl10-4-4	650	40	齿轮、轴套、阀座、导向套等重要零件
	QBe2	500	40	重要的弹簧及弹性零件、钟表零件、波纹管、深拉深冲压件，高温、高速、高压下工作的轴承衬套等
	QBe1.7	440	50	
铸造青铜	ZCuSn5Pb5Zn5	200	13	在较高负荷、中等滑动速度下工作的耐磨、耐蚀零件，如轴瓦衬套、缸套、离合器、蜗轮等
	ZCuSn10Zn2	240	12	在中等及较高负荷和小滑动速度下工作的重要管配件以及阀、齿轮、蜗轮等
	ZCuPb10Zn10	180	7	仪表压力高并有侧压的滑动轴承，负荷峰值为 60MPa 的受冲击零件以及活塞销套、摩擦片等
	ZCuPb20Sn5	150	5	高滑动速度的轴承、破碎机、冷轧机轴承、双金属轴承、负荷达 70MPa 的活塞销套
	ZCuAl9Mn2	390	20	耐蚀、耐磨零件，形状简单的大型铸件，在 250℃以下工作的管配件和要求气密性高的铸件
	ZCuAl10Fe3Mn2	490	15	要求强度高、耐蚀、耐磨的零件（如齿轮、轴承、衬套）以及耐热管配件等

思考：

试例举非铁金属材料在汽车上的应用。

第三节 非金属材料

知识目标：

1. 塑料、新型塑料的分类和组成。
2. 橡胶、特种陶瓷等的分类和应用。

技能目标:

1. 了解塑料、新型塑料的分类和组成。
2. 了解橡胶、特种陶瓷等的分类和应用。

一、塑料

1. 塑料的分类与组成

(1) 塑料的分类　塑料可按用途和树脂的性质分类如下:

1) 按用途分类

- 通用塑料：通用塑料产量大，用途广，价格低，主要有聚乙烯、聚丙烯、聚氯乙烯、聚苯乙烯、酚醛塑料和氨基塑料等，占塑料总量的75%以上
- 工程塑料：指工程上用作结构材料的塑料，具有较高的力学性能，能承受较大的载荷，具有较好的热性能、电性能和尺寸稳定性，在高温下仍具有一定强度的塑料。其强度、硬度、塑性、韧性、耐热性、耐蚀性都高于通用塑料，主要有ABS、聚甲醛、聚酰胺、聚碳酸酯、聚砜、聚苯醚、聚氯醚、有机玻璃、氟塑料等

2) 按树脂的热性能分类

- 热塑性塑料：指经冷却固化后重新加热时又具有塑性的塑料，如聚乙烯、聚氯乙烯、聚苯乙烯、ABS、聚甲醛、聚酰胺、聚碳酸酯、聚砜、聚氯醚
- 热固性塑料：指经冷却固化后重新加热时不会再有塑性的塑料，如酚醛塑料、氨基塑料、不饱和聚酯、聚酰亚胺等

(2) 塑料的组成　绝大多数塑料都直接用其树脂命名，并根据要求加入添加剂。合成树脂是塑料的基本组成。树脂的性能基本上决定了塑料的性能。添加剂是为了改善塑料的成型工艺性及使用性能。塑料中可根据需要加入某些材料作为添加剂，如填料、固化剂、增塑剂、稳定剂、润滑剂、阻燃剂等。

2. 塑料的基本性能

(1) 力学性能

1) 强度。由于塑料的化合键力比金属小及大分子链排列规整度不够，塑料的绝对强度比金属低得多。不同塑料的同一强度指标值可能相差若干个数量级，主要影响因素有大分子链的长短、结晶度的高低、添加剂的种类、注塑加工的工艺参数等。如以玻璃纤维、碳纤维等作为填料，可大大提高塑料的强度，甚至达到相当于灰铸铁的强度值。

2) 硬度。硬度是塑料对压印和刮痕的抵抗能力，可用塑料的布氏硬度、维氏硬度、洛氏硬度和邵氏硬度试验系统来测定。塑料的硬度比金属的硬度低得多，是常用工程材料中硬度最低的材料之一。塑料不能抵抗高硬度物体的压入。但在某些场合，塑料硬度不高却是一种可贵的性能。

3) 摩擦因数。塑料的摩擦因数一般较小，耐磨和自润滑性好，如聚甲醛、聚碳酸酯、聚酰胺，在轴承、齿轮等结构件上有越来越广泛的应用。聚四氟乙烯是固体材料中摩擦因数

最小的材料之一。

4）蠕变。蠕变是指塑料受到低于屈服强度的固定载荷时，随着载荷作用的时间增加，塑性变形也逐渐增大的现象。大多数塑料在室温下即会产生蠕变，因此必须根据要求选用不同的塑料。如长时间使用的紧固垫圈、继电器簧片组塑料垫板的蠕变会降低系统可靠性，宜采用蠕变小的聚苯醚、聚碳酸酯、聚砜、胶木、改性塑料等。

（2）物理性能、化学性能、电性能和热性能

1）密度。塑料密度小，一般为0.85～2.2g/cm^3（如聚乙烯为0.91g/cm^3，聚丙烯为0.90g/cm^3），这是塑料的重要特性之一。

2）耐久性和耐候性。耐久性是指塑料在使用条件下保持其性能的能力。耐候性是指塑料在日光、冷热、风雨中保持其使用性能的能力。耐候性指标主要考虑外界环境的影响。塑料的耐久性和耐候性都不如金属材料。

3）耐热性和自熄性。耐热性一般常用热变形温度进行评价。热变形温度即在等速升温时，试样受简支梁式静弯曲载荷变形并达到规定值时的温度。塑料的耐热性一般较低。自熄性反映了塑料在进行针焰或灼热丝加热试验时，撤除针焰或灼热丝后自行停止燃烧的能力。电器产品中直接与热源、电线接触或接近的塑料部件必须考虑这一指标。

4）电绝缘性与体积电阻率。一般塑料都具有优良的电绝缘性，即绝缘电阻较大，介电强度大。一般塑料都可以用于民用绝缘。塑料中可加入导电材料，使塑料在某种程度上导电，满足特殊的使用要求。塑料的导电程度用体积电阻率表示。

5）耐蚀性和耐溶性。塑料具有优异的耐蚀性和耐溶性。耐蚀性是指塑料耐酸、碱、盐的能力；耐溶性决定了塑料能否用化学的方法加以黏结。其中，氟塑料在王水中不受腐蚀，耐蚀性最好；聚乙烯、聚丙烯除了在氧化性酸中耐蚀性稍差外，能耐其他酸、碱、盐，耐蚀性优良。塑料的耐蚀性和耐溶性明显优于金属。

6）导热性和热胀性。导热性用热导率表示，即塑料中温度相差1℃的两个平行面，在单位时间内单位面积上传递的热量。塑料的导热性比金属小得多。

热胀性是指塑料受热时发生膨胀的大小。在实际应用时，如果制造带有金属嵌件或与金属件紧密结合的塑料制品等，则应防止塑料和金属的线胀系数相差过大而使塑料件开裂，以及使金属嵌件松动甚至脱落。

（3）塑料的成型工艺性　与金属相比，塑料的成型工艺性优良，可以通过注入、压制、挤出、吹塑、真空吸塑等方法成型。尤其是热塑性塑料，其成型适应性更强，通过一次成型就能获得形状复杂并具有一定尺寸精度的塑料制品，一般不需要再进行机械加工，可以直接使用。

二、汽车常用塑料

汽车常用塑料按用途可分为内饰件用塑料、外装件用塑料和工程塑料。

1. 汽车内饰用塑料

汽车内饰用塑料要求具备吸振性能好、手感好、耐用性好的特点，以满足安全、舒适、美观的要求。内饰用塑料品种主要有聚氨酯（PU）泡沫、聚氯乙烯（PVC）、聚丙烯（PP）等。它们用于制作坐垫、仪表板、扶手、头枕、门内衬板、顶棚里衬、地控制箱、转向盘等内饰塑料制品。在内饰方面，汽车和内饰制造商不断推出新型内饰材料，以满足用户舒适性和安全感的要求。

2. 汽车外装件用塑料

外装件用塑料主要有聚丙烯（PP）、聚乙烯（PE）、聚碳酸酯（PC）等。汽车外装件的特点是以塑代钢，减轻汽车自重，主要部件有保险杠、挡泥板、车胎罩、导流板等。

3. 汽车用工程塑料

工程塑料在汽车上主要用作结构件，要求塑料具有足够的强度、抗蠕变性及尺寸稳定性等特性。汽车上常用的工程塑料有聚丙烯（PP）、聚苯乙烯（PS）、ABS、聚酰胺（PA）、聚甲醛（POM）、酚醛树脂（PF）等。采用工程塑料取代金属制造汽车零件，可直接取得汽车轻量化效果，还可以改善汽车的某些性能，如耐蚀、耐锈蚀、减振、控制噪声、耐磨等。采用工程塑料的主要部件有油箱、散热器冷却液室、空气滤清器罩、风扇叶片等。

三、橡胶

1. 橡胶的特性与分类

橡胶是在高弹态使用的高分子材料。线性大分子非晶态高聚物均有高弹态。优质橡胶应在较宽的温度范围内保持高弹性。橡胶的弹性模量小而拉断伸长率高，是一种优良的储能材料，也是一种良好的电绝缘材料。

橡胶的高弹性源于其高分子结构。大多数橡胶的分子链存在一定数量的双键，带双键的分子链很容易内旋转，使材料的柔顺性明显提高。合成这类橡胶的单体多属于二烯烃。大分子链的形态呈细长线缠绕或卷曲的线团状，在外力作用下，大分子链逐渐伸直；卸除外力后，大分子链恢复卷曲；如果外力增大到一定值，大分子链之间发生相对滑动，橡胶会永远变形，失去高弹性。因此，对橡胶的第一要求是大分子链呈卷曲线团状，并随外力作用伸展或回缩；第二要求是大分子间有一定程度的交联，保证在外力作用下不易产生相对滑动。

根据用途，橡胶可分为通用橡胶和特种橡胶两类。根据生产来源，橡胶可分为天然橡胶和合成橡胶。

2. 常用橡胶

（1）天然橡胶　天然橡胶是通过将橡胶树中流出的胶乳凝固干燥后，加压制成生胶，再经硫化处理而得到的。生胶是以异戊二烯为主要成分的不饱和天然高分子化合物。其分子结构式为

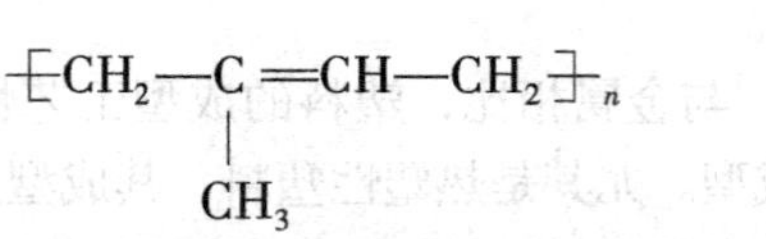

结构式中 $n = 10000$。天然橡胶是多种不同相对分子质量的聚异戊二烯混合体，弹性模量为 3 ~ 6MPa，拉断伸长率为 100% ~ 1000%，耐磨性、电性能和耐碱性好，但耐油和耐氧化性差，使用温度为 −76 ~ 110℃。天然橡胶的综合性能很好。

（2）丁苯橡胶　丁苯橡胶是合成橡胶中产量最大的一类，一般由丁二烯与苯乙烯共聚而成，分子结构式为

根据苯乙烯在单体总量中的百分比，丁苯橡胶种类有丁苯—10、丁苯—30、丁苯—50等。其中，丁二烯使橡胶具有良好的韧性和弹性，苯乙烯使橡胶的强度、硬度和耐磨性提高，便于成型。丁苯橡胶耐磨性、耐热性好，价格低廉，缺点是强度低，黏结难，成型性不好。丁苯橡胶通过与天然橡胶共混，可以取长补短，使丁苯橡胶得到广泛的应用，在轮胎、胶带、胶管制造业中多有应用。

(3) 氯丁橡胶　氯丁橡胶是由氯丁二烯聚合而成的高弹体，其分子结构式为

$$\left[CH_2-\underset{\displaystyle Cl}{\underset{|}{C}}=CH-CH_2 \right]_n$$

由于侧基有带极性的氯原子，增强了大分子链间的作用力，使氯丁橡胶具有优良的性能，如耐油性、耐溶性、耐候性、耐蚀性、耐热性和耐燃性均好于天然橡胶，耐油性次于丁腈橡胶，耐燃性最好，缺点是耐低温性差，密度较大。氯丁橡胶主要用来制造耐油制品和耐蚀制品，如胶管、胶带、耐热输送带等。

四、特种陶瓷

作为结构材料和功能材料，陶瓷在汽车中有广泛的用途。20 世纪 80 年代后，随着新型陶瓷材料的开发，陶瓷在汽车上的应用也越来越广泛。经过试验与工业化应用证明：一些陶瓷材料优越的力学性能及高温化学性能，已远远超越过金属材料或其他材料。陶瓷部件的体积很小，而且材料的密度较小，重量轻，灵敏度高，对恶劣环境的适应性好。另外，金属体表面喷涂耐磨润滑陶瓷在汽车上也有应用，如活塞环表面耐磨涂层，转动部件的润滑耐磨涂层、隔热涂层和耐磨涂层等。

陶瓷应用于汽车上，可以有效地降低车辆的重量，提高发动机的热效率，降低油耗，减少排气污染，对提高易损件寿命，完善汽车智能性能等都有重要意义。

用氮化硅陶瓷材料制成的陶瓷纤维活塞，耐磨性好，可以有效地防止铝合金活塞由于热胀系数大而产生的“冷敲热拉”现象。

特种陶瓷可用于制作陶瓷凸轮轴、气门、气门座、摇臂等零件，可以充分发挥其耐热性和耐磨性优良的特性。日本五十铃公司用氮化硅制成的发动机气门，三菱公司采用陶瓷制成的发动机摇臂，在使用过程中效果良好。特种陶瓷在高温下有良好的热稳定性，被广泛地用作汽油机点火系统火花塞的基体。日本五十铃公司研制的陶瓷发动机采用陶瓷作进、排气歧管，可以承受 800～900℃的高温，取消了隔热板，减少了发动机的体积，并使排气净化效果提高了两倍。

五、复合材料

复合材料是指由两种或两种以上不同材料组合而成的材料。由于它是由不同性质或不同组织结构的材料以微观或宏观的形式组合而成的，不仅保留了组成材料各自的优点，而且具有单一材料所没有的优异性能，在强度、刚度、耐蚀性等方面比单纯的金属材料、陶瓷材料和高分子材料都优越。

从原则上来说，复合材料可以由金属材料、高分子材料和陶瓷材料中任意两种或几种制成。按基体材料的种类来分，复合材料可分为非金属基复合材料和金属基复合材料两大类。非金属基复合材料是指以聚合物、陶瓷、石墨、混凝土为基体的复合材料，其中以纤维增强

聚合物基和陶瓷基复合材料最为常用。金属基复合材料是指以金属及其合金为基体，与一种或几种金属或非金属增强材料组合而成的复合材料。

复合材料是一种新型的、具有很大发展前途的工程材料，起初，主要应用于宇航工业，如今在汽车工业中也逐步得到应用。汽车车顶导流板、风挡窗框等车身外装板件，如果采用纤维增强复合材料（FRP）制造，则具有质轻、耐冲击、便于加工异形曲面、美观等优点；汽车柴油发动机的活塞顶、连杆、缸体等零件，如果采用纤维增强金属（FRM）制造，则可显著提高零件的耐磨性、热传导性、耐热性，并减小热膨胀量。

思考：

举例说明塑料、橡胶、陶瓷在汽车上的应用。

参 考 文 献

[1] 杨黎明. 机械设计基础 [M]. 北京：高等教育出版社，1998.
[2] 王定国，周全光. 机械原理与机械零件 [M]. 北京：高等教育出版社，1988.
[3] 邓昭铭，杜志忠. 机械设计基础 [M]. 北京：高等教育出版社，1998.
[4] 沈松云. 工程机械底盘构造与维修 [M]. 北京：人民交通出版社，2002.
[5] 汤定国. 汽车发动机构造与维修 [M]. 北京：人民交通出版社，2002.
[6] 张世昌. 机械制造技术基础 [M]. 北京：高等教育出版社，2005.
[7] 王先逵. 机械制造工程学基础 [M]. 北京：国防工业出版社，2008.
[8] 蔡光起. 机械制造技术基础 [M]. 沈阳：东北大学出版社，2002.
[9] 傅水根. 机械制造工艺基础 [M]. 北京：清华大学出版社，1998.
[10] 陈根琴. 机械制造技术 [M]. 北京：北京理工大学出版社，2007.
[11] 金芸兰. 机械基础 [M]. 北京：高等教育出版社，1995.
[12] 赵祥. 液压与液力传动 [M]. 北京：人民交通出版社，1991.
[13] 唐银启. 液压与液力传动 [M]. 大连：大连海事大学出版社，1995.
[14] 颜荣庆. 液压与液力传动 [M]. 北京：人民交通出版社，1988.
[15] 徐德珠. 机械工程材料 [M]. 2 版. 北京：高等教育出版社，2001.
[16] 石德珂. 材料科学基础 [M]. 2 版. 北京：机械工业出版社，2003.
[17] 齐乐华. 工程材料与机械制造基础 [M]. 北京：高等教育出版社，2006.
[18] 姜左. 机械工程基础 [M]. 南京：东南大学出版社，2000.

读者信息反馈表

感谢您购买《汽车机械常识》一书。为了更好地为您服务，有针对性地为您提供图书信息，方便您选购合适图书，我们希望了解您的需求和对我们教材的意见和建议，愿这小小的表格为我们架起一座沟通的桥梁。

<table>
<tr><td>姓　　名</td><td></td><td>所在单位名称</td><td></td></tr>
<tr><td>性　　别</td><td></td><td>所从事工作（或专业）</td><td></td></tr>
<tr><td>通信地址</td><td></td><td>邮　　编</td><td></td></tr>
<tr><td>办公电话</td><td></td><td>移动电话</td><td></td></tr>
<tr><td>E-mail</td><td colspan="3"></td></tr>
<tr><td colspan="4">1. 您选择图书时主要考虑的因素（在相应项前面画√）：
（　　）出版社　（　　）内容　（　　）价格　（　　）封面设计　（　　）其他
2. 您选择我们图书的途径（在相应项前面画√）：
（　　）书目　（　　）书店　（　　）网站　（　　）朋友推荐　（　　）其他</td></tr>
<tr><td colspan="4">希望我们与您经常保持联系的方式：
□ 电子邮件信息　□ 定期邮寄书目
□ 通过编辑联络　□ 定期电话咨询</td></tr>
<tr><td colspan="4">您关注（或需要）哪些类图书和教材：</td></tr>
<tr><td colspan="4">您对我社图书出版有哪些意见和建议（可从内容、质量、设计、需求等方面谈）：</td></tr>
<tr><td colspan="4">您今后是否准备出版相应的教材、图书或专著（请写出出版的专业方向、准备出版的时间、出版社的选择等）：</td></tr>
</table>

非常感谢您能抽出宝贵的时间完成这张调查表的填写并回寄给我们，我们愿以真诚的服务回报您对机械工业出版社技能教育分社的关心和支持。

请联系我们——

地　　址　北京市西城区百万庄大街22号　机械工业出版社技能教育分社

邮　　编　100037

社长电话　（010）88379083　88379080　68329397（带传真）

E-mail　jnfs@mail.machineinfo.gov.cn